생각을 성과로 바꿔라
프로젝트 능력

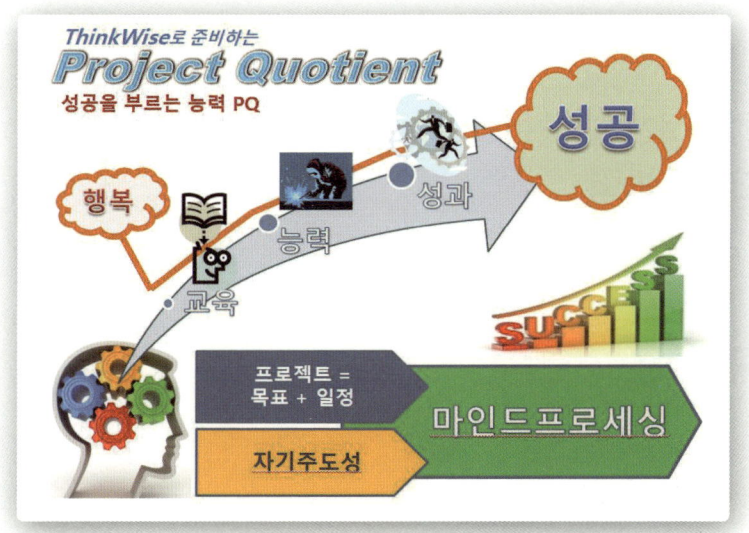

사람들이 눈에 보이는 그대로 받아들이며 왜 그럴까를 생각할 때,
나는 보이지 않는 것을 꿈꾸고 그 가능성을 말한다.
— 버나드 쇼

Some men see things as they are, and say why.
I dream things that never were, and say why not.
— Bernard Shaw

생각을 성과로 바꿔라
프로젝트 능력

초판 1쇄 발행일 | 2015년 11월 19일
3쇄 발행일 | 2022년 9월 3일

지은이　　| 정영교
펴낸곳　　| 북마크
펴낸이　　| 정기국
기획편집　| 김창섭 이병철
디자인　　| 서용석
관리　　　| 안영미

주소　　　| 서울특별시 동대문구 왕산로23길 17(제기동) 중앙빌딩 305호
전화　　　| (02) 325-3691
팩스　　　| (02) 335-3691
홈페이지　| www.bmark.co.kr
등록　　　| 제 303-2005-34호(2005.8.30)

ISBN　　 | 979-11-85846-22-4 13000
값　　　　| 16,000원

이 책은 저작권법에 따라 보호를 받는 저작물이므로 무단전재와 무단복제를 금하며,
이 책 내용의 전부 또는 일부를 이용하려면 반드시 저작권자와 북마크의
서면동의를 받아야 합니다.

생각을 성과로 바꿔라
프로젝트 능력

정영교 지음

PQ
Project Quotient

북마크

추천사

한 개의 점으로부터 위치를 알 수 있다면, 두 개의 점으로부터 관계를 파악할 수 있다. 점이 세 개가 되면 관계의 영역이 보이기 시작하고, 네 개 이상이면 관계의 모습을 생각할 수 있다.

이처럼 떠오르고 사라지는 아이디어를 시각적으로 구조화하면, 흩어져 있던 낱개의 정보로는 상상할 수 없는 새로운 차원의 조감적, 관계적 발상이 가능해지고, 곧 창의적 아이디어로 자연스럽게 이어지는 놀라운 경험을 누구나 하게 된다.

오랫동안 억압되어 왔던 대한민국 국민의 창조성과 다양성이 이제 한류와 같은 역동적인 문화코드로 그 찬란한 빛을 발현하기 시작하였다. 이제 우리에게는 제도적 장치와 사회적 합의뿐만 아니라, 우리 국민 개개인의 역동적이며 창조적인 DNA를 흔들어 깨우고 담을 수 있는 디지로그적인 도구가 필요하다. 한국적 영혼이 디지로그적 도구를 통해 한류적 콘텐츠로 크게 순환하기 시작하는 날 한국인의 영혼은 동방의 등불이 될 것이다.

열악한 국내 소프트웨어 산업환경에도 불구하고, 지난 17년간 시각적 맵핑 분야에 매진하여 ThinkWise라는 세계적인 제품을 기획하고 개발해 온 심테크의 모습은 동종 업계의 귀감이 될 만하다. 특히 ThinkWise Arirang에서 강조하는 '맵핑을 플래너와 연결한 개념'은 정말 대단한 발견이다.

목표와 일정을 스스로 세우고 실행하는 훈련이야말로 우리나라의 글로벌 경쟁력을 크게 향상시키는 지름길임을 확신한다.

　이미 오래전에 기존의 '워드프로세서'를 버리고 ThinkWise로 글을 써오면서 그 매력에 푹 빠져 있었던 나로서는 끊임없이 발전해 나가는 ThinkWise의 변신이 그저 반갑고 고마울 따름이다.

2015년 11월

이어령(전 문화부장관)

머리말

나만의 내비게이션을 만들어라

요즘은 내비게이션 덕분에 낯선 길을 찾아가는 것에 겁을 내는 사람이 거의 없습니다. 문제는, 내비게이션이 말썽을 일으킬 때입니다. 내비게이션에만 의존해 온 사람이라면 그 순간 달리는 차 안에서 눈앞이 캄캄해지고, 뱅글뱅글 같은 길을 수없이 돌고 도는 경험을 하게 됩니다. 반면 평소 도로 표지판이나 지형지물, 동서남북 방위 등의 기본 정보를 활용하여 길을 찾아다녔던 사람이라면 이렇게 당황하지 않을 것입니다.

우리 인생의 목표라 할 수 있는 '행복'으로 가는 길도 이와 비슷합니다. 이미 만들어진 내비게이션을 잘 활용하는 것도 중요하지만, 내비게이션 없이 스스로 길을 찾을 수 있는 능력은 더욱 중요합니다.

행복한 삶은 모든 사람의 바람입니다. 시대를 막론하고 행복한 삶을 누리기 위해서는 '성공'이라는 교차로를 수없이 지나야 합니다. 그럼, 성공으로 가는 길을 우리 함께 찾아가 볼까요?

성공에 도달하기 위해 필요한 것은 성과이고, 성과를 내기 위해 필요한 것은 일을 잘하는 능력입니다. 능력을 갖추기 위해서는 좋은 교육을 받아야 하고, 좋은 교육을 받으려면 좋은 대학에 가야 합니다. 한마디로 정리하면, 열심히 공부해서 좋은 대학에 가고 사회에 나와 열심히 일하는 것이 우리 모두가 바라는 최선의 길이었습니다. 바로 이것이 지난 수십 년간 우리 사회의 비약

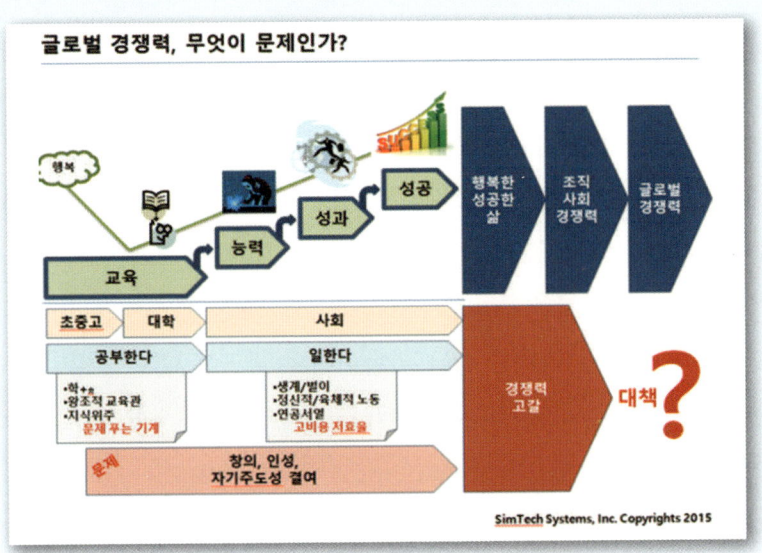

적인 발전을 가능케 한 기본 방정식이자 성공의 길로 이끌어 온 내비게이션이 었습니다.

하지만 업그레이드가 되지 않은 이 내비게이션은 이제 더 이상 제대로 작동하지 않습니다. 오늘날의 청소년 역시 예전의 우리와 마찬가지로 밤낮없이 공부해서 대학을 가지만, 이제는 대학을 마치고도 취업이 어렵습니다. 취업이 되어도 회사가 어렵다고 합니다. 극심한 글로벌 경쟁 속에서 우리나라 최고 기업들도 해외시장에서 고전을 면치 못하고 있습니다. 그동안의 성장을 지탱해 온 기업 경쟁력이 지식정보화 시대의 글로벌 시장에서 더 이상 먹히지 않게 되었고, 그 결과로 사회 전반의 경쟁력이 고갈되어 가고 있는 것입니다.

교육→능력→성과→성공으로 이어져 왔던 순환 구조에 무슨 문제가 생긴 것일까요?

이제 글로벌 경쟁력이라는 관점에서 이 순환 구조를 되짚어 볼 필요가 있습니다. 특히 우리 생활의 대부분을 차지하는 '공부한다'와 '일한다'라는 두 단어의 의미를 되새겨 보아야 합니다.

'성적'이 모든 것을 말해 주는 우리 사회에서, '공부한다'는 말 속에 '배움(學)'은 있어도 '익힘(習)'이 없었습니다. 지난 수십 년간 왕조적 교육관이 팽배했던 우리 교육은 남이 설정한 관점을 무조건 받아들이고 암기하는 능력만을 강요해 왔습니다. 이처럼 '배움'만 있고 '익힘'이 없는 왜곡된 교육 방식 덕분에 우리나라에서는 아직 '노벨평화상'을 제외하고는 단 한 명의 노벨상 수상자도 배출되지 못했습니다.

하지만 글로벌 경쟁력의 관점에서 보면, '학습'에 대한 몰이해보다 더 심각한 것은 '일한다'에 대한 왜곡된 개념입니다. 우리 사회에서 '일'에 대한 인식은 '생계나 벌이를 위해 제공하는 정신적 육체적 노동'이라는 사전적 정의의 수준을 벗어나지 못하고 있습니다. 글로벌 경쟁력 면에서 창의성이나 자기 주도성, 그리고 인성이 공통적으로 결여되어 있습니다. 이런 군중 무의식을 바꾸는 노력만이 창조 경제와 글로벌 경쟁력을 가능케 합니다.

그럼 어떻게 하면 마치 군대처럼 일렬종대로 늘어서서 다들 똑같은 길로 달려가게 만드는 낡은 내비게이션을 던져 버리고 창의적이고 독자적인, 나만의 성공의 길을 찾아갈 수 있을까요?

'일'을 '목표와 일정이 있는 프로젝트'로 생각하는 순간 모든 것의 실마리가 보이기 시작합니다. '목표와 일정을 스스로 세우고 문제를 해결해 나가는 모든 능력'을 뜻하는 '프로젝트 능력'은 한마디로 '생각과 시간에 대한 자기 주도적 능력'이라고 할 수 있습니다.

프로젝트 관점에서 교육과 학습이 이루어지면 우선 초중고 과정에서 인성과 지성 그리고 자기 주도성이 강조되어 성적보다 창의력과 실행력을 배양하기 위한 실용적인 교육이 이루어질 것입니다. 대학에서는 전공 지식 외에 발상과 소통, 협업, 관리, 학습과 같은 프로젝트 기초능력을 배양하는 교육이 이루어짐으로써 졸업 즉시 업무에 투입할 수 있는 일꾼이 배출될 것입니다. 또한 기업 일상의 업무에 프로젝트 개념을 적용하면 동일한 환경에서 더 많은 결과를 창출하게 될 것입니다. 그 결과는 제품과 기업의 경쟁력으로 나타날 것이며 글로벌 시장으로의 수출 확대로 이어질 것입니다.

지금까지 우리가 알고 있는 '공부'와 '일'에 대한 통념을 '프로젝트' 관점으로 끌어올리고, 교육과 업무 영역에서 재해석하고 실천할 수만 있다면 우리나라가 지금까지 갖추어 놓은 훌륭한 인프라 위에 혁신적 변화와 새로운 도약이 가능해집니다. 즉, 교육과 능력, 성과, 성공으로 이어지는 모든 과정이 물 흐르듯 새로운 선순환 구조를 이루게 될 것이며, 그 과정에서 성공과 행복에 대한 우리 사회의 군중 무의식도, 내비게이션도 자연히 업그레이드될 것입니다.

저는 1990년대 초에 생산 시스템의 경쟁력 확보에 기여하기 위해 그래픽 시뮬레이션 언어를 국내 최초로 개발하고 보급했습니다. 2000년대 초에는 워드 문서와 쌍방향으로 호환되는 마인드맵 기술을 세계 최초로 개발하여 마인드프로세싱 시대를 열고 토종 소프트웨어 제품을 96개국에 수출해 왔으며, 생각과 시간을 결합하는 방법과 도구를 개발하여 마인드프로세싱 개념을 완성하기에 이르렀습니다.

지난 25년 동안 끊임없이 새로운 기술을 개발하면서 깨달은 것은 크게 두 가지입니다.

첫째, 지금 우리 사회에 필요한 것은 글로벌 경쟁력 확보를 위한 명확하고도 일관된 방향성 제시이며, '프로젝트 능력'이야말로 여러 분야에서의 노력을 하나로 묶을 수 있는 공통분모라는 사실입니다.

둘째, 전 국민이 스마트하게 공부하고 일하기 위해서는 더 이상 구시대의 유물과 같은 워드프로세서에 의존하지 말고 창의적 발상을 실행으로 옮기는 것을 도와주는 혁신적인 도구가 필요하다는 사실입니다.

이제 저는 이 책을 통해 '일'과 '프로젝트'의 차이를 쉽고 명확하게 설명함으로써 일 잘하는 사람의 능력 즉 '프로젝트 능력(Project Quotient)'을 누구나 쉽게 갖추어 나갈 수 있도록 도울 겁니다.

여기에 오기까지 그동안 ThinkWise를 지원해 주신 모든 분과, 함께해 준 동료에게 이 책을 바칩니다.

2015년 11월 홍천 ThinkWise House에서

정영교

CONTENTS

추천사 … 04
머리말 … 06

Part 1 프로젝트 능력지수 PQ

Chapter 1. 일 잘하는 사람의 머릿속에는 '전체'가 들어 있다 … 19
전체 그림을 그린다 … 19
아이디어를 모은다 … 23
자료를 수집하고 공유한다 … 25
기획서를 작성한다 … 26
간단하고 보기 쉽게 보고한다 … 27
Tip: 일 잘하는 사람이 보이는 3가지 특징과 ThinkWise … 28

Chapter 2. 프로젝트 능력, 일을 프로젝트로 만드는 힘 … 32
프로젝트란 무엇인가 … 32
목표의 힘 … 37
확산과 수렴의 리듬 … 40
프로젝트 능력 … 42
시각적 사고력 … 46
조감적 사고력 … 48
창의적 사고력 … 50
Tip: 펀드매니저 … 52

Chapter 3. 팀 단위 발상과 소통 … 54
협력, 협동, 협업 … 54
온라인 협업과 시각적 소통 … 57
문서 공동 작성 … 62

Part 2 프로젝트와 창의력

Chapter 1. 창의력과 혁신 … 66
재규어를 타고 온 깨달음 … 66
창의력이 뭐지? … 69
혁신은 실행력을 타고 날아오른다 … 72
혁신에 도달하는 세 가지 관문 … 74
Tip: 훌륭한 사람들의 조언 … 76

Chapter 2. 두뇌의 특성 … 77
이건 당신 논문이야! 당신 인생이라고! … 77
1킬로그램짜리 두뇌의 무한한 잠재력 … 83
우리의 뇌는 슈퍼바이오 컴퓨터! … 86
뇌의 모든 능력은 훈련의 결과다 … 88
두뇌의 역할 분담 … 90
협력을 통한 시너지 … 92
우뇌를 자극하는 방법 … 96
좌뇌(左腦)가 멈추는 순간, 행복을 깨달았다 … 99
우뇌에는 조상의 지혜가 깃들어 있다 … 102
두뇌의 7가지 원리 … 104
Tip: 완벽한 팀을 구성하는 방법 … 112

Chapter 3. 시각적 필기법의 무한 변신 … 114
토니 부잔과의 만남, 마인드맵과의 만남 … 114
전통적 필기법의 문제점 … 118
창의적 사고를 부르는 필기법 … 119
우뇌를 활용한 다윈의 노트 … 122
좌뇌와 우뇌를 고루 활용한 다빈치의 노트 … 123
'시각적 사고'의 고전적 모델, 퇴계 이황의 성학십도 … 124
에버린 우드 박사의 슬래시 맵핑 … 125
좌뇌와 우뇌를 함께 살리는 마인드 맵핑 … 130

생각의 거미줄, 마인드 웨빙 … 131
'생각'의 확산적 전개, 생각그물 … 132
개념의 상관관계를 정리해 주는 콘셉트 맵 … 134
중심 이미지에 핵심어를 연결하는 마인드 스케이핑 … 136
Tip: 필기법 요약 … 137

Part 3 마인드프로세싱

Chapter 1. 마인드프로세서 ThinkWise … 142
업무의 번개 진격! 마인드프로세싱 … 142
마인드프로세서 ThinkWise … 147
모바일 맵 … 151
Tip: ThinkWise를 시작한 것은… … 152

Chapter 2. 발상의 시각화 … 154
확산적 사고의 맵핑 … 154
마인드맵과 콘셉트 맵의 결합으로 논리 흐름 표현 … 157
다양한 문서 변환을 자유자재로 … 159

Chapter 3. 발상과 실행의 연결 … 162
실천적 사고와 플래너 … 162
프로젝트와 실시간 연동되는 캘린더 … 170
Tip: 세상에 하나밖에 없는 특별함, 나만의 플래너 … 173

Chapter 4. 시각적 사고 테크닉 … 177
생각의 구조화 … 177
ThinkWise로 구현되는 연역적 사고와 귀납적 사고 … 184
생각의 지문, 프로젝트 맵의 구조화 … 187
MECE와 '기타'의 마술 … 192
Tip: 마음껏 상상의 나래를 펼쳐라, 브레인스토밍 … 195

Tip: 모든 사물에는 속성이 있다, 속성열거법 ⋯ 198
Tip: 아이디어의 징검다리를 활용하라, 강제연결법 ⋯ 200
Tip: 익숙하지만 유용한 도구, SWOT 분석 ⋯ 201

Part 4 프로젝트 마스터

Chapter 1. 기획 ⋯ 205
사례 1. 사회복지활동의 숨은 기획도구 ⋯ 208
사례 2. 강력한 교육기획 솔루션 ⋯ 212
사례 3. 목회 활동을 도와주는 평생 친구 ⋯ 215
사례 4. 엄청난 성장을 부르는 마법 같은 도구 ⋯ 218
사례 5. 목표와 방향성을 갖춘 철학적 프로그램 ⋯ 221
사례 6. '분량'이 아니라 '직관적인 힘'으로 설득하라 ⋯ 225
사례 7. 체계적인 영업교육이 가능해져 ⋯ 227

Chapter 2. 회의 ⋯ 231
사례 1. 1페이지짜리 보고서에 모든 것을 담다 ⋯ 233
사례 2. 앞서가는 컨설팅의 비결 ⋯ 235
사례 3. 회의 시간은 짧아지고 효율은 높아졌어요 ⋯ 238
사례 4. 쓰면 쓸수록 놀라운 마인드매퍼의 힘 ⋯ 240
사례 5. 회의시간을 반 이상 줄여 줍니다 ⋯ 241

Chapter 3. 프레젠테이션 ⋯ 243
사례 1. 강의록 만드는 작업이 즐거움이 되었어요 ⋯ 247
사례 2. 업무 연찬 발표 ⋯ 250
사례 3. 회의와 프레젠테이션의 진화 ⋯ 253
사례 4. 탁월한 논문 지도 및 관리 도구 ⋯ 256
Tip. 중요한 것과 급한 것 ⋯ 259

Chapter 4. 관리 ··· 260
사례 1. 건설현장 관리를 위한 나만의 비밀무기 ··· 265
사례 2. 컨설팅업무, 이력관리 및 자기계발 ··· 269
사례 3. ThinkWise는 우리 교회 업무의 전략적 중심 ··· 273
사례 4. 혁신학교 개념을 현실화하는 최적의 방법 ··· 275
사례 5. 마인드맵으로 일상생활 관리 ··· 277
사례 6. ThinkWise로 전 직원이 만족하는 공간 분할 ··· 280
사례 7. 신제품 출시 관리 ··· 283
사례 8. 독서 노트에서 가계부까지, 일상생활 속 정보 관리 ··· 285

PART 1

프로젝트 능력지수 PQ
(Project Quotient)

세계적으로 높은 교육열과 '한글'이라는 세계 최고의 문자, 게다가 미국 내 외국인 유학생 비율 1위를 차지한 우리나라 사람의 업무능력이 글로벌 수준으로 올라서지 못하고 있는 이유는 무엇일까?
높은 교육열이 곧 글로벌 경쟁력으로 이어진다고 생각하는 것은 착각이다. 지식습득 차원의 교육만으로 경쟁력을 기대하는 것은 개발도상국에서나 가능하다. 뿐만 아니라 교육의 최종 수요처인 기업이 어떤 인재를 요구하느냐에 따라 교육의 방향이 바뀌는 악순환이 벌어진다.
글로벌 사회와의 갭을 혁신적으로 줄이고 진정한 선진국으로 도약하기 위해 필요한 것은 사전에서 정의한 것과 같은 '생계나 벌이를 위해 정신적 육체적 노동을 하는 것'에서 벗어나 '목표와 일정이 있는 팀 단위 프로젝트'의 의미를 이해하고, 이를 현장에 적용하는 것이다.
이에 따른 성공사례와 경험을 다 같이 공유하고 격려할 때 진정한 업무 경쟁력의 혁신이 가능해질 것이며, 우리 모두가 흘리는 땀과 수고가 제대로 된 글로벌 경쟁력으로 승화될 것이다.

Chapter ❶

일 잘하는 사람의 머릿속에는 '전체'가 들어 있다

성공의 필요조건은 성과이고, 성과를 내기 위해 필요한 것은 능력이며, 능력은 교육에 의해 개발된다. 지금까지의 교육이 지식 전달 위주였다면, 글로벌 경쟁력이 요구하는 교육은 자기 주도적 프로젝트 능력을 훈련시키는 것이다.

– 정영교

전체 그림을 그린다

일 잘하는 사람이란 어떤 사람일까? 여러 가지 느낌이 단편적으로 떠오르긴 하지만, 몇 마디로 정의하기는 쉽지 않다.

S사는 최근 제품 개발을 완료하고 6개월 뒤 미국의 전시회에서 제품을 론칭하기로 임원회의에서 결정했다. 이제 이 회사에서 벌어지는 모습을 통해 일 잘하는 사람, 일 잘하는 팀의 특징을 살펴보자.

임원회의를 마치고 돌아온 왕시각 부장은 한창의 과장을 불러 본인의 해외 전시와 제품 출시 경험을 토대로 중요한 포인트와 절차를 화이트보드에 그리

며 설명한다. 한 과장, 이해가 가지 않는 부분에 대해 질문하면서 핵심어 위주로 낙서하듯 메모한다. 그 과정에서 일의 전체 모습을 머릿속에 그려 나간다.

설명을 마친 왕 부장은 "이번 전시회의 승부처는 현지 홍보라고 생각한다"면서, "아직은 뾰족한 아이디어가 없다"고 말한다. 한창의 과장은 전체 그림 중 이 부분이 바로 자신이 채워 넣어야 할 공란임을 직감한다.

"처음이라 힘들겠지만 한번 해봐. 막히면 언제든 찾아와서 상의하고. 1차 보고는 1주일 후에 합시다."

해외 전시 경험이 전혀 없는 한 과장, 이번 프로젝트에서 자신의 기획능력을 확실하게 보여 주겠다는 목표를 세우고, 우선 파악한 내용을 토대로 일의 전체 모습을 시각화하기로 한다. 먼저 차분하게 왕 부장의 설명을 떠올리며 성공적인 전시회 장면을 상상해 본다. 그리고 떠오르는 생각을 재빨리 맵에 핵심어로 적어 나간다.

적다 보니 제법 많은 생각이 대충 6가지 큰 기준으로 분류될 수 있음이 자연스럽게 눈에 보인다. 펼쳐진 생각을 프로세스 트리 형태로 전환하니까 해야 할 일의 순서개념도 자연스럽게 보이기 시작한다.

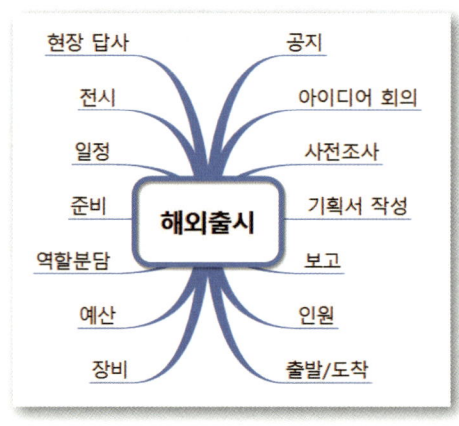

새로운 아이디어는 그때마다 계속 추가하기로 하고, 지금까지 나온 각각의 항목에 개략적인 일정을 부여하였다. 갠트차트 화면을 열어 보니 일정차트가 자동으로 만들어져 있다. 앞으로 1주일간 해야 할 일의 전체 모습이 좀 더 명확하게 보이기 시작한다.

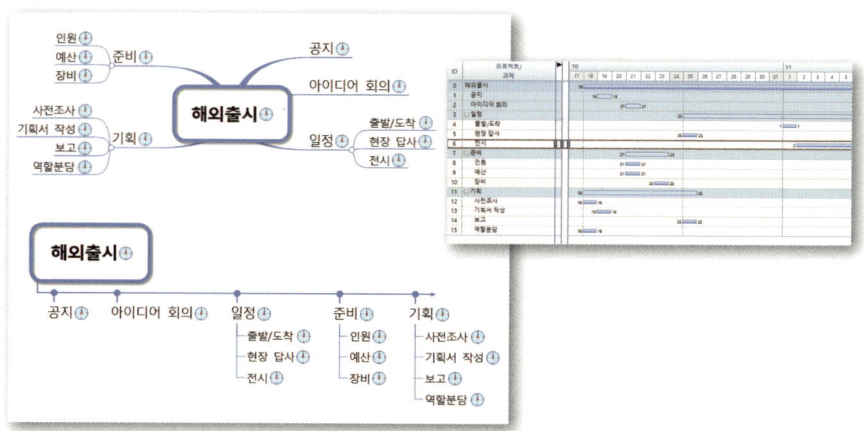

한 과장, 기본적으로 검토해야 할 항목과 개략적인 일정이 담긴 이 맵을 온라인 협업으로 개설하고 왕 부장을 포함한 몇 명의 팀원을 협업에 초대한다. 이제 이들과 함께 맵을 동시에 보고 편집하면서 일을 할 준비가 되었다.

그런 한편 이 프로젝트를 수시로 관리하기 위해 맵을 자신의 플래너에 프로젝트로 등록하였다. 맵으로 정리한 일이 플래너의 주간, 월간 화면에 자동으로 반영되어 나타난다.

생각을 핵심어로 적어 나간 시간을 포함하여 한 과장이 여기까지 진행하는 데 걸린 시간은 채 30분도 되지 않았다.

협업에 초대된 나행동 대리와 이꼼꼼 대리, 전체 내용을 그림 보듯 훑어보니 질문과 아이디어가 생겨나기 시작한다. 회의 때 공유하기 위해 즉시 협업 맵에 질문과 아이디어를 메모해 둔다. 왕 부장의 휴대폰에도 협업 초대장이 배달된다. 초대장을 클릭하니 한 과장의 맵이 열리고, 그곳에 적힌 핵심어와 그들의 계층구조를 통해 한 과장의 생각이 한눈에 들어온다.

"이 친구 벌써 감 잡았군. 그래도 현지 통관에 관해서는 좀 더 얘기해 줘야겠군."

그날 오후 회의실, 한 과장은 프로젝트 맵을 열고 설명과 토론을 시작한다. 전체가 한눈에 보이니 서로 질문하고 답하면서 빠르게 이해가 형성되어 간다. 자연스럽게 각자의 역할이 결정된다. 회의가 끝난 뒤 나 대리는 지난 전시회 관련 자료를 정리하여 맵에 연결하고, 본인이 맡은 조사항목에 대한 작업에 들어간다. 이 대리는 관련 부서에 구체적인 협조 요청을 하고, 다음 회의를 공지한다.

한 과장은 이 대리, 나 대리와 함께 저녁을 먹다 왕 부장의 전화를 받는다.
"어딘데 이렇게 시끄러운가? 식당인가?"
"해외 전시장 기분 느껴 보려고 코엑스에서 스파게티 먹는 중입니다."
"아 그래? 맵에서 말이야… 통관 부분과 전시 설치업체와의 관련성에 대해 좀 더 생각해 보자고!."

이미 두 사람 사이에 전체 내용이 그림의 형태로 공유되고 있으므로 이처럼 대화내용이 정확하고 간결할 수 있는 것이다.

아이디어를 모은다

이 대리는 회의 주제와 내용을 간략하게 맵으로 작성한 다음 한 과장이 작성한 기획 맵을 첨부하여 클릭 한 번으로 참석 예정자에게 발송한다. 이를 받은 사람들은 한 장의 맵을 통해 회의의 요지를 한눈에 파악할 수 있다.

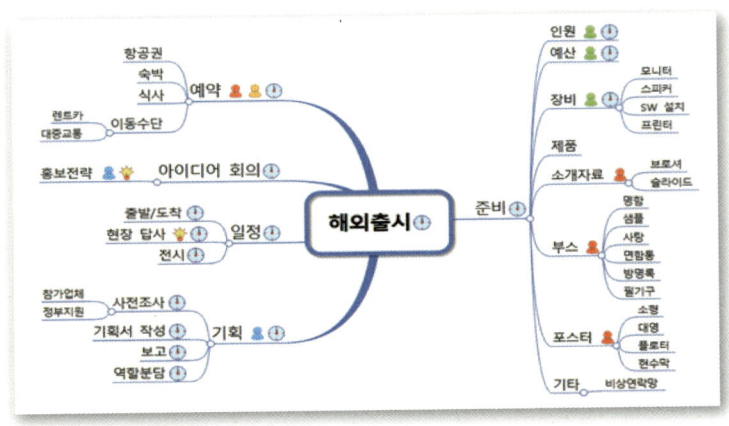

한 과장, 회의 시작 전에 이미 자신이 기획한 맵과 나 대리가 정리한 자료를 연결하여 모든 준비를 완료하고 오늘 회의로부터 아이디어를 도출해 낼 방법을 생각한다.

회의실, 한 과장은 맵을 열고 일사불란하게 내용을 설명한다. 중간중간 복잡한 내용이 나오거나 질문이 들어오면 준비된 참고 자료를 열고 설명한다. 참석자는 한눈에 들어오는 골격을 보면서 회의에 빠져든다.

잠시 휴식 뒤, 현지 전시회 홍보나 전반적인 준비에 관해 브레인스토밍 시간을 가진다. 다들 편안한 마음으로 차를 마시며 생각나는 것을 짧게 설명한다. 이 대리, 배운 대로 여기저기서 나오는 얘기를 핵심어 위주로 재빨리 맵핑한다. 이 과정은 프로젝트와 스크린을 통해 모든 참석자가 볼 수 있다.

불과 몇 분 안에 쏟아져 나오는 많은 아이디어가 맵에 기록되고, 그와 동시에 비슷한 성격을 갖는 항목이 큰 제목 아래 묶인다. 참석한 모든 사람이 아이디어가 서로 어떤 관계로 어떻게 분류되어 정리되어 나가는지를 시각적으로 파악할 수 있다. 추가 정보가 필요하면 즉시 인터넷으로 검색한다. 시간이 흐르면서 나오는 아이디어가 점점 더 구체적이고 예리해진다.

이날 브레인스토밍에서 한 과장은 2가지 아이디어를 얻었다. 첫째는 요즘 뜨는 유튜브 사이트를 통해 제품과 전시를 알리자는 것. 둘째는 전시장에서 설명할 사람을 현지 한국인 대학생이 아니라 제품의 이미지에 맞는 현지인을 채용해야 한다는 것이다.

이외에도 여러 가지 검토해야 할 사항과 새로운 아이디어가 나왔다. 한 과장은 추가적으로 필요한 자료조사 업무를 팀원과 다시 나눈다. 회의는 2시간 만에 끝나고 모두 가벼운 마음으로 회의장을 떠난다.

자료를 수집하고 공유한다

분야별로 자료 검색을 맡은 사람들이 찾은 정보나 파일, 심지어 폴더까지 통째로 맵에 연결하는 것이 실시간으로 눈에 보인다. 나 대리는 올라온 자료를 참고하며 맵의 내용을 다듬는다. 협업을 통해 이렇게 추가되는 관련 자료는 불과 몇 시간 내에 방대한 분량으로 늘어나고, 모든 팀원이 각자 추가하는 내용을 실시간으로 보면서 마우스 클릭 한 번으로 유용한 정보를 공유한다.

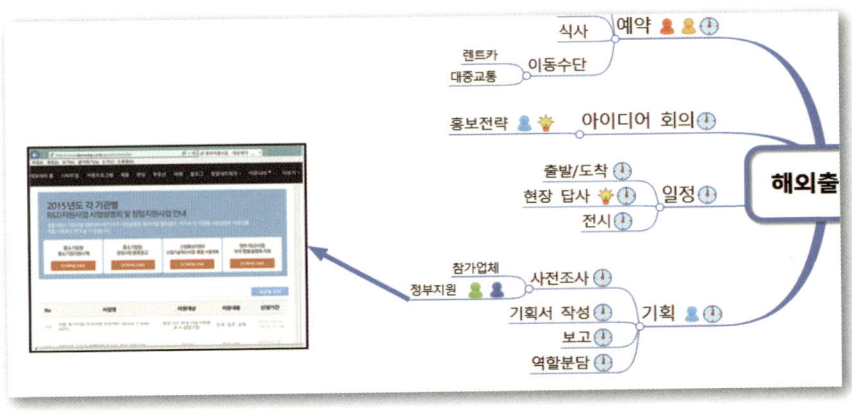

기획서를 작성한다

한 과장, 회의실에서 나 대리와 함께 컴퓨터 앞에 앉아 기획 맵을 놓고 내용을 이리저리 옮겨 가며 전체의 구성을 다듬는다. 그리고 수집된 자료를 열어 보면서 기획서에 필요한 것만 추린다. 수십 페이지의 문서를 읽고 다듬는 것이 아니라 전체 내용을 한 장의 맵을 통해 시각적으로 보면서 작업하는 것이다.

몇 시간 뒤 클릭하니 맵의 내용이 자동으로 워드 문서로 바뀐다. 한 과장은 출력된 기획서에 이 대리가 만들어 준 멋진 표지를 추가하고, 기획 맵을 A3로 출력하여 첨부한다. 그리고 다시 클릭하니 내일 보고할 때 사용할 파워포인트 슬라이드가 자동으로 만들어진다. 이로써 내일 보고 준비 끝이다.

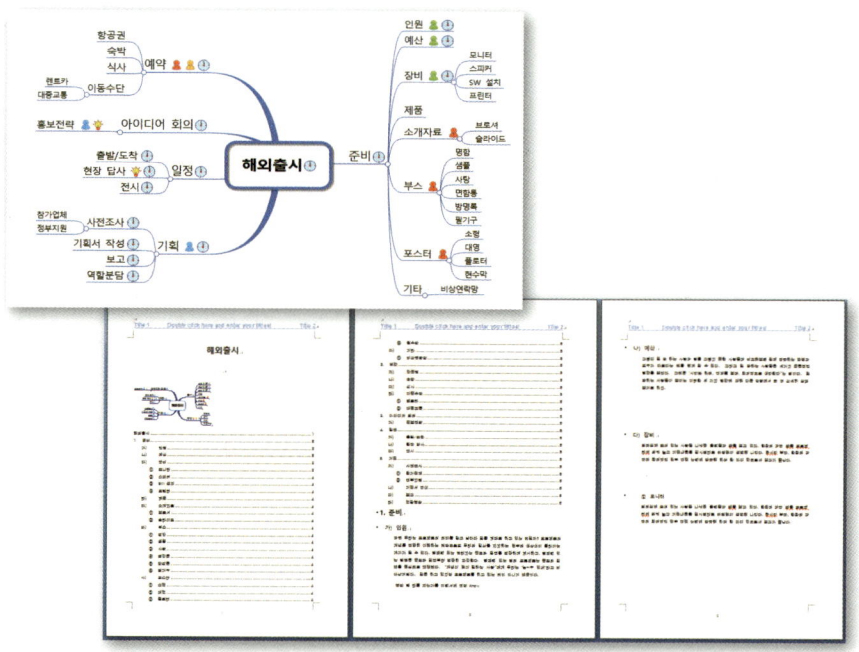

간단하고 보기 쉽게 보고한다

회의실에 모인 사람이 나눠준 출력물과 맵을 보고 있다. 한 과장은 맵을 스크린에 띄워 놓고 기획 내용을 일사천리로 설명해 나간다. 왕 부장이 한 과장의 창의적인 업무 진행 능력에 만족해 하며 한마디를 함으로써 보고는 끝난다.

"유튜브를 활용하는 홍보 아이디어는 정말 훌륭하군. 거기다 비용도 거의 들지 않고 말이오. 지난 일주일 동안 여러 사람의 생각을 펼치고 모으는 기획 작업을 성공적으로 수행했어요. 대단히 수고 많았소."

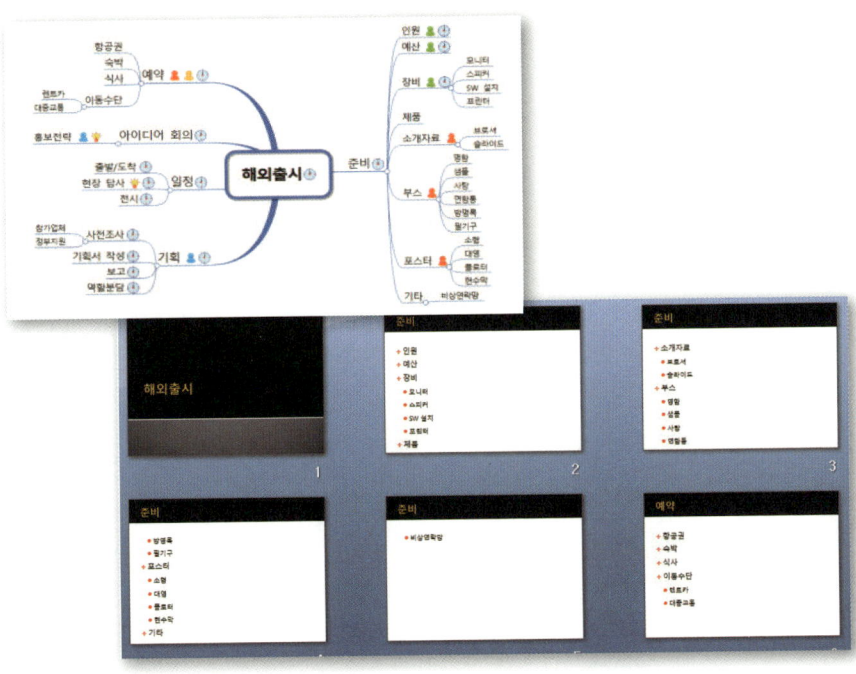

일 잘하는 사람이 보이는 3가지 특징과 ThinkWise

어느덧 삼성 반도체에 입사한 지도 18년이 지났다. 길다고 생각하면 참으로 긴 세월 동안 많은 변화를 겪으며 메모리 분야 세계 1위 회사에서 분주히 살아왔다. 반도체 회사의 일은 유달리 다이내믹한 것이 특징 중 하나가 아닌가 싶다. 제품의 라이프사이클이 짧아서 숨돌릴 틈도 없이 새로운 이슈가 탄생하기 때문이다. 그런데 어떻게 한국의 삼성 반도체가 메모리 분야 세계 1위를 차지할 수 있었을까? 미국, 일본 등의 쟁쟁한 선진 회사도 즐비한데 말이다.

그 이유는 여러 가지가 있겠지만, 그중 하나는 바로 '일 잘하는 사람의 3가지 특징'이다. 이 특징은 일을 잘하는 사람이면 누구나 갖고 있는 공통의 분모라 해도 과언이 아닐 것이다. 바꿔 말하면 이 특징 중 한 가지라도 결여되어 있으면 일을 잘하는 사람이 아니라는 뜻이다. 또 3가지 특징 모두를 갖추고 있더라도 순서대로 갖추지 못하면 아무 소용이 없다.

우선 첫 번째 특징은 '전체를 조망하는 것'이다. 일을 잘하는 사람은 어떤 일을 할 때 가장 먼저 그 일의 전체를 장악하는 것부터 시작한다. 그 일의 전체 윤곽을 확실히 파악하기 전에는 절대로 다음 단계로 넘어가지 않는다. 섣부른 부분적 시도가 심각한 마이너스 결과를 초래하거나 최선의 효과를 내지 못하는 경우가 많기 때문이다. '숲을 보고 나무에 손을 대라'는 명언이 바로 이런 경우에 쓰는 말이다.

전체를 장악했으면 그다음엔 '족보 정리'가 필요하다. 해당 업무의 제반 구성요소가 종파와 계층에 뒤바뀜이 없도록 잘 정돈해야 한다. 즉 항렬이 틀림없이 정돈이 되어야 한다. 우리가 어떤 문제의 원인을 분석할 때, 모든 요소를 날짜별로 나열해 놓으면 인과관계가 뒤엉켜서 그 문제를 풀기가 어렵다. 따라서 이처럼 족보 정리가 정연하게 되지 않으면 올바른 우선순위 매김을 할 수가 없다.

앞의 두 과정은 '올바른 의사결정'이라 할 수 있다. 이렇게 최상 경로(最上經路, Critical Path)가 결정되면 그다음엔 세 번째 특징인 '끝까지 물고 늘어지는 것'이 필요하다. '구슬이 서 말이라도 꿰어야 보배'다. 아무리 좋은 의사결정도 실행에 옮기지 않으면 의미가 없다. 여기서 중요한 것은 첫 번째, 두 번째 과정이 잘못되었다면 세 번째 노력은 헛수고에서 그치지 않고 커다란 낭비를 초래한다는 점이다. 바로 이 부분에서 ThinkWise의 효과가 입증된다.
ThinkWise는 사람이 생각하는 방법에 착안하여 개발된 소프트웨어로, 마인드맵이라고도 불린다. 필자는 평소 앞에서 거론한 3가지 특징을 구현하려고 노력해 왔는데, 우연한 기회에 ThinkWise를 접하고 그 편리성과 효과에 감탄을 하고 말았다. 일 잘하는 사람의 3가지 특징 중 앞의 2가지 특징을 매우 증폭시켜 주는 효과를 확인했기 때문이다.
특히 가장 좋았던 경험은 여럿이 모여서 브레인스토밍을 한 것이다. 특히 이 과정에서 빔 프로젝트를 쓰면 더욱 효과가 좋다. 참석자가 모두 같은 화면을 보면서 아이디어를 내고 협의를 할 수 있기 때문이다.
이렇게 모든 구성원이 낸 아이디어를 함께 보면서 이야기를 하므로 아이디어의 수준이 높아지게 되고, 이런 과정 속에서 다시 전체의 모습이 바람직하게 발전한다. 덕분에 혼자의 힘으로는 도저히 불가능한 일이 일어난다. 제아무리 똑똑한 사람이라도 혼자 해 낼 수 없는 결과를 얻을 수 있게 되는 것이다.

브레인스토밍을 할 때 모두를 피곤하게 만드는 것은 족보가 뒤섞이는 발언이나 갑자기 튀어나오는 아이디어이다. 그러나 ThinkWise를 사용하면 발언이 나오는 그대로 입력을 하면서 아주 간단하게 위치를 조정할 수 있으므로 곧바로 정리정돈이 가능하다. 아무리 무작위의 아이디어가 튀어나와도 손쉽게 족보를 정리할 수 있는 것이다. 따라서 사람의 뇌를 피곤하게 하기는커녕 오히려 긍정적 상승작용을 일으킨다. 이는 창의성을 촉진하는 데 있어서 실로 엄청난 생산성과 경제성을 안겨 주는 것이다.

또, 개인의 복잡한 생각을 체계적으로 정돈하는 데도 이보다 더 좋은 Tool은 없다. 천재가 아닌 이상 누구나 복잡한 문제의 체계를 처음부터 완벽하게 정립하는 것은 불가능하다. 따라서 부분적으로 고민하며 진척되는 과정 속에서 지속적으로 체계를 마련하고 나중에 이를 합쳐서 하나의 완성된 체계를 만드는 것이 일반적이다. 그런데 ThinkWise는 생각날 때마다 마음대로 뜯어고치면서 체계를 발전시킬 수 있는 기능을 제공한다.
이외에도 편리한 기능을 많이 갖고 있지만 ThinkWise의 핵심적인 기능은 바로 위에 소개한 2가지 기능이라 할 수 있다. 이것만 제대로 활용해도 실로 커다란 결과를 얻을 수 있으리라.

필자가 속한 부서는 의사결정 회의나 아이디어 도출 회의를 할 때 ThinkWise로 회의록을 대신한다. 즉석에서 양질의 결과를 얻는 동시에 시간과 노력을 최소화할 수 있기 때문이다. 각 개인별로 업무를 추진할 때도 특별한 경우가 아니면 ThinkWise를 사용하도록 하고 있다.

그동안 이에 대해 부정적 태도를 보이거나 반대하는 사람은 한 사람도 없었다. 오히려 ThinkWise를 사용할 때마다 'ThinkWise가 없었으면 어쩔 뻔했지?'라는 말이 혀끝에 맴돌 정도다.

요즘 우리나라가 경제가 안 좋다고 한다. 수출도 잘 안 되고, 주식시장도 약세를 면치 못하고 있다. 이런 어려움을 해결하기 위해 구조조정이 필요하고 경기부양책을 써야 한다고들 한다. 그러나 이런 대책이 과연 근본적인 치유책이 될 수 있을까?

나는 경기가 어려운 진짜 원인은 우리의 창의성과 생산성이 부실한 때문이 아닐까 생각한다. 실제로 미국과 한국의 노동생산성을 비교하면 한국이 훨씬 뒤떨어진다. 창의성을 바탕으로 하는 고부가가치 상품이 미국에 비해 적기 때문이다. 그러니 경쟁력이 뒤떨어지는 건 당연한 일이다. 창의적 생산품을 늘리려면 기업 구성원이 창의적인 아이디어를 끊임없이 내놓고, 그것을 하나씩 구현해 나갈 수 있어야 한다. 이 때문에 구성원 개개인의 사고방식이나 사고 습관은 매우 중요하다. 머리 한 번 사용하는 것이 몸을 백 번 움직이는 것보다 더 큰 부가가치를 창출할 수 있다. 따라서 어릴 적부터 창의적으로 생각하고 발상하는 훈련을 받고 성장하는 것이 중요하다.

지금 대한민국 경제의 문제는 이처럼 근본적인 곳에서 해법을 찾아야 한다. 즉 모두가 머리를 제대로 사용하도록 만들어야 한다. 무조건 허리띠 조여 매고 열심히 일하라는 것은 시대에 한참 뒤처진 사고방식이다.

ThinkWise는 바로 이런 사고의 전환에 큰 몫을 할 것이다. 널리 보급되어 제대로 활용할 수 있다면 ThinkWise로 인해 촉진되는 창의성과 생산성은 개인의 경쟁력은 물론 그 개인이 속해 있는 조직의 경쟁력, 나아가 나라의 경쟁력으로 이어질 것이 확실하기 때문이다. 그럼에도 아직 널리 대중화되지 않고 있으니, 그저 안타까울 따름이다.

이 좋은 것을 왜 안 쓸까? '우리나라에서 만든 것이 별수 있겠나?' 하는 사대주의적 인식 때문일까? 아니면 홍보가 잘 안 되기 때문일까? 아니면 아직 사회적 인프라가 미약해서 그럴까?

원인이 무엇이건 이런 어려움을 모두 극복하고 ThinkWise가 널리 활용이 된다면 우리의 경쟁력은 틀림없이 일취월장할 것이다. 이와 더불어 ThinkWise는 우리나라를 빛낼 또 다른 세계 1위의 명품이 될 것이다.

김영인 부장(전 삼성전자 반도체 제조혁신 그룹장)

Chapter ❷

프로젝트 능력,
일을 프로젝트로 만드는 힘

아무리 작은 프로젝트라도 시작과 끝을 대나무 마디처럼 끊어서 생각하고 의미를 부여
하는 것이 중요하다. 끝은 항상 다음 마디의 새로운 시작이기 때문이다.

— 정영교

프로젝트란 무엇인가

시대를 막론하고 일을 잘한다는 것은 목표를 설정하고 문제를 해결하는 능력이 있다는 것을 말한다. 그런 점에서 앞서 소개한 S사는 분명 일을 잘하는 회사다. 팀원 각자의 능력이 목표라는 소실점을 향해 자연스럽게 모아지는 것을 보면, 확실히 여타의 회사와는 뭔가 다른 점이 있다.

- 일이 시작되는 시점부터 구성원이 모두 일의 전체 모습을 일단 파악하려는 자세를 보인다.
- 경험이 없어도 상상력을 바탕으로 기획을 해 나간다.
- 시각적 맵핑을 생각을 정리하고 남과 소통하는 데 활용한다.
- 일의 전체 얼개(WBS)를 먼저 만들고, 일정 계획을 수립한다.
- 다른 사람의 창의적인 아이디어를 유도하고 수렴한다.
- 온라인 협업을 통해 역할을 분담하고 빠르게 결과를 공유한다.
- 기획서나 보고서와 같은 문서 작성보다 아이디어 생성과 구조화에 더 많

은 시간을 투자한다.

　직장인이든 아니든 누구나 열심히 일하고, 그 결과가 자신이 추구하는 성공을 향해 차곡차곡 쌓이기를 바란다. 하지만 S사의 사례에서 보듯이 일을 잘하는 사람이나 팀은 일에 접근하는 방법과 도구가 다르다. 물론 그 차이는 방법과 도구만의 문제는 아니다. 그 해답은 의외로 '일'과 '프로젝트'라는 단어의 의미에서 찾을 수 있다.

　우선 '일을 한다'와 '프로젝트를 한다'는 것의 차이를 살펴보자.
　사전을 찾아보면 '일'이란 '생계나 벌이를 위한 육체적, 정신적 노동'이라고 되어 있고, '프로젝트'는 '연구나 사업 또는 그 계획'이라고 규정되어 있다. 하지만 이는 프로젝트에 대한 정확한 정의가 아니다. 현실 속에서 우리는 날마다 프로젝트를 하고 있음에도 마치 연구나 사업을 위한 계획만 프로젝트인 것처럼 잘못 정의하고 있는 것이다. 이처럼 프로젝트에 대한 사전의 정의는 '성공'이라는 단어의 정의만큼이나 추상적이고 모호하다. 그럼에도 불구하고 우리는 '프로젝트를 하고 있다'는 말을 너무 쉽게, 날마다 사용하고 있다.
　프로젝트의 정확한 의미는 '목표와 일정이 있는 일'이다. 따라서 '프로젝트를 하고 있다'라는 말은 곧 '목표와 일정을 달성하기 위해 일을 하고 있다'는 뜻이 된다.

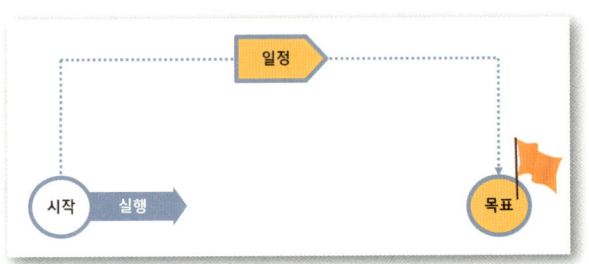

일과 프로젝트의 의미를 구분하는 것이 왜 중요한 걸까? 그 이유는 프로젝트의 개념을 정확히 이해하는 것만으로도 우리 일상의 대부분을 차지하는 업무에 대한 관점이 바뀌고 생산성이 올라가는 계기를 만들 수 있기 때문이다. 앞서 소개한 사례에서 알 수 있듯이 경쟁력 있는 관리자는 목표와 일정을 명확하게 제시하고, 경쟁력 있는 팀원은 목표와 일정부터 우선 파악한다. 경쟁력 있는 팀의 프로젝트는 목표와 일정을 중심으로 전개되고, 경쟁력이 없는 조직은 일을 중심으로 하기 때문에 결속력이 떨어진다.

우리는 흔히 '개념 없이 일하는 사람'에게 "놀구 있네"라고 비아냥거린다. 일은 하고 있지만 프로젝트를 하고 있는 것이 아니기 때문이다. 실제로 많은 현장을 들여다보면, 어떤 조직이건 구성원은 모두 열심히 일하려고 노력한다. 그러나 그들의 노력이 훌륭한 결과로 수렴되기 위해서는 프로젝트라는 개념이 바탕에 철저하게 깔려있어야 한다.

목표와 일정이 명확하지 않으면 문제 해결 능력도 필요가 없다. 문제가 발생하지 않기 때문이다. 예를 들어 보자. 건축주가 잘 준비된 설계도면을 주면서 "가능한 한 빨리 지어 주세요"라고 하거나 "내년 5월 말까지 이 잡지에 실린 집처럼 예쁘게 지어 주세요"라고 했다면, 건축업자의 입장에서는 어떤 경우든 문제가 발생할 소지가 없다. 문제란 목표와 일정 모두가 명확히 정해져 있을 때에만 실제 실행과정에서 발생하는 것이기 때문이다.

한때는 분당 타자를 몇 타 치는가를 이력서에 적던 'Know How'의 시절이 있었고, 필요한 정보와 기술이 어디에 있는지 아는 것이 힘이던 'Know Where' 시절도 있었다. 하지만 지금은 어떤 분야의 전문지식이나 기능을 가지고 남이 정해 준 문제를 잘 푸는 역할만으로는 가치 창출이 어려운 시대이다.

사회에 나와 일을 하는 데 필요한 단편적 지식이나 기능을 전달하는 것이 지금까지의 교육이었다면, 앞으로 우리에게 필요한 교육은 사회에 나와 프로젝트를 할 준비를 시키는 것으로 변화해야 한다.

'일 잘하는 것'도 자세히 살펴보면 아무것도 아니다. 그런데 대학을 거쳐 사회로 나올 때는 기업에서 진행되는 실제 업무에 대해 누구나 막연한 두려움을 갖는다. 그 이유는, 모든 일의 본질적인 속성인 프로젝트라는 개념과 프로젝트를 입체적으로 전개하는 능력에 대해 우리의 교육이 좀 더 많은 것을 가르치고 경험시키지 못했기 때문이다.

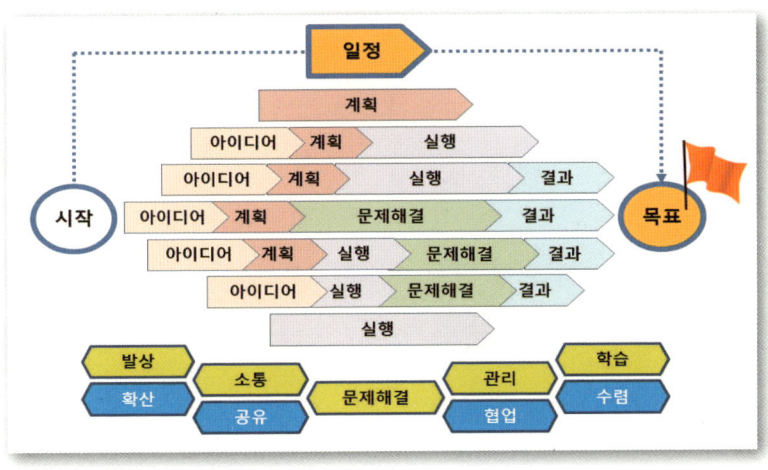

프로젝트의 개념을 쉽게 이해하는 방법은 목표와 일정이 있는 모든 일이 프로젝트라고 생각하고 다음과 같은 프로젝트의 특징을 이해해 나가는 것이다.

- 프로젝트는 시작이라는 한 점에서 확산하여 완료라는 한 점으로 수렴하는 럭비공처럼 중간이 부풀어진 모양이다.
- 프로젝트를 해 나가는 개인 또는 팀의 역량에 따라 럭비공의 최종적인 모양이 달라진다.

- 프로젝트 초반에는 아이디어를 만드는 확산적 사고가 중요하고 후반에는 선택하고 집중하는 수렴적 사고가 중요해진다.
- 프로젝트의 진행과정은 춘하추동, 사계절에 비유되며 각 단계별로 서로 다른 업무역량이 중요해진다.
- 프로젝트의 매 순간마다 구성원 간의 협업과 소통능력이 중요하다.
- 프로젝트 진행 과정에서 반드시 초기에 설정한 '목표와 일정'에 대한 갭이 발생한다.
- 목표와 일정에 대한 갭을 '문제'라고 하며, 이를 줄이거나 없애기 위한 문제해결 능력이 필요하다.
- 성공적 목표 달성을 위해서는 목표를 일관되게 공유하는 방법이 필요하다.
- 아무리 작은 프로젝트라도 시작과 끝에 대해 대나무 마디처럼 끊어서 생각해야 한다. 파티, 여행, 반성, 어떤 형태로든 '끝'에 대한 의미 부여를 하는 것이 중요하다. 끝은 항상 새로운 시작이기 때문이다.

목표의 힘

흔히 "창의적이고 혁신적인 사람이 되자"라고 하지만, 모든 사람이 그렇게 되지 못하는 데에는 이유가 있다. 프로젝트를 잘 하는 사람이 되기 위해 알아야 할 기초적인 두 가지 중요한 사실은 첫째, 명확한 목표와 비전을 갖는 것이며 둘째, 프로젝트라는 과정이 갖는 확산과 수렴적 특성을 이해하는 것이다.

먼저 프로젝트 수행에 있어서 목표의 의미를 살펴보자.

일에 대한 목표 또는 비전이 갖는 힘은 상상을 초월한다. 명확한 목표와 비전은 마치 강력한 자석과 같아서 책상 위에 흩어진 압정(즉, 나 자신 또는 소속 팀원의 잠재된 능력)을 순간순간 한 방향으로 집결시키는 마술과도 같은 힘을 발휘한다. 파도 위에서 흔들리는 배를 순간순간 바로잡아 주는 복원력과도 같다. 그리고 잠재된 능력이 확산과 수렴의 리듬을 타고 목표를 향해 전개될 때, 비로소 가장 큰 파괴력을 발휘하게 된다.

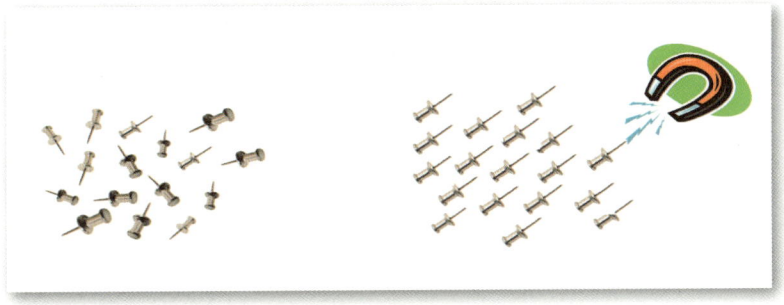

테레사 에머빌에 따르면 창의성은 창의적 사고능력, 지식, 그리고 동기부여의 세 가지 요소로 구성되며, 스스로에게 동기를 부여한다는 것은 어떤 형태건 목표를 갖게 된다는 것을 뜻한다. 이제 목표와 동기부여가 두뇌에 어떻게 영향을 미치는지 살펴보자.

평소 자주 만나지 않던 상관이 어느 날 찾아와서 앞뒤 설명도 없이 "퇴근 후에 좀 보자"고 짧게 말하고 간다면, 우리 머릿속에서는 퇴근 후의 만남에 관한 일련의 생각들이 순식간에 꼬리에 꼬리를 물고 일어나게 될 것이다. 또, 같이 일하는 동료가 "조금 전에 전화가 왔는데, 시골에 계신 모친이 급히 연락해 달라더라"라고 한다면, 우리의 두뇌는 그 즉시 몇 가지 생각들을 전광석화처럼 떠올리면서 여러 가지 생각을 확산시켜 나갈 것이다.

우리의 두뇌는 이처럼 시키지 않아도 꼬리에 꼬리를 물고 생각을 확산적으로 전개하는 기본적인 특성과 능력을 가지고 있다. 마치 스파크로 인해서 불이 붙고 번개처럼 번져 나가는 것과 같다.

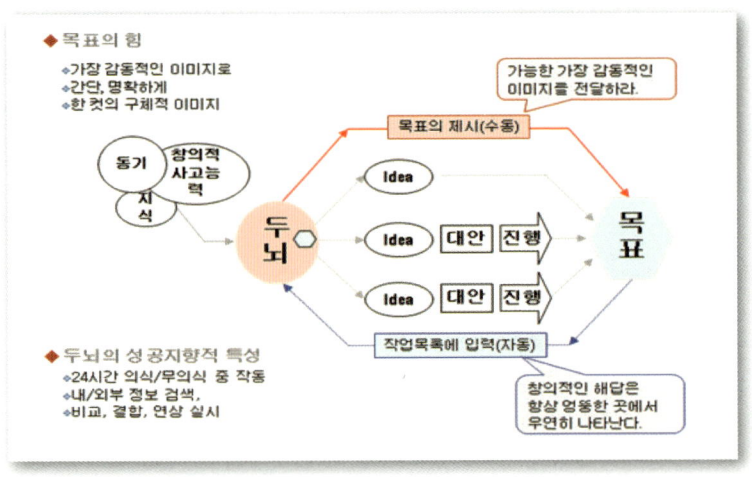

명확한 목표를 의식적으로 설정하는 과정은 나 자신 속의 또 다른 나, 즉 자아라고 할 수 있는 나의 잠재의식에게 행선지를 제시하는 행위이며, 슈퍼컴퓨터와 같은 능력을 가지고 있는 두뇌에게 할 일을 정해 주는 것과 같다.

두뇌는 일단 목표가 명확하게 제시되는 순간, 목표를 달성하기 위한 방법을 찾기 위해 24시간 자나 깨나 끊임없이 스스로 작동한다. 이런 상황이 되면 우리의 두뇌는 외부로부터 입력되는 정보와 머릿속에 저장되어 있는 기존의 정보를 검색하고, 비교하고, 결합하면서 생각을 전개해 나가는 놀라운 능력을 발휘하게 된다.

등산에 막 입문한 사람이 마음에 둔 등산화가 있다고 하자. 그러면 등산화를 신은 사람이 눈에 더 자주 들어오게 된다. 또, 아무리 깊이 생각해도 풀리지 않던 문제의 실마리나 해답이 어느 날 엉뚱한 곳에서 우연히 떠오르곤 하는 것도 두뇌의 이러한 '목표지향적 특성' 때문이다. 두뇌의 목표지향적 특성을 일상생활에서 잘 활용하려면 어떤 일을 시작하기 전에 목표를 명확히 하고 이를 자신에게 잘 전달하는 훈련이 필요하다.

자기 자신에게 목표를 명확하게 전달하는 방법은 목표가 달성된 상태, 즉 성공의 이미지를 가능한 한 간단하고 명확한 한 컷의 감동적인 이미지로 시각화해서 머릿속에 반복적으로 떠올리는 것이다. 그리고 일이 진행되는 동안 주기적으로 현재 상태를 평가하면서 성공에 도달하기 위한 전략을 재검토하는 것이 매우 중요하다.

에디슨이 전구 발명을 완성하기까지 9,000번의 실패를 인내할 수 있었던 힘, 그리고 그 열정이 계속 유지되도록 해 준 비결은 무엇일까? 그것은 바로 스스로 만들어 낸 성공에 대한 감동적 이미지였을 것이다. "기름을 채우지 않아도 영원히 꺼지지 않는 불, 항상 밝혀져 있을 환상적인 세상의 모습, 이로 인해 일어날 새로운 변화…." 나 자신이 에디슨이었다 해도 생각할 때마다 짜릿한 느낌을 받을 만한 목표다.

날마다 새롭고 짜릿한 그런 목표를 갖는 것은 우리 모두의 공통적인 바람일 것이다. 오늘 나의 주변에서 가장 소중한 것들을 생각해 내고 이것들을 위한 작은 목표를 세워 보자.

확산과 수렴의 리듬

시작과 끝이 있는 프로젝트는 고무호스가 아니라 대나무에 비유할 수 있다. 그리고 목표 또는 문제가 주어져 있을 때 이를 창의적으로 달성하거나 해결하는 과정은 춘하추동 사계절 씨를 뿌리고 거두어들이는 농사에 비유할 수 있다. 즉 세상의 모든 사물과 마찬가지로 확산과 수렴의 리듬을 가지고 진행된다.

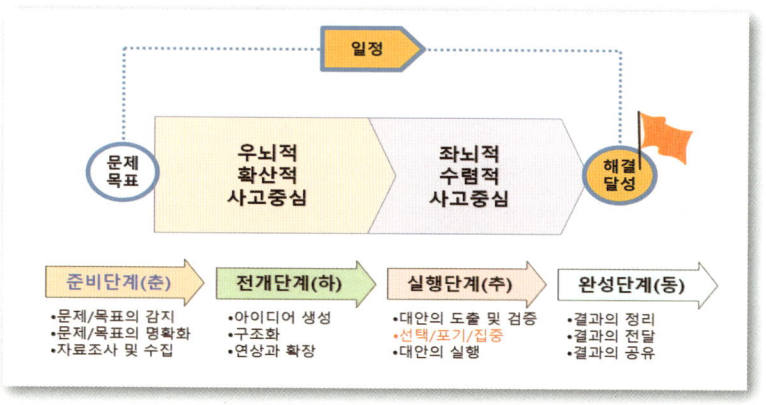

봄은 준비 단계이다. 봄에 씨앗을 뿌리면 싹이 트듯이, 문제나 목표를 내다보고 정보와 자료를 수집하는 단계다. 객관적이지만 긍정적인 자세로 문제와 목표를 정확히 정의하는 것이 중요하다.

여름은 전개 단계이다. 여름으로 넘어가면서 가지와 잎이 무성하게 자라나고 기운이 확산되듯이, 창의적인 아이디어를 확산적으로 펼쳐 나가는 단계다. 이 단계에서는 아이디어를 빠짐없이 시각화하고, 아이디어의 상관관계를 구조화하고 서로 연결함으로써 새로운 아이디어를 생성해 내는 것이 중요하다.

가을은 실행 단계다. 가을이 오면 좋은 열매를 골라서 수확하듯이 쓸 만한 아이디어로부터 구체적인 대안을 만들어 내고, 선택, 포기, 집중을 통해 최선의 결과를 만들어 내는 단계다. 이 단계는 문제의 해결과 목표의 달성이라는 최후의 소실점을 향해 수렴적이며 논리적인 사고를 견지하는 것이 중요하다.

겨울은 완성 단계다. 겨울이 되면 거두어들인 수확물을 정리하고 주변과 나누듯이 이 단계에서는 결과를 관련된 사람에게 전달하고 공유하며 다음 일을 준비한다.

모든 프로젝트는 이처럼 확산하고 수렴하는 패턴과 주기를 갖는다. 그리고 매 단계마다 또다시 세부적인 확산과 수렴의 과정을 내포한다. 모든 단계를 잘 수행하려면 특히 전개 단계까지는 우뇌적이며 창의적인 능력이 중요하고, 정리 단계부터는 좌뇌적이며 수렴적인 사고력이 중요하게 된다.

우리 주변을 보면, 아이디어 도출에는 강하지만 일의 추진력이 부족한 사람이 있는가 하면, 모든 단계를 두루 잘 해내는 사람도 있다. 이런 확산과 수렴의 리듬을 이해하고 자신의 취약한 부분을 의도적으로 보강해 나가는 것은 자신의 프로젝트 능력을 향상시키는 데 있어 중요한 기준이 된다.

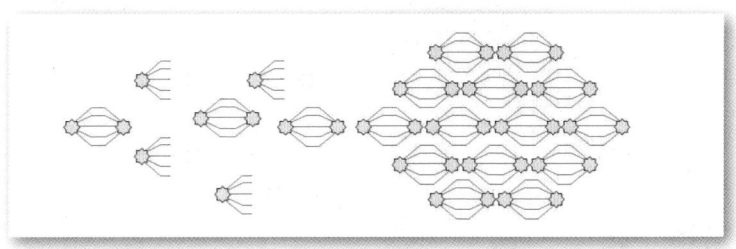

위의 왼쪽 그림은 생각 또는 일의 시작과 마무리가 완결되지 않은 상태를 보여 준다. 오른쪽 그림은 시작과 마무리가 명확하고 다른 일과의 시너지 효과가 극대화되는 경우를 보여 준다. 매사를 시작과 마무리가 명확한 대나무 마디처럼 생각하고, 일의 규모에 상관없이 명확한 목표를 세우고 확산과 수렴의 리듬을 생각하며 일을 진행하는 것이야말로 프로젝트 능력을 갖추기 위한 중요한 관건이다.

프로젝트 능력

집을 나서서 회사에 출근하기, 6개월 후 이사, 1주일 동안 자전거 페달 수리하기, 한 달 뒤 부모님 생일잔치…. 누구나 한 번쯤 해봤을 만한 일이다. 그리고 이런 일은 누가 가르쳐 주지 않아도 스스로 목표와 일정 개념을 가지고 자신의 Know How와 Know Where 능력을 총동원해서 하게 된다.

이사를 할 때 무엇에 신경을 썼는지, 어떻게 진행했는지 떠올려 보면서 이것을 남에게 체계적으로 조언해 줄 수 있다면, '목표'와 '일정'이라는 프로젝트의 본질을 이미 경험한 것이다. 팀 단위의 일을 할 때도 마찬가지. 주인의식 또는 자기 주도성은 프로젝트 개념의 유무에 따라 달라진다. 아쉽게도 학교에서 프로젝트 능력을 체계적으로 가르치지 않으니, 사회에 나와 일을 하면서 각자 스스로 터득하고 구축할 수밖에 없었던 것이다.

"한 과장, 오늘 점심 뭐 먹었나?" "예 부장님, 오늘 중국집 갔어요."
"한 과장 오늘 점심은 어디서 했는가?" "네 부장님, 오늘 자장면 먹었습니다."

식사 후에 나누게 되는 편한 대화다. 언뜻 보면 아무런 문제가 없지만 엄밀히 따져 보면 질문과 답변이 서로 엇갈리고 있는 것을 알 수 있다. 다른 예를 들어 보자.

"한 과장, 미국 수출 건이 지연되는 원인이 뭔가?"

"네, 일본은 통관서류가 문제였는데요…."

절묘하게 질문을 피해 간다. 한창의 과장과 왕시각 부장 사이의 업무 관련 대화가 평소에 이런 수준이었다면, 문제가 심각하다. 이처럼 질문과 답변의 초점이 맞지 않는 헐렁한 커뮤니케이션은 경쟁력이 없는 전형적인 아마추어의 모습이다. 장자의 말처럼 생각과 소통이 언어가 갖는 한계 속에 갇힌 상태다. 한마디로, "대화를 할 수 있다"는 것이 곧 "소통을 할 수 있다"를 의미하는 것은 아니라는 말이다.

이와 같은 문제는 프로젝트를 하기 위해 필요한 다른 요소 능력들에서도 발생한다. 어떤 스킬을 가지고 있는 것과 그 스킬을 프로젝트 과정에서 얼마나 발휘할 수 있느냐 하는 것은 전혀 별개의 문제인 것이다.

프로젝트 능력(Project Quotient)이란 사고능력, 소통능력, 관리능력 그리고 학습능력으로 구성되며, '목표와 일정을 전제로 어떤 일을 생각하고 실행하고 마무리하기 위해 이러한 세부 능력을 입체적으로 펼쳐 나가는 역량'이다.

1. 사고능력: 창의적이며 논리적으로 생각하는 능력.
2. 관리능력: 목표 달성을 위해 정보, 사람, 시간 등의 자원을 관리하는 능력.
3. 소통능력: 자신의 생각을 표현하고 전달하는 능력과 상대방의 생각을 수용하는 능력.
4. 학습능력: 새로운 개념을 이해하고 지식기반을 확대해 나가는 능력.

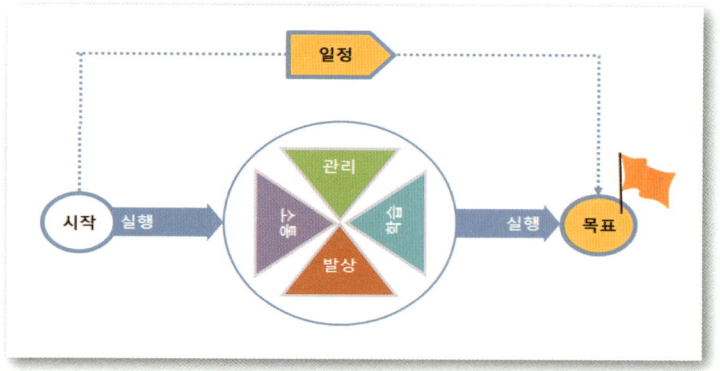

　이러한 네 가지 기초능력 중에 가장 중요한 것은 사고(발상)능력이다. 사고능력은 목표의 설정부터 문제 해결을 거쳐 목표를 달성하기까지 프로젝트의 모든 과정을 주도하는 능력으로, 나머지 세 가지 능력을 실질적으로 발휘하기 위한 기초 역할을 하기 때문이다. 요즘 한창 중요시되고 있는 문제해결 능력 역시 알고 보면 프로젝트 수행을 위한 창의적 사고능력의 일부에 지나지 않는다.

　이처럼 목표를 세우고 이를 실행함으로써 가치 있는 결과를 만드는 능력, 즉 프로젝트 능력을 두루 갖춘 경쟁력 있는 사람의 특징은 다음과 같이 요약할 수 있다.

- 보편적인 인성과 지성을 갖추고 있다.
- 성공의 정의를 스스로 내린다.
- 목표와 일정을 중요시한다.
- 전체를 조감적으로 본다.
- 결과만큼 과정을 중요시한다.
- 협업과 소통능력이 뛰어나다.
- 일과 사람을 구분한다.

다음 장에서는 프로젝트 능력에서 가장 중요한 역할을 하는 사고력을 시각적 사고력, 조감적 사고력, 창의적 사고력으로 세분하여 살펴보자.

시각적 사고력

머릿속에 떠올린 생각을 종이 또는 화면에 고착시키는 것을 시각화라고 하는데, 시각화된 정보는 프로젝트를 수행하는 과정에서 대단한 위력을 발휘한다.

시각적 사고란 생각의 구조와 흐름을 그림과 도표, 선 등을 사용하여 한 장에 표현하고 이러한 시각화 과정을 통해 사고를 직관적으로 전개해 나가는 사고 방법이다. 문자가 없던 원시인들이 자신의 생각을 표현하기 위해 동굴에 그린 그림이 시각적 사고의 첫 시도라고 할 수 있다. 문자의 발명은 문명의 발달에 지대한 영향을 미쳤지만, 반면에 두뇌의 시각적 사고를 저해하는 역기능도 있음을 이해해야 한다.

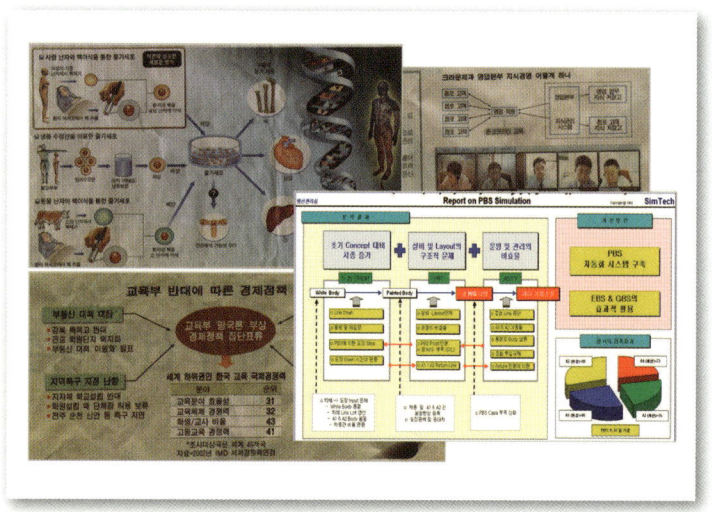

시각적 사고와 표현의 좋은 예는 복잡한 경제 관련 기사를 보기 쉽고 이해하기 쉽도록 도식화해 주는 경제신문을 들 수 있다. 만일 모든 내용이 글로만 설명되어 있다면 독자들은 그 내용을 머릿속에 그려 보느라 숱한 시간을 낭비

해야만 할 것이다. 생각을 시각화하는 능력은 자기 자신 또는 남과의 효율적인 커뮤니케이션에 지대한 영향을 미친다. 아이디어 스케치, 낙서, 다이어그램 등 생각을 시각화하고 시각적으로 생각하려는 노력을 하면 할수록 우뇌를 자극하여 창의적 사고를 유도할 뿐만 아니라 자연스럽게 전체를 보는 태도와 능력을 키워 주기 때문이다.

시각화 노력은 프로젝트의 수행에 있어서도 중요한 의미를 갖는다. 개인 또는 팀 단위 프로젝트를 진행할 때, 일의 전체 모습을 파악하고, 목표를 공감하고, 자신의 역할이 갖는 상대적 의미를 파악하는 것이 훨씬 더 자연스럽고 효율적으로 이루어 지도록 해 주기 때문이다.

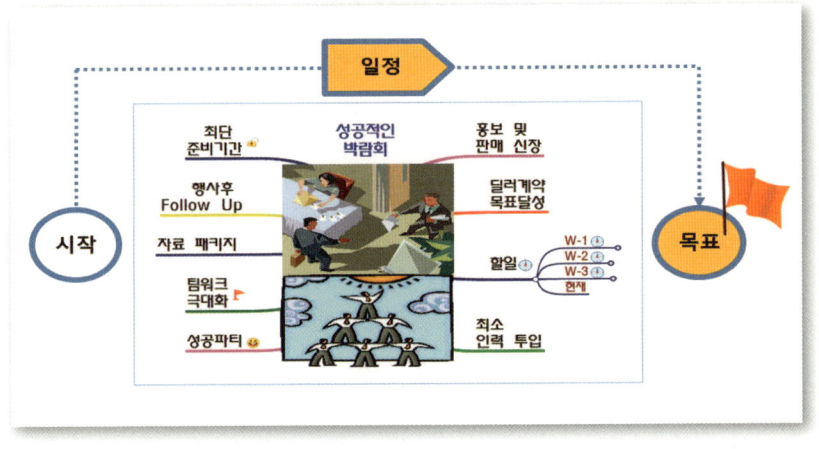

조감적 사고력

　조감적 사고, 즉 전체를 파악하는 능력이란 어떤 상황이나 사물을 구성하고 있는 세부 항목들을 관찰하고 분류하여 계층적으로 구조화하는 사고능력이다. 전체를 보는 사람과 그렇지 못한 사람은 어떤 차이가 있을까?
　아주 쉬운 예를 하나 들어 보자.
　지금 막 곱셈을 배운 학생에게 950×7+950×3을 계산하라고 하면, 십중팔구 앞에서부터 차례로 곱하고 더해 나갈 것이다. 그러나 조금 여유를 가지고 생각할 줄 아는 학생이라면 같은 문제를 950×(7+3)으로 해석(인수분해)하여 곱셈을 하지 않고도 9,500이라는 답을 금방 구해 낼 것이다.
　물론 학교에서의 우등생이 반드시 사회의 우등생이 되는 것은 아니다. 그러나 공부를 잘하는 사람과 일을 잘하는 사람은 공통점이 있다. 그것은 바로 전체를 보는 힘을 가지고 있다는 것이다.
　또 다른 예를 들어 보자. 만일 한 번도 가보지 않은 산을 친구와 같이 오른다고 하면 산에 오르기 전에 먼저 안내도를 보면서 전체의 지형을 파악하고, 가고자 하는 경로에 대한 그림을 미리 그릴 것이다. 초행 등산길을 무작정 앞사람만 따라가거나, 길만 따라간다고 생각해 보라. 그만큼 무모한 일도 없을 것이다. 반면에 중간 어디쯤에 휴게소나 약수가 있는지 알고 간다면 그만큼 마음의 준비가 갖춰지기 때문에 힘도 덜 들게 된다. 이처럼 전체를 알고 그 과정 중에 나의 현재 좌표가 어딘지 알고 있다는 것은 곧 불필요한 스트레스를 줄이고 과정을 즐길 수 있는 여유를 주는 것이다.
　이와 같이 전체를 파악하는 능력은 시작과 끝이 있는 일, 즉 프로젝트를 개인 차원 또는 팀 단위로 해 나갈 때 과정은 물론 결과에 대해서도 다음과 같은 중요한 차이를 만든다.

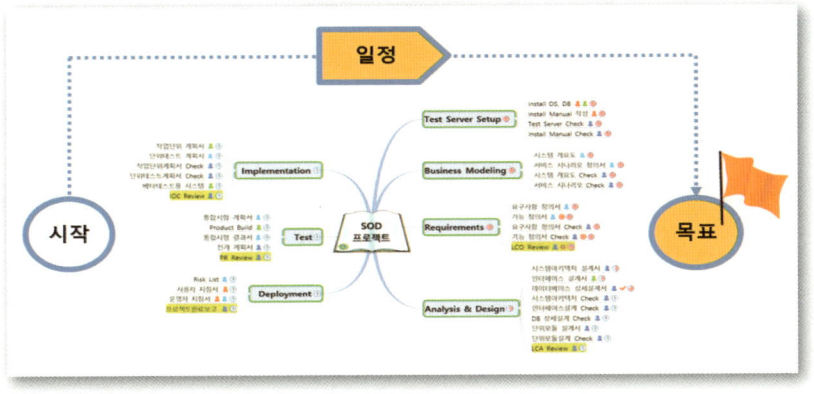

- 조감적 사고능력은 문제를 바라보는 여유를 갖게 해 준다.
- 앞으로 다가올 상황에 유연하면서도 적극적인 태도를 취하게 해 준다.
- 주어진 문제에 대해 내가 아는 것과 모르는 것을 발견하도록 해줌으로써 제로베이스 사고가 가능하게 해 준다.
- 문제에 접근하는 효율적인 순서와 경로를 발견하게 해 준다.
- 경로의 조정과 변경에 대한 자신감을 갖도록 해 준다.
- 전체 목표를 전제로 부분적인 것들의 의미를 생각하게 해 준다.
- 목표의 달성을 위한 계획을 쉽게 세울 수 있도록 해 준다.
- 다른 의견을 수용할 수 있는 여유를 갖게 해 준다.

창의적 사고력

새로운 변화와 발전을 가능케 하는 원동력인 창의력은, 기존의 요소들로부터 새롭고 유용한 결과를 이끌어 내는 능력을 말한다. 우리의 두뇌는 슈퍼컴퓨터를 능가하는 능력을 가지고 창의적으로 작동할 준비가 이미 되어 있다. 그러나 창의적 사고력과 문제해결 능력을 향상하기 위해서는 좌뇌와 우뇌 그리고 확산적 사고와 수렴적 사고의 실체를 이해하는 것이 필요하다.

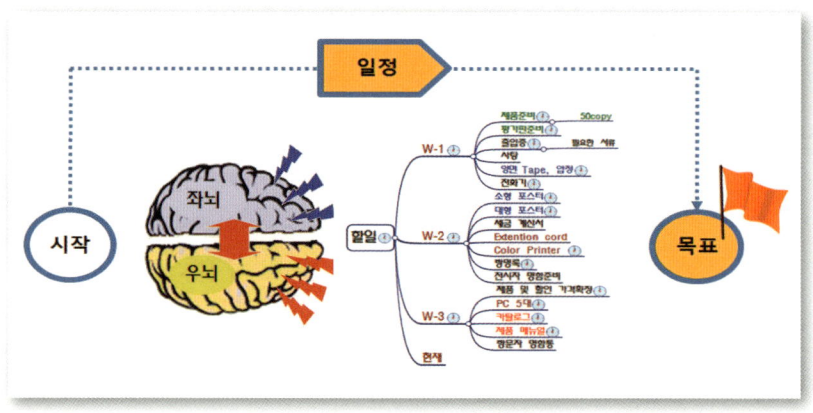

세밀한 것에 집중하며 논리적이고 순차적인 사고 기능을 담당하는 좌뇌와 전체를 판단하고 확산적이며 감성적인 기능을 수행하는 우뇌의 기능이 협력할 때 비로소 두뇌의 능력은 극대화된다. 따라서 전체를 파악하고 아이디어를 발상하는 일의 시작 단계에서는 우뇌 중심의 확산적 사고가 중요하다.

반면, 아이디어를 평가하고 판단하여 결과와 결론을 도출하게 되는 일의 후반부에서는 좌뇌 중심의 수렴적 사고능력이 중요하다. 이에 관해서는 다음 장에서 상세히 살펴보게 될 것이다.

앞서 예를 들었던 S사의 사람들 특히 한창의 과장이 보여 준 창의적인 문제해결 능력은 어떻게 설명할 수 있을까? 중요한 열쇠는 '지능'이나 학력이 아니라 생각을 시각화하는 습관과 이를 가능케 하는 시각화 도구를 사용한 점이다. 시각화 능력은 자연스럽게 전체를 보는 힘을 키워 주며 전뇌(좌뇌와 우뇌)를 자극하여 창의적 사고를 하도록 유도한다. 즉 시각화하는 과정과 시각화된 정보가 확산과 수렴적 사고를 동시에 하도록 만드는 촉매 역할을 하게 되며, 좌뇌와 우뇌를 균형 있게 사용할 때 발생하는 시너지 효과를 극대화하는 것이다.

중요한 것은 지금까지 설명한 '일 잘하는 사람이 공통적으로 갖는 세 가지 경향'이 서로 연결되어 있다는 사실이다. 즉, 시각적 사고는 조감적 사고를 유발하고, 조감적 사고는 다시 창의적 사고를 촉진하는 선순환 과정을 통해 일상의 업무에서는 상상할 수 없는 결과와 자신감을 만들어 내는 것이다.

그러나 많은 사람이 기존의 좌뇌 위주의 업무방식과 환경 속에서 우뇌적 요소를 적극적으로 도입하고 활용하는 것 자체를 선뜻 시도하지 못한다. 스스로 어색하거나 주변을 의식하기 때문이다. 그러나 시각적, 조감적, 창의적 사고가 스스로 만들어 내는 복리효과로 인해 프로젝트 능력의 빈익빈 부익부 현상이 실제로 발생한다면, 우리가 해야 할 선택은 이미 정해져 있다.

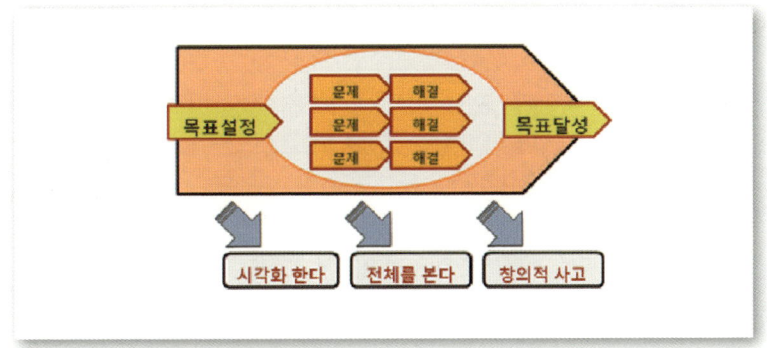

 **펀드매니저**

저는 모 은행에서 1조 원 정도의 자금으로 채권운용을 맡고 있는 펀드매니저입니다. 마인드맵과 인연을 맺은 지는 7년이 넘었습니다.

마인드맵은 오랫동안 기억을 할 수 있게 해 주고, 무엇보다 학습에 즐거움을 준다는 점에서 참으로 훌륭한 학습 방법이지만 사실은 문제가 좀 있었습니다. 다양한 그림을 그려야 하는데 워낙 그림에 소질이 없었던 터라 다양한 색으로 표현하는 일이 쉽지 않았던 것입니다. 이 때문에 만화를 배워 보려고 만화학습책을 사기도 했고, 12색 볼펜을 사기도 했습니다. 그러다 어느 순간 마인드맵을 활용하는 데는 컴퓨터가 제격이라는 것을 알게 되었습니다.

처음으로 토니 부잔 책에 있는 도스용 프로그램을 구했을 때, 그리고 국내 부잔 지사에서 만든 프로그램을 만났을 때는 정말 기분이 좋았습니다. 돈이 문제가 아니었죠. 직접 회사를 찾아가서 프로그램이 나오기도 전에 구입해서 패치 파일을 사용했을 정도였으니까요. 물론 마인드맵과는 비교할 수 없이 좋았지만, 여전히 부족한 점이 많았습니다.

그러다 3년 전쯤, 우연히 '심텍'에서 윈도우용으로 만든 ThinkWise 프로그램을 처음 접하게 되었습니다. 그러곤 바로 '이건 세계 최고야!' 하고 감탄을 했죠.

직접 심텍 본사를 찾아가 사장을 만났습니다. 그리고 감사의 인사와 함께 마인드맵에서 개선할 점을 몇 가지 알려 드렸습니다. 'MS 워드로 타이프를 사용해 전환시키는 기능'은 그때 제가 제안한 내용인 것 같네요. 참으로 대단한 기능이죠. 이 기능만 잘 사용하면 더 이상 MS 워드나 '아래아한글'은 설 자리가 없을 겁니다.

저의 본 직무는 앞일을 전망하는 일입니다. 향후 주가가 어떻게 될 것인지, 미국이 어떻게 될 것인지, 금리가 어떻게 될 것인지 등등을 말이죠. 수많은 자료들이 매일 쏟아져 나옵니다. 이것들을 일일이 수집하고 정리해서 분석하는 것이 바로 제 일입니다. 하지만 방대한 정보를 각 파트별로 구분해서 수집, 업데이트하는 걸 수작업으로 한다는 것은 거의 불가능합니다.

저는 ThinkWise를 활용해서 7장의 메인 페이지를 각 파트별로 구분 업데이트함으로써 수작업의 애로사항을 해결할 수 있었습니다. 여기에는 10개 이상의 엑셀 차트도 포함됩니다. 이 맵은 한 달에 한 번씩 업데이트되므로 다음달 금리와 주가를 전망하는 데 유용합니다.

많은 펀드매니저들이 이런저런 업무 때문에 힘들어하고 스트레스를 받고 있지만 저는 거의 스트레스를 느끼지 않고 오히려 즐기고 있습니다. 물론 성과도 뒤지지 않습니다. 참고로 모 은행에서 스카우트 제의가 들어온 적도 있습니다. 은행권에서 채권운용자가 스카우트되는 것은 국내에서 처음 있는 일이죠.

한 가지 더 말씀드리자면, 저는 종교집회 때문에 일주일에 한 번은 연설을 합니다. 혹시 이런 자리에서 연설을 해보신 분이라면, 연설 원고를 만드는 것이 얼마나 고된 작업인지 잘 아실 겁니다. 하지만 마인드맵을 한 뒤에는 연설 원고를 만드는 시간이 3분의 1로 줄었습니다. 더욱 좋은 것은 원고를 보고 읽는 게 아니라 마인드맵을 활용해서 원고에 골자만을 적고, 대중을 보면서 연설을 할 수 있게 되었다는 점입니다. 이를 일명 '골자 연설'이라고 합니다. 회사 일로 강의도 자주 하는데, 연설과 같은 이유로 강의에도 많은 도움이 됩니다.

얼마 전 헤지 펀드와 관련해서 노벨경제학상을 수상한 마이런 숄츠(Myron S.Scholes) 박사의 강의 세미나에 간 일이 있습니다. 그런데 숄츠 박사가 글쎄 마인드맵으로 만든 강의노트를 가지고 프레젠테이션을 하는 게 아닙니까! 덕분에 미국에서는 마인드맵이 어느 정도 일반화되어 있다는 사실을 알게 되었죠.

인간이 만든 것 중에 부작용이 따르지 않는 것은 없겠지만, ThinkWise는 정말 부작용이 없는 발명품입니다. 더 기분 좋은 것은 토니 부잔보다(이율곡인지 아닌지 잠시 헷갈리기는 하지만) 한국의 성현이 먼저 이 개념을 사용했다는 점입니다.

김영철(펀드매니저)

Chapter ❸

팀 단위 발상과
소통

협력, 협동, 협업

요즘은 한 팀의 구성원들이 다양한 모바일 앱을 활용하여 소통하며 일하는 경우가 많다. 그런데, 여러 사람이 함께 일을 한다는 것도 엄밀히 따져 보면 몇 가지 분류가 있다. 그것은 바로 협력과 협동, 협업이다.

많이 들어 본 말이고, 어렴풋이 그 차이를 알 것 같기도 하지만 뭔가 명확하게 잡히지 않는 분들이 많을 것이다. 대충 의미는 알겠는데 남에게 정확히 설명하기는 어려운, Buzz Word인 셈이다. 그런 분들을 위해 우선 협업과 유사한 의미를 갖는 협력과 협동에 대해 살펴보자.

협력과 협동, 협업이라는 단어는 '힘을 합한다'는 공통점이 있다. 국어사전에 따르면, '협력'이란 힘을 합하여 서로 돕는 것, 즉 제휴하는 것을 의미한다. '협동'은 힘만이 아니라 마음까지 합하여 뭉치는 것을 의미하고, '협업'은 힘과 마음을 합치되 계획적으로 나누어 일하는 것, 즉 계획된 분업을 의미한다.

여기서 잠시 어느 신문 기사를 한번 살펴보자.

"모디 방중 이틀째 24개 협정체결 … 인도/중국 경제협력 본격화"

인도와 중국이 각자 경제적 발전을 꾀하는 과정에서 서로 상대방이 필요로 하는 도움이 있다면 우선 제공하겠다는 협정을 맺었다는 내용이다. 이 기사에서 '경제협동'이란 단어를 사용하지 않는 이유는 두 나라가 서로 도움을 주고받지만 그것이 결국은 '각자의 목표'를 달성하기 위한 것이기 때문이다. 자동차를 만드는 대기업에 타이어를 납품하는 업체를 '협동업체'라 하지 않고 '협력업체'라고 하는 이유 역시 두 회사가 각자 추구하는 바가 다르기 때문이다.

이처럼 협력은 힘을 합치되 목표가 서로 다른 경우를 말한다. 반면에 협동은 '협동작전, 협동조합, 협동학습'처럼 참여자가 서로 공감하는 '동일한 목표'를 달성하기 위해 각자의 역할을 수행하는 것이다. 간단한 협동의 예를 들어보자.

"부부가 장에 내다 팔 물건을 수레에 싣고, 한 사람은 앞에서 끌고 한 사람은 뒤에서 밀고 있다."

이와 비슷한 형태지만, 만일 이웃에 사는 두 사람이 각자 옮겨야 할 물건이 있어서 수레를 한 대 빌려 짐을 같이 옮기기로 했다면 이는 '협동'이 아니라 각자의 물건을 옮기기 위한 것이므로 '협력'을 한 것이 된다.

이처럼 협력(Cooperate)과 협동(Collaborate)은 '목표의 동질성'과 '역할의 유무'로 구분을 할 수 있다.

협업(Collaborate)은 개념적으로 협동과 유사하다.

협업을 한마디로 정의하자면 공동의 목표와 일정이 있는 일, 즉 팀 단위 프로젝트 수행을 전제로 역할을 나누어 협동하는 것을 의미한다. 즉 수많은 협동을 통해 프로젝트를 수행하는 과정이 곧 협업인 셈이다. 이

처럼 '프로젝트'와 '협업'이라는 두 단어는 동전의 양면처럼 떨어질 수 없는 관계이며, 다양한 도구를 활용한 협업능력은 프로젝트 능력의 중요한 변수가 되는 것이다.

온라인 협업과 시각적 소통

앞서 소개한 S사의 경우, 왕시각 부장을 팀장으로 모든 구성원들이 공동의 목표를 놓고 각자의 역할을 통해 힘을 합하는 전형적인 협업의 모습을 보여주었다. 특히 온라인 협업을 통해 일사불란하게 생각을 수렴하고 공유함으로써 불필요한 회의나 문서 작성 시간을 줄이면서도 목표를 일관되게 공유할 수 있었다. 마치 〈오션스 일레븐〉이란 영화에서처럼 시작과 끝 그리고 명확한 목표를 두고 협업을 하고, 풍성한 결과를 나누는 그야말로 환상적인 팀이다.

이제 온라인 협업과 소통능력이 팀 단위 프로젝트를 위해 선택이 아니라 필수 능력이 되고 있는 배경에 대해 살펴보자.

기업은 비전을 추구하기 위해 목표와 전략을 세우고 다양한 프로젝트를 수행하는 피라미드 형태의 조직이다. 따라서 어떤 사람이 한 회사에서 일을 한다는 것은 여러 프로젝트의 일부를 할당받아 다른 사람과 다중으로 협업을 한다는 의미가 된다. 조직의 경쟁력이란 구성원의 프로젝트 수행능력, 즉 협업능력의 발현이라고 해도 과언이 아니다.

원활한 협업과 소통을 위해 기업은 그룹웨어, 전사적 지식관리 시스템(KMS), 전사적 자원관리 시스템(ERP), 원격 화상회의, 프로젝트 관리 시스템(PMS) 등 다양한 시스템을 구축한다. 프로젝트 관리만을 위한 전문적인 시스템(PMS)도 있다. 그러나 PMS는 본래 대형 프로젝트의 일정과 절차 및 공수 등 매우 복잡한 변수를 관리하기 위해 시작된 것이기 때문에 개인이나 작은 규모의 팀에는 적절하지 않다. 또한 거의 모든 기업이 그룹웨어를 도입하지만, 기본적인 정보를 조회하거나 문서를 전달하고 결재하는 파이프라인 이상의 활용을 하지 못하고 있다.

각 개인의 경험과 지식을 문서화하여 조직의 자산으로 공유하고 재활용하기 위해 시작된 지식관리 시스템 역시 구성원의 머릿속에 존재하는 무형의 지식을 자발적으로 형식화해 내도록 유도하는 것이 숙제다.

  화상회의를 통해 좀 더 효과적인 커뮤니케이션이 가능하지만, 이 역시 그룹웨어와 마찬가지로 이를 통해 교환되는 정보 자체의 품질이 개선되거나 프로젝트의 성공확률을 직접 향상시키지는 못한다.

  이처럼 여러 회사에서 구축한 수많은 시스템들은 효과적인 협업의 '필요조건'은 되지만 '충분조건'이 될 수는 없다. 명필은 붓을 가리지 않는다. 이러한 시스템이 결과를 보장하지 않음을 알면서도, 현실에서는 겹겹의 시스템이 요구하는 절차에 자신을 맞추기에 급급하다. 결국 이런 시스템의 실제 활용도는 각 구성원과 조직이 프로젝트의 개념과 역량을 얼마나 실행하고 있느냐에 따라 달라질 수밖에 없다.

  10명으로 구성된 프로젝트 팀이 있다고 가정해 보자. 팀원들은 수없이 만나 회의를 하고 각자의 생각을 이메일로 주고받는다. 그리고 시방서, 견적서, 설계도면 등 외부와 주고받은 문서를 관련 팀원에게 이메일로 재전송하거나 서버에 저장하여 공유한다.

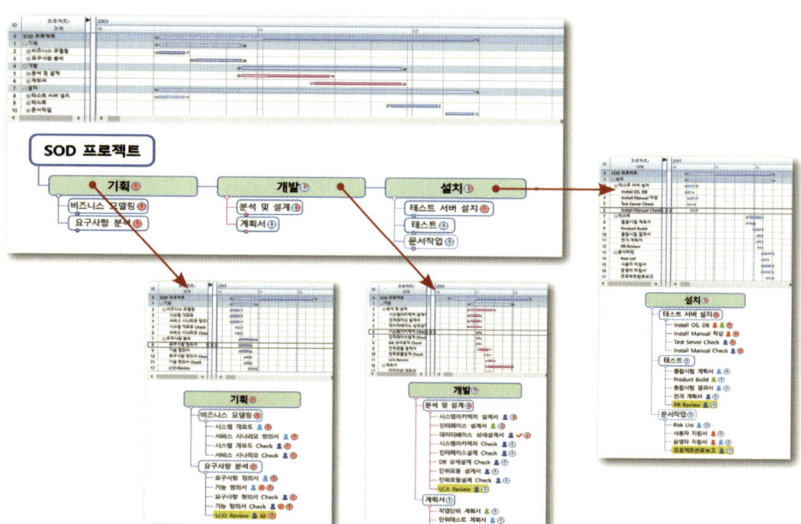

그러나 이런 단순한 방식으로는 팀원들의 생각과 문서를 효율적으로 취합하는 것도, 일의 전체적인 흐름을 각자의 관점에서 쉽고 빠르게 파악하는 것도 어렵다.

뿐만 아니라 대부분의 정보가 게시판에 목록 형태로 표시되는 것도 효율성을 떨어뜨린다. 상호 논리적 관계성을 갖는 수많은 정보가 목록처럼 분절된 형태로 흩어져 있다면, 아무리 일을 잘하는 사람이라 해도 프로젝트 전체를 파악하고 기억해 내는 것이 쉽지 않기 때문이다. 다시 말해 협업을 통해 분담된 일을 하고 있지만 전체 속에서 자신이 하고 있는 일의 상대적 위치와 가치를 스스로 파악하고 이해하기가 쉽지 않다는 것이다.

이처럼 일정한 계획하에 이루어지는 팀 단위 분업 활동, 즉 프로젝트 협업을 좀 더 쉽게 할 수 있는 새로운 방법은 없을까? 각 팀원의 서로 다른 능력을 공동의 목표를 향해 효율적으로 집결하는 새로운 방법은 없을까? 이에 대한 답을 찾기 위해서는 다음의 두 가지 사실에 주목할 필요가 있다.

첫째, 그룹웨어를 통해 단순히 문서를 주고받는 것 이상의 커뮤니케이션, 즉 프로젝트의 본질을 공감하는 커뮤니케이션을 위해 '이메일 없는 온라인 협업'이 이제 세계적인 추세라는 점이다.

둘째, 생각과 정보를 시각적이며 구조적으로 표현하여 직관적으로 전체를 인식할 수 있도록 하는 것이 대세다.

맵을 통한 정보의 시각화는 이와 같은 두 가지 요구사항을 모두 만족시킨다. 시각적 맵핑을 활용하면 정보의 시각화는 물론 정보의 자유로운 분할과 통합, 온라인 협업, 협업과 협업의 연결과 통합, 자료의 연결과 첨부 등, 프로젝트를 수행할 때 발생하는 다양한 작업을 한 장의 작전지도를 공유하면서 할 수 있다. 그것도 이메일을 전혀 사용하지 않고.

앞서 설명한 S사의 예를 다시 들어 보자. 한창의 과장은 가장 먼저 프로젝트의 목표와 해야 할 일에 대해 혼자서 골격을 만들고 협업으로 등록했다. 협업에 초대된 모든 팀원들은 1차 WBS(Work Breakdown Structure)를 공유함으로써 자신들이 해야 할 일의 전체 모습을 사전에 파악할 수 있었다. 프로젝트의 실체에 대한 모든 팀원의 브레인 워밍업이 빠르게 이루어진 것이다. 뿐만 아니라 팀원이 모두 모여 브레인스토밍을 통해 WBS를 함께 완성해 나갈 수 있었다.

프로젝트가 진행되는 동안에도 모든 팀원이 회사든 집이든 커피숍이든 편한 곳에서 협업에 등록된 WBS 맵을 열고 자신에게 할당된 업무 일정과 진행 상태, 문제점, 메모 등을 마치 업무노트를 작성하듯 수시로 정리해 놓았다. 이렇게 해서 WBS 맵은 팀장을 비롯한 모든 팀원을 위한 작전지도의 역할을 하게 된 것이다.

모든 팀원은 WBS 맵을 여는 순간 다른 팀원의 업무 진행 경과, 진행 중인 작업 항목 및 향후 계획을 실시간으로, 한눈에 시각적으로 파악할 뿐만 아니라 다른 팀원이 연결해 둔 파일이나 자료를 WBS 맵에서 바로 열어 볼 수 있고, 다른 팀원의 메모에 의견을 달아놓을 수도 있었다.

또 다른 예로, 건물을 짓는 프로젝트를 생각해 보자. 토목과 골조, 전기 등 여러 개의 팀이 동시에 작업을 한다면, 전체 프로젝트는 다시 여러 개의 작은 프로젝트로 나누어져서 동시에 진행된다. 즉, 각각의 팀 단위 작업은 개별적인 작은 협업 프로젝트가 된다. 이런 경우 전체 건축 과정을 한 개의 마스터 협업으로 만들고, 다시 각 팀별 작업을 독립적인 협업으로 등록한다. 그리고 각각의 세부 협업을 마스터 협업 맵의 해당 가지에 연결해 두면, 유기적으로 연결된 상하 좌우 협업을 자유자재로 네비게이션하며 편집하고 공유할 수 있게 된다.

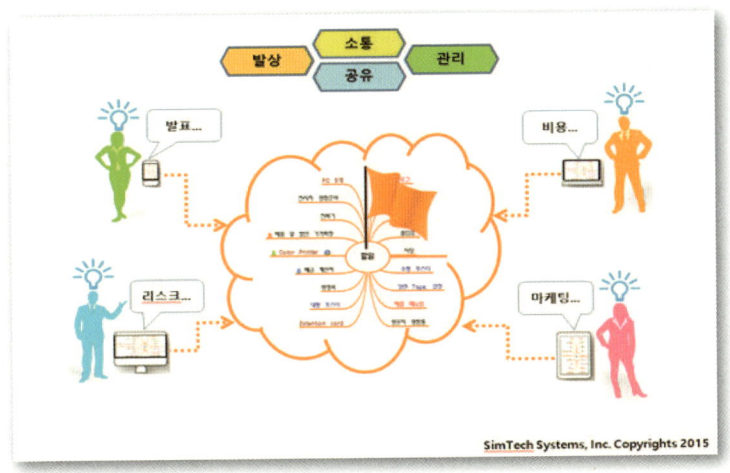

이처럼 시각화된 WBS 맵을 유기적인 신경조직처럼 연결하여 프로젝트를 위한 작전지도로 사용하는 새로운 온라인 협업과 소통 방법이 가져오는 효과는 말 그대로 상상을 초월한다.

- 디테일에만 집중하는 것에서 벗어나 전체 흐름의 중요성을 깨닫게 한다.
- 각 팀원들의 진행 상황을 입체적으로 파악할 수 있다.
- 프로젝트 전체에 대한 이해도, 참여도, 집중도가 향상된다.
- 불필요한 회의가 대폭 줄고, 회의의 목적과 범위가 명확해진다.
- 시각적 맵핑 덕분에 보고서 등의 각종 문서 작성 시간이 줄어든다.
- 창의적 발상에 더욱 집중함으로써 단순 반복 작업을 대폭 줄일 수 있다.
- 문제를 사전에 인지할 수 있기 때문에 리스크 관리가 용이해진다.
- 결과만큼 과정의 중요성을 인식하게 된다.

문서 공동 작성

일상 업무를 진행하다 보면 업무매뉴얼이나 제품설명서, 프로젝트 사양서, 결과보고서 등 다양한 문서를 작성한다. 그런데 이런 문서를 여러 사람이 협업으로 나누어 작업하면 어떤 효과를 얻을 수 있을까?

앞서 S사의 프로젝트 최종 보고서가 만들어지는 과정에서 보았듯이, 협업으로 작업을 하면 시간을 절약할 수 있을 뿐만 아니라, 여러 사람이 참여하므로 중요한 내용이 누락되는 오류도 방지할 수 있다. 물론 한 사람의 관리자가 먼저 협업을 개설하고, 전체 목차를 맵으로 준비하고, 작성 과정을 관리하고, 최종 내용을 취합하고 마무리해야 한다.

예를 들어, 제품을 개발할 때 기획 단계부터 온라인 협업으로 프로젝트를 진행하면, 전 과정에서 만들어지는 다양한 문서와 자료를 협업 맵에 고스란히 축적할 수 있게 된다. 마무리 단계에서 최종보고서를 작성할 때도 모든 자료와 진행 경과를 협업 맵에서 찾아볼 수 있기 때문에, 시간은 절약되고 보고서 품질은 향상될 것이다.

또 다른 예로, 협업을 통해 업무매뉴얼을 작성/관리하는 경우를 살펴보자.

어떤 기업이든 업무매뉴얼은 중요한 관리대상 문서다. 변화하는 환경에 적응하고, 성장에 따른 구조조정을 신속하게 하기 위해서도 필요하지만, 당장 내일 출장을 가기 위해 업무 규정을 확인할 때도 필요한 것이 바로 정확한 업무매뉴얼이다. 그러나 규모가 작은 회사 일수록 업무매뉴얼은 우선순위에 밀려 제대로 작성되지 않거나, 있다 하더라도 내용이 정확하지 않아 실제 활용되지 않는 악순환이 벌어지곤 한다.

반면에 큰 기업의 경우에는 업무매뉴얼을 작성하는 부서와 이를 조회하고 사용하는 사람 사이의 시각 차이가 문제다. 매뉴얼 작성자는 업무의 종류나 연도 등 정형화된 기준으로 모든 내용을 작성하고 분류하여 관리하고자 하지만, 사용자는 자신에게 필요한, 비정형화된 관점에서 자료를 조회하기를 원한다. 특히 모든 정보가 게시판에 목록 형태로만 표시되는 기존 시스템에서는 유사한 규정 사이의 상관관계를 조회하고 파악하기가 매우 어렵다. 즉, 모든 업무규정이 서버에 있기는 하지만 효율적인 검색과 활용이 어렵다. 이를 해결하는 방법은 게시물 사이의 다양한 상관관계를 시각적이며 구조적으로 인식할 수 있도록 하는 것이다.

작은 규모의 조직일 경우 업무매뉴얼을 협업으로 분담하여 작성하고 관리하면 시간과 비용을 절감하고 활용성에 있어서도 혁신적인 효과를 얻을 수 있다.

우선 회사의 조직도를 맵핑하여 전체 업무를 분류하고, 업무 골격을 협업맵으로 만든다. 그리고 각 부서장은 다시 부서 내의 세부 업무를 별도의 협업맵으로 작성하고, 해당 업무를 맡은 직원은 업무별 세부내용을 입력하거나 참고문서를 하이퍼링크 해 둔다.

이렇게 만들어진 업무매뉴얼 맵만으로도 일상적으로 반복되는 업무에 대해 탁월한 업무경감 효과를 얻을 수 있다. 협업을 통해 주요 업무를 매뉴얼화하고 이를 활용하면 다음과 같은 효과를 기대할 수 있다.

- 업무매뉴얼의 제작, 유지, 관리, 보충 작업을 분담하여 할 수 있다.
- 개별 업무 내용을 가장 잘 알고 있는 담당자가 작성하기 때문에 정확성을 유지할 수 있다.
- 꼭 필요한 내용에 쉽고 빠르게 접근할 수 있다
- 방대한 내용은 분할된 맵을 연결하여 관리하고 사용할 수 있다.
- 맵으로 표현된 내용을 일반 워드 문서로 전환시킬 수 있다.
- 워드 형태로 만들어진 기존의 업무매뉴얼도 맵으로 자동 전환하여 시각화할 수 있다.

PART 2

프로젝트와 창의력

Chapter ❶

창의력과 혁신

창의력은 혁신의 전제조건이며 혁신은 창의력의 결과물이다. 그러나 에디슨, 스필버그, 라이트 형제로부터 우리가 진정 배워야 할 것은 창의력이 아니라 실행력, 즉 목표를 향한 그들의 집중력과 인내심이다.

— 정영교

재규어를 타고 온 깨달음

마치 원효대사가 '해골바가지'에 담긴 몇 모금의 물 덕분에 깨우침을 얻었듯 이 세상을 살다 보면 생각지도 못한 곳에서 커다란 도움을 받거나 깨달음을 얻곤 한다. 물론 그 동굴 속에서 잠을 자고, 잠결에 해골에 담긴 물을 마신 다른 사람도 있겠지만, 그들은 원효대사와 같은 깨달음을 얻지는 못한다. 그 이전에도 이후에도. 깨달을 준비가 되어 있지 않기 때문이다.

즉, 해골바가지라는 '계기'를 만나서 그 이전의 삶 속에서 만들어졌던 수많은 준비들이 활짝 피어난 것이다. 실제로 원효대사와 함께 길을 떠났던 도반, 의상대사는 원효의 모습을 보고도 중국 유학의 길을 계속 가지 않았던가. 그에게는 해골바가지가 결정적인 계기가 아니었던 셈이다.

창의적 사고력은 프로젝트 능력을 위해 갖추어야 할 몇 가지 세부능력 중 가장 으뜸이 되는 능력이다. 내가 '사고력'이라는 화두를 붙들고 수십 년 동안 이 길에 매달릴 수 있었던 것도 따지고 보면 하나의 커다란 계기가 있었다. 물론 원효대사의 해골과 같은 결정적인 것은 아니었지만, 적어도 그 이전의 나와 이후의 나를 분명하게 나누는 분수령이 되었던 것은 틀림없다.

1986년이었다. 당시 나는 포틀랜드 항구의 컨테이너 선적 작업에 걸리는 시간을 획기적으로 개선할 수 있는 아이디어를 만들어 시뮬레이션으로 증명한 석사논문 덕분에 산호세(San Jose)에 있는 시뮬레이션 컨설팅 회사의 '부사장'으로 전격 취업이 되면서 처음부터 커다란 프로젝트를 맡게 되었다. 텍사스 오스틴에 있는 모토롤라 반도체 공장의 생산계획 시스템 시뮬레이터를 개발하는 프로젝트였다.

당시만 해도 주문자생산형 반도체(ASIC) 공장은 세상에 존재하는 가장 복잡한 제조공정으로 평가되었다. 따라서 내가 맡은 프로젝트는 모토롤라와 반도체 반송설비업체인 CTX, 그리고 PRTM이라는 컨설팅업체와 컨소시엄을 이뤄서 수행하게 되었다.

당시 프로젝트에서 내게 커다란 '깨달음'을 남긴 사람은 PRTM의 마이크 헤이번(Mike Havem)이라는 총괄 책임자였다.

1986년. 약관 26세의 나를 스카우트 하기 위해 산호세에서 1박 2일 동안 직접 운전을 해서 왔던 심소프트(SimSoft)사의 데이빗 화이트(David White) 사장. 나는 그의 제안에 따라 산호세에 있는 시뮬레이션 컨설팅 회사의 '부사장'으로 전격 취업을 결정했다.

나는 처음 맡게 된 거대한 프로젝트 때문에 초반부터 많은 고생을 해야만 했다. 밤을 새워 다음 날 미팅을 준비하는 것은 그야말로 일상다반사였다. 그렇게 나는 며칠 동안 밤을 꼬박 새워 미팅을 준비했지만, 마이크는 언제나 미팅 시각에 맞춰서 검은 선글라스를 끼고 재규어 클래식 스포츠카를 타고 나타나 여유만만하게 회의실로 들어서곤 했다. 그리고 5분 정도 농담과 익살로 분위기를 풀어 준 다음 각자 맡은 영역의 보고와 토론을 진행했다.

그런데 30분쯤 지나면 마이크의 발언 횟수는 눈에 띄게 늘어나기 시작한다. 게다가 좌중의 의견과 이슈를 정리하며 전개하는 마이크의 논리와 결론은 거의 예술에 가까웠다. 그리고 마지막 10분 동안 다시 유머와 농담으로 분위기를 바꾼 마이크는 다시 재규어를 타고 유유히 사라지곤 했다.

마이크와의 회의는 60분을 넘긴 적이 없었다. 단 60분 동안 그가 연출하는 논리전개에 마음속으로는 감탄사를 연발하면서도, 또 한편으로는 몇 날 며칠을 새면서 문제 해결에 고민했던 나 자신의 능력이 너무나 초라하게 느껴지곤 했다.

적어도 '공부'라고 하면 껌 좀 씹었던 사람인데, 도대체 마이크라는 저 인간은 뭘 먹고살기에 생각하는 것도 일하는 것도 나와 이렇게 다른 것일까? 게다가 그 출중한 능력까지!

첫 두 달간 거의 '멘붕' 상태에서 고민을 해본 결과 내가 내린 결론은 '교육'이었다. 그는 나와 전혀 다른 교육과 경험을 통해 그러한 경쟁력을 갖추었던 것이다. 한국에서 초중고, 대학 과정을 문제 풀기와 성적 위주로 공부해 왔던 나로서는 그의 사고력을 이해할 수 없는 것이 당연했다. 비록 늦었지만 마이크처럼 넓고 깊게 사고하는 것을 훈련하는 것만이 나 자신의 경쟁력을 끌어올리는 길이라고 나는 판단했다.

마이크로부터의 깨달음은 그 이후 나의 수많은 프로젝트에 지대한 영향을 미치게 되었다. 이 깨달음을 한마디로 요약하자면 "능력이란 얼마나 많이 알고 있느냐가 아니라 완전히 새로운 문제에 대해 알고 있는 것을 토대로 어떻게 생각을 전개해 나가느냐"라는 것이다.

창의력이 뭐지?

우리는 오랫동안 '창의력'이라는 말을 참 많이도 써 왔다. 하지만 그렇다고 해서 우리 모두가 창의력이라는 말의 뜻을 완벽하게 이해하고 공유한 것 같지는 않다. 그리하여 뒤늦은 질문을 한번 던져 보자.

"창의력이 뭐지?"

창의력을 뜻하는 'Creativity'라는 단어는 1946년 세계적인 석학 촘스키가 처음 사용하면서 널리 퍼진 것으로, '만들다'라는 뜻을 가진 라틴어 'Creare'를 어원으로 하고 있다.

이번에는 '창의(創意)'라는 단어를 이루고 있는 한자의 뜻을 살펴보자. '창'(創)은 곳간과 칼을 뜻하는 글자로 이루어져 있다. 의(意)는 세움과 해 또는 빛, 그리고 마음이라는 글자로 구성되어 있다.

먼 옛날 곡식이나 사냥도구 같은 물건은 곳간에 보관했다. 그런데 콩 농사를 짓던 한 농부가 어느 날 문득 새로운 생각을 떠올렸다. 창고에 있는 곡식과 도구를 사용하여 그 전까지는 생각하지 못했던 새로운 방법으로 곡식을 가공할 방법을 생각해 낸 것이다. 마치 마음속에 한 줄기 빛을 세우듯이 생각이 떠오른 것이다. 그것이 바로 '창의'의 어원이다.

❖ **Creare (라틴어 "만들다"의 어원)**
- 새로운 것을 생각해 내는 힘 - 국립국어연구원
- 새로운 변화와 발전을 가능케 하는 원동력
- 기존의 요소들로부터 새롭고 유용한 결과를 이끌어내는 능력
- 새롭고 신기한 것을 찾는 힘 - Guildford
- 개성 있는 비범함 - Gardner

❖ **創意**　　倉 刀　　立 日 心

창고에 있는 곡식과 도구를 사용하여 그전까지는 생각하지 못했던 새로운 방법으로 곡식을 가공할 방법을 생각해낸 것이다

머리 속 기존의 정보 ➡ 새로운 생각

마치 마음속에 한줄기 빛을 세우듯 생각이 떠오르는 것

새로운 변화와 발전을 가능케 하는 원동력인 창의력은, 기존의 요소들로부터 새롭고 유용한 결과를 이끌어 내는 능력을 말한다. 국어사전에는 '새로운 것을 생각해 내는 힘'이라고 정의되어 있으며 '새롭고 신기한 것을 찾는 힘' 또는 '개성 있는 비범함'이라고 정의한 사람도 있다.

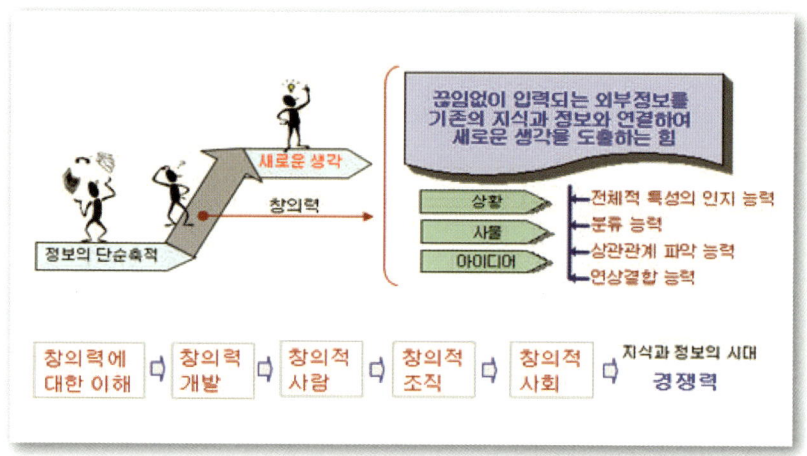

창의력을 좀 더 구체적으로 분해해 보면, 어떤 상황과 사물이 주어졌을 때 전체적인 특성을 인지하고, 분류하고, 이들의 상관관계를 파악하며, 서로 연상/결합하는 네 가지 세부능력으로 구성되어 있다. 그러나 이러한 사전적 의미를 넘어 다른 각도로 창의력을 설명해 보자.

사람은 태어나는 순간부터 오감을 통해 끊임없이 외부에서 정보를 받아들이고 그중 일부를 머릿속에 저장한다. 이렇게 입력되는 정보와, 정보를 처리하는 과정을 경험이라고 한다. 경험은 공기와 물과 함께 인간이 생존하는 데 필요한 세 가지 필수 요소 중 하나로 꼽히기도 한다.

우리의 두뇌는 이런 과정을 통해 습득한 정보들을 저장하고, 점검하고, 필요할 때 다시 꺼내 사용하는 경이로운 능력을 가지고 있다. 그래서 새로운 정보가 더 이상 섭취되지 않으면 두뇌는 생존의 위협을 느낀다고 알려져 있다. 심지어 빛과 소리가 완전히 차단된 공간에 갇히면 사람은 죽게 된다고 한다.

창의력이란 새로 들어온 외부의 정보를 머릿속에 저장되어 있는 기존의 정보와 연결해서 새로운 생각을 전개해 나가는 힘이다. 이런 과정은 마치 작은 불똥이 인화물질에 떨어져 불이 붙고, 다시 인접한 물질로 번져 나가는 과정과 같다. 단지 차이가 있다면, 머릿속에서 생각이 전개되는 속도는 측정할 수 없을 정도로 빠르다는 것이다. 머릿속에 저장되어 있는 기존의 정보는 인화물질에 해당하며, 저장되어 있는 정보의 신선도는 인화물질의 인화성과 같다.

정보도 음식물처럼 유효 기간이 있다. 우리는 날마다 '정보 섭취'라는 두뇌활동을 통해 정보의 유효성과 신선도를 계속 갱신하고 있다. 따라서 머릿속에 든 정보가 부족하거나 신선도가 떨어지면, 마치 주변에 인화물질이 없어서 불똥이 튀어도 불이 붙지 않는 것처럼 새로운 생각들이 잘 번져 나가지 않게 된다.

그렇다면 어떤 사람이 창의적인가 아닌가를 가르는 차이는 어디에서 오는 것일까?

창의적인 사람은 그렇지 않은 사람에 비해 생각이 연결되어 나가는 경로가 훨씬 다양하고 새롭다. 아울러 창의적인 사람이 되려면 다양하고 신선한 정보와 지식이 머릿속에 잘 저장되어 있어야 하고, 새로운 경로로 생각을 전개해 나가기 위해서는 고정관념이나 두려움, 주저함을 버릴 수 있어야 한다.

불이 붙어 번져 가는 인화과정과 창의력의 유사점을 떠올리면서, 그런 기분으로 생각하는 연습을 하는 것 그리고 지속적으로 새로운 지식을 받아들이고, 자신이 받아들인 정보가 매우 인화성이 강하다고 스스로 믿는 것이야말로 이미 창의적인 자신의 두뇌를 더욱 창의적으로 활용할 수 있는 방법이라고 할 수 있다. 우리의 두뇌는 이미 그런 방식으로 작동할 준비가 되어 있기 때문이다.

혁신은 실행력을 타고 날아오른다

이제 '창의력'과 떼려야 뗄 수 없는 관계인 '혁신'의 의미에 대해 살펴보자. 사실 창의력 혹은 창의성의 가치는 혁신을 빼놓고는 말할 수 없다.

에디슨이나 스티븐 스필버그, 라이트 형제라고 하면 누구나 그들이 만들어 낸 창의적인 결과물을 먼저 떠올리지만 목표 달성 과정에서 그들이 겪었던 고생을 떠올리는 사람은 그리 많지 않다. 실제로 에디슨은 전구를 발명하기까지 대략 9,000번의 실패를 거듭했다.

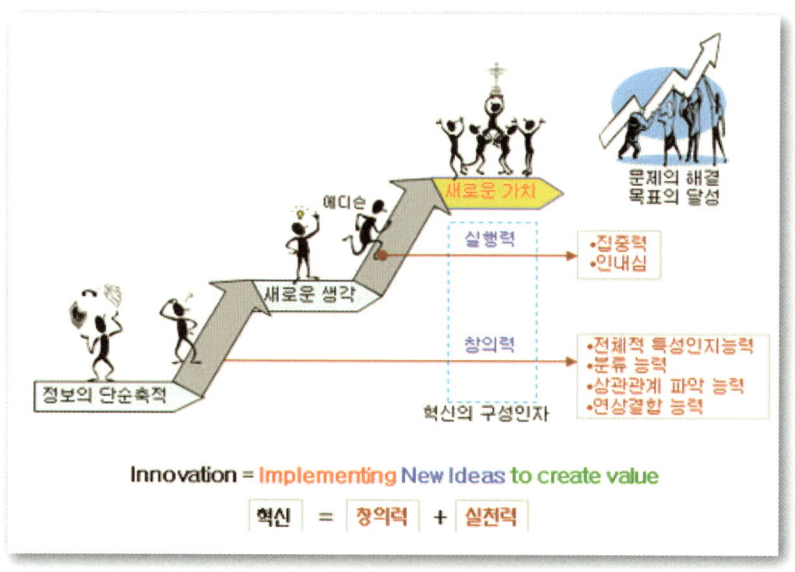

엉성한 날개를 달고 열심히 날아 보려다 땅에 곤두박질치는 라이트 형제의 실험 장면을 흑백사진이나 다큐멘터리로 본 적이 있을 것이다. 이처럼 위대한 업적을 이루는 과정에서 창의력만큼이나 중요한 것이 강한 집중력과 인내심을 가지고 목표를 향해 문제를 해결해 나가는 '실행력'이다. 즉 혁신이란 '새로운 생각을 실행하여 새로운 가치를 창출해 내는 창조적 과정'이라고 할 수 있다. 한마디로 창의력은 혁신의 전제조건이며 혁신은 창의력의 결과물이다.

따라서 에디슨이나 스필버그, 라이트 형제는 창의적이라기보다는 혁신적이라고 하는 것이 더 정확한 표현이다. 또한 우리가 진정 부러워해야 할 부분은 그들의 창의력이 아니라 집중력과 인내심이다.

어디서 유래되었는지는 잘 모르지만, 벤처업계에는 오래된 금언이 하나 있다. '벤처는 목적지가 아니라 이에 도달하는 여정과 같다'라는 말이다. 이 금언을 잘 생각해 보면 벤처의 속성은 창의성보다는 오히려 혁신이라는 단어와 여러 가지 면에서 닮은 점이 많다는 것을 알 수 있을 것이다.

명확한 목표를 가지고 창의적인 아이디어를 실행해 나가는 사람이나 기업. 이것이 바로 오늘날 우리 사회가 필요로 하는 성장의 원동력이다.

혁신에 도달하는 세 가지 관문

누구든 창의적인 생각을 실행에 옮겨서 새로운 가치를 만들어 냈다면 '성공'을 했다고 볼 수 있다. 이처럼 혁신을 통해 성공에 도달하는 과정을 그림으로 풀어보면, 반드시 세 가지 관문을 거쳐야 하고, 그 과정에서 세 가지 유형의 사람이 나타난다는 것을 알 수 있다.

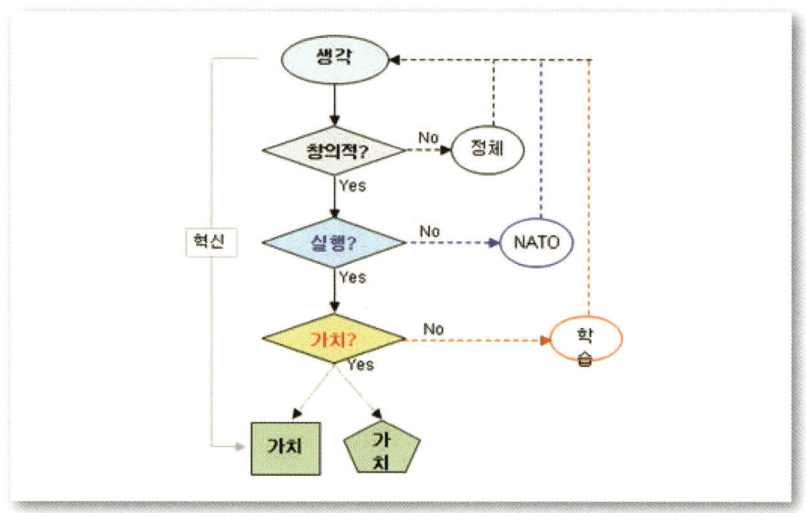

혁신으로 향하는 첫 번째 관문은 창의성을 가지고 있느냐 아니냐 하는 것이다. 평소 어떤 일에도 창의적인 생각을 하지 못하는 사람이라면, 정체된 사고를 하는 사람 즉 '진부한 사람'이라고 할 수 있다.

두 번째 관문은 실행력이다. 창의적인 생각을 가지고는 있지만 이를 실행에 옮기지 않는다면 아이디어만 있는 사람 즉 NATO증후군(No Action Talking Only)에 걸린 사람이라고 할 수 있다.

세 번째 관문은 가치 창출 여부이다. 창의적인 아이디어를 가지고 있고, 인내력을 가지고 이를 실행에 옮겼다 해도 항상 가치 있는 결과에 도달하는 것은 아니다. 물론 실행의 결과가 비록 '실패'로 귀결이 되더라도 이 단계까지 도달한 사람은 시도조차 해보지 못한 사람들은 결코 얻을 수 없는 훌륭한 학습 효과를 거두게 된다. 에디슨이 9,000번이나 실패했던 것을 떠올려 보라. 어쩌면 세 번째 관문은 경우에 따라 인간의 한계를 벗어날 수도 있는 부분이라 할 수 있다. 말 그대로 진인사대천명(盡人事待天命)이라는 말이 생각나는 대목이다.

우리 모두는 더 나은 가치를 창출하여 행복해지기를 원한다. 행복을 추구한다는 것은 끊임없는 목표를 설정한다는 의미이며, 목표에 접근하는 과정은 반드시 크고 작은 문제를 동반하게 된다. 우리 모두에게는 창의적인 사고를 할 수 있는 두뇌와 하루 8만 6,400초가 공평하게 주어져 있지만 대부분의 경우 창의력의 부족 또는 집중력과 인내심의 부족으로 가치창출 과정의 어딘가에서 정체되거나 무한루프에 빠지게 된다.

이제 스스로에게 다음과 같은 질문을 해보자.

- 나는 새로운 가치를 만들어 내기를 바라는가?
- 나에게 소중한 목표는 무엇인가?
- 나는 위의 세 가지 사람 중 어디에 속해 있는가?
- 나의 가장 큰 취약점은 무엇인가?
- 나는 새로운 가치를 만드는 과정을 이해하고 있는가?

주변의 성공한 또는 혁신적인 인물에 대해서도 똑같은 질문을 던져 보자. 평소 남들과 똑같이 생각하고 행동하면서 미래는 남보다 훌륭한 어떤 것이어야 한다고 막연히 생각하고 있다면, 그 사람이 성공할 확률은 매주 한 장씩 평생 로또를 사는 사람보다 낮을 수밖에 없다.

변화하려 하지 않으면서 만족하지도 못하는 것이야말로 '보통 사람들'이 가진 가장 일반적이면서도 근본적인 문제이다.

절박한 상황과 결정적인 순간에 사용하는 "Take it or leave it" "Do or Die"라는 영어 표현이 있다. 말 그대로 죽기 아니면 살기다. 하지만 혁신을 위해 도전적인 사고를 끈기있게 추구하는 사람이라면 이 표현을 "Take the risk or leave the chance" "Do change or die your dream"이라고 바꾸어서 생각할 수도 있을 것 같다.

 **훌륭한 사람들의 조언**

- 첫 눈에 좀 엉뚱하다는 생각이 들지 않는 아이디어는 가치가 없다.
  – Albert Einstein
- 아이디어는 한 쌍의 토끼처럼 시작하면 금세 열두 마리로 번식한다.
  – John Steinbeck
- 가장 위험한 아이디어는 그 외의 아이디어가 없는 경우이다.
  – Emile Chartier
- 생각을 행동으로 옮기는 일이 세상에서 가장 어려운 일이다.
  – Goethe
- 생각과 실행은 다시 할 때마다 반드시 새로워진다.
  – Oliver Wendell Holmes
- 혁신은 실수와 실패를 유발하고 성공하는 사람은 의미 있는 실수로부터 학습한다.
  – Scott Adams
- 창의적 발상에 가장 큰 적은 고정관념이다.
  – Dee Hock – founder of VISA
- 아이디어란 많을수록 좋다.
  – Linus Pauling (노벨상 2회 수상)

Chapter ❷

두뇌의
특성

지금 하고 있는 일의 주인이 되어라. 긍정의 힘을 얻을 것이며 목표가 명확하게 보일 것이다. 목표를 갖는 순간 몰입이 가능해지고 잠재된 모든 능력이 솜털처럼 일어날 것이다.
– 정영교

이건 당신 논문이야! 당신 인생이라고!
(Young! This is your thesis. This is your life.)

앞에서 나는 산호세에서 일하는 동안 '사고력'과 관련한 커다란 깨달음을 얻었다고 밝혔다. 하지만 일생을 살면서 이런 종류의 깨달음은 어쩌면 순간 순간 계속 이어지는지도 모른다. 다만 우리가 그 순간을 놓치고 지나갈 뿐.

산호세에서 '재규어 보이' 마이크를 만나기 이전, 아직은 미국 대학원 학생일 때 나는 마이크가 던져 준 것과는 또 다른 깨달음을 얻었다. 어쩌면 그것은 '사고력'과는 비교할 수 없는, 내 삶의 태도에 대한 근본적인 깨달음이었는지 모른다. 그날 이후 나의 모든 삶에 깊은 영향을 미치고 있기 때문이다. 그것은 바로 '자기 주도성'에 관한 것이었다.

나는 35년 전, 대학 2학년 때 '시뮬레이션'이라는 과목에 필이 꽂혔고, 우연과 필연이 겹치면서 나를 지도했던 교수님이 공부한 미국의 대학원에서 석사

과정을 하게 되었다. 그리고 훗날 한국시뮬레이션학회 부회장까지 되었으니, 시뮬레이션과는 참 남다른 인연을 가지고 있는 셈이다. 30년이 훌쩍 지난 지금까지 잊지 못하고 있는 나의 소중한 경험은 바로 '시뮬레이션'을 공부하러 떠난 미국 대학원에서 겪은 일이다.

시뮬레이션에 대한 남다른 꿈을 가지고 떠난 유학이었지만 끝없이 반복되는 강의와 공부, 리포트, 시험 때문에 학기가 거듭될수록 나는 '여기서 뭘 하고 있는 거지?' 하는 초조함에 초심이 흔들리곤 했다. 하지만 나름의 초인적인 의지를 가지고 이겨 낸 결과 어느덧 모든 과목을 이수하고 논문을 쓰는, 한 학기만 남게 되었다.

당시 나는 많은 과목에서 교수들에게 좋은 평가를 받았다. 하지만 정작 논문 주제를 정하려 하니 앞이 보이지 않았다. 개별적인 과목, 즉 '디테일'에서는 좋은 성적을 받았지만 몇 년에 걸친 과정 전체를 조감적으로 바라보는 경지에는 아직 이르지 못했던 탓이다.

논문 학기에는 매주 한 번씩 '사바 란다와'와 '에드 맥다월' 두 분의 교수와 논문에 관한 토론을 하는 것이 유일한 수업이었다.

논문의 주제와 방향 설정에 대해 상당한 고민을 하고 있었지만, 내심으로는 교수들에게 막연한 기대를 하고 있었다. 선배들 역시 내가 고민을 털어 놓을 때마다 "그런 건 교수들이 알아서 정리해 줄 거야! 넌 공부 잘했잖아. 걱정하지 마" 하고 얘기해 주곤 했다.

정해진 시간에 지도교수인 사바의 교수실에 들어서면 에드와 함께 두 분이 나를 기다리고 있었다. 토론수업은 매우 우호적으로 진행되었다. 성적도 괜찮았고, 동양인치고는 영어도 매우 유창한 편이었으니 우호적이 아닐 이유가 없었다.

수업은 먼저 내가 준비한 내용을 설명한 다음 질문과 토론이 이어지는 방식으로 이루어졌다. 그런데 토론 수업은 늘 궁지에 몰린 내 모습을 확인하는 것으로 끝나곤 했다. '한 영어 한다'고 자부하는 나였지만 교수들과의 토론은 '영어 실력'과는 다른, 뭔가가 있었다. 토론의 끝에서 궁지에 몰릴 때마다 나도 모르게 내 입에서 나오는 말은 항상 "모르겠는데요(I don't know)"였다. 그렇게 몇 주가 지났다. 나는 더 열심히 수업을 준비했지만, 토론 시간만 조금 연장되었을 뿐 결과는 늘 똑같았다.

그러던 어느 날, 평소와 마찬가지로 내 입에서 "I don't know"가 나오는 순간 두 교수는 멀뚱히 나를 쳐다만 보면서 한마디도 하지 않았다.

'이건 뭐지?'

교수들의 알 수 없는 반응에 잔뜩 독이 오른 나는 일주일 동안 도서관에서 살다시피 하면서 철저히 수업을 준비했다. 이윽고 다음 수업이 있는 날, 교수실에 들어서니 언제 그랬냐는 듯 두 교수가 반갑게 맞아 주었다.

준비한 것이 많으니 떠들 보따리도 컸다. 제법 자신 있게 내용을 설명하고 토론에 들어갔지만, 교수들의 집요한 공격을 버텨 낼 수가 없었다. 마침내 백기를 들고 무심결에 "I don't know"를 하려던 순간, 그동안 준비한 것이 하도 억울해서 "그 부분에 대해 지금은 준비가 안 되었으니, 다음 주에 반드시 답변하도록 하겠습니다(I am not ready to answer. I will definitely get back to you with answers next week)"라고 답했다.

그 순간, 두 교수가 보였던 표정과 말투, 그 따뜻한 분위기를 나는 평생 잊을 수가 없다.

갑자기 두 교수는 미소를 지으며 서로 마주 본 다음, 나를 보며 박수를 치기 시작했다. 그리고 다소 들뜬 목소리로 지난주에 아무 말도 하지 않았던 이유를 설명해 주었다.

"이건 당신의 논문이야, 당신 인생이라고! 그래서 우리는 당신이 '모르겠다'

라고 말하면 아무 말도 하지 않기로 짰단 말이오(Young! This is your thesis. This is your life. We have been waiting to see your attitude change)."

나는 부끄럽고도 고마웠다. 작게 보면 내가 수행해야 할 나의 논문이고, 크게 보면 내 인생의 문제인데 그걸 교수들에게 의지하려고 했던 내 자신이 부끄러웠고, 동양에서 온 제자에게 진정한 가르침을 주기 위해 답답한 마음을 참고 기다려 준 그들의 배려가 고마웠다.

그날 이후 나는 '나의 논문, 나의 인생'을 위해 태도를 바꾸었다.

이렇게 작은 태도의 변화만으로도 커다란 변화가 나타나기 시작했다. 목표가 명확하게 보이니까 즐거운 마음으로 목표에 집중할 수 있었다. 덕분에 나는 본문 200페이지에 프로그램만 300페이지에 달하는 총 500페이지짜리 논문을 일사천리로 완성했고, 국제운송학술회에 발표하는 쾌거를 이루었다. 지도교수는 "짧은 시간에 불가능에 가까운 일을 했다"고 진심으로 칭찬해 주었다.

논문 학기 동안 두 교수가 내게 가르쳐 준 것은 전공 지식이나 논문을 쓰는 방식 같은 단순한 '스킬'이 아니라 "네가 하는 일의 주인이 되어라"는 삶의 지혜였다. 나는 그렇게 살지 못한 지난 시간이 후회스러웠고, 그렇게만 살 수 있다면 세상 어떤 일도 두렵지 않을 것 같았다.

그들의 가르침이 내게 미친 영향을 한 문장으로 요약하면 다음과 같다.

"하는 일의 주인이 되어라. 긍정의 힘을 얻을 것이며 목표가 명확하게 보일 것이다. 목표를 갖는 순간 몰입이 가능하게 되고, 네 속에 잠재된 모든 능력이 솜털처럼 일어날 것이다."

이 문장을 다시 한 단어로 표현한다면 바로 '자기 주도성'이 된다.

'공부한다'와 '일한다'에 있어서 자기 주도성을 키우는 방법은 모든 일을 프로젝트라는 관점에서 생각하고 실행하는 방법을 몸에 익히는 것이다. 같은 구기 종목이지만, 축구와 배구에 필요한 근육은 서로 다르다. 이와 마찬가지로 벌이를 위해 노동을 제공하는 '일한다'의 개념에서 벗어나 프로젝트라는 관점으로 생각하고 행동하기 위해서는 이에 필요한 사고의 근육을 키워야 한다. 뿐만 아니라 생각하고 행동하는 과정에서 우뇌와 좌뇌의 특성을 적용하고 활용하는 방법을 터득해야 한다.

겨우 10그램 남짓에 불과한 뇌세포가 서로 결합할 수 있는 경우의 수는 현존하는 전 세계의 모든 통신망이 네트워킹 할 수 있는 수준에 가깝다고 한다. 사실 1킬로그램 남짓에 불과한 두뇌에 관련된 과학적 지식의 90퍼센트가 최근 40년 사이에 밝혀진 것이다. 그래서 그런지 우리나라의 학교에는 두뇌의 특성을 체계적으로 가르치는 과목이 없다.

예를 들어 "뜻이 있는 곳에 길이 있다"와 같은 명언이나 속담을 단지 지혜로운 말로만 받아들일 것이 아니라 이러한 표현의 이면에 있는 두뇌의 과학적인 원리를 알려 줘야 한다. 그 원리를 알게 되는 순간 그 어떤 사람이라도 그러한 원리를 일상에서 적극적으로 재활용하여 만들어 낼 수 있는 무한한 가치를 스스로 발견하게 될 것이다. 두뇌는 영원한 블루오션이다. 그리고 우리 모두가 이러한 경이로움의 덩어리를 하나씩 가지고 태어났다는 사실만으로도 두뇌

2009년, 한국을 찾은 사바 란다와 부총장과 종로3가 피맛골 골목 식당에서….

의 특성을 이해해야 할 필요성은 충분하다.

    이제 우리가 가지고 있는 두뇌의 특성과 능력에 관해 상식적인 수준의 지식을 살펴보고 프로젝트의 목표와 일정을 달성하는 데 활용할 수 있는 방법을 생각해 보자.

1킬로그램짜리 두뇌의 무한한 잠재력

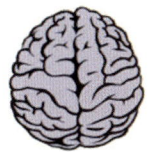

언뜻 호두처럼 보이는 우리의 뇌는 곧 한 사람의 생명을 뜻하며, 시대를 변화시켜 온 첨예한 원동력(Spearhead of evolution)이기도 하다. 뇌에 이상이 오면 정상적인 생활이 불가능해지고, 뇌사 상태가 되면 물리적으로는 살아 있으나 죽은 사람과 같다.

지금은 웰빙 시대다. 건강하게 살기 위해 온갖 것에 투자하는 웰빙의 시대에, 두뇌를 효율적으로 사용하는 방법은 차치하더라도 두뇌의 웰빙에 대해 얼마나 객관적으로 알고 있으며 얼마나 신경을 쓰고 있을까?

"Use it or Lose It!"이라는 한마디 속에 뇌에 대해 우리가 취해야 할 태도가 모두 들어 있다. 제대로 알고 쓰는 사람에게는 무한한 보물창고가 될 수 있지만, 제대로 활용하지 못하면 잃어버릴 수도 있는 수중의 보물과도 같은 존재가 바로 뇌라는 얘기다.

이렇게 중요한 두뇌에 대해 우리가 알고 있는 것은 대략 "두뇌는 인간에게 매우 중요한 부분이다, 머리는 쓸수록 좋아진다" 정도일 것이다. 그리고 조금 더 관심을 가진 사람도 대체로 아래와 같은 상식 이상은 잘 알지 못한다.

- 뇌는 크게 좌뇌와 우뇌로 구분되어 각각의 고유한 기능을 한다.
- 뇌는 무순서 다차원적으로 작동하는 오묘한 특성을 가지고 있다.
- 뇌의 능력은 슈퍼컴퓨터를 능가하지만 사용설명서는 없다.

두뇌의 사용설명서가 없다는 말은 곧 두뇌는 신이 직접 만든 물건 중의 하나라는 뜻이다. 히말라야를 정복하고, 동물을 복제하고, 우주로 나가는 인간이 두뇌에 관한 지식은 아직 걸음마 수준인 이유를 간단히 두 가지만 들자면 첫째, 두뇌는 우주의 신비에 버금갈 정도로 경이로운 존재이다. 둘째, 사람의 생명 그 자체이기도 한 두뇌는 임상실험의 대상이 될 수 없기 때문이다.

그렇다면 일반인들이 자신의 두뇌에 대한 이해를 높이고 개발할 방법은 없는 것일까?

우리 주변에 있는 물건은 모두 누군가의 상상에서부터 시작되어 만들어진 것이다. 상상은 믿음을 만들고, 믿음은 상상을 현실로 만들어 나간다. 그리고 새로운 현실은 다시 새로운 상상을 낳는 순환구조를 완성한다. 지난 2004년 봄 미국 NASA의 연구진은 '사람이 생각만 하면 글로 옮겨 주는 프로그램'을 개발했다고 발표했다. 말 그대로 '상상 속에서나 가능했던 일'이 현실이 된 것이다. 아마도 20년쯤 후에는 실제로 키보드가 없어질 것이다.

최근 과학기술의 눈부신 발달은 인간의 두뇌에 관한 연구를 더욱 가속화하고 있다. 세계적인 연구소들이 두뇌 연구에 투자하는 수준은 상상을 초월할 정도다. 이 덕분에 밝혀진 두뇌 관련 과학적 지식은 폭발적으로 축적되고 있으며, 이를 개인과 조직 차원에서 체계적으로 활용하려는 노력 역시 큰 효과를 거두고 있다.

모든 분야에서, 항상, 최첨단에 서 있을 수는 없다. 그러나 이러한 모든 변화를 만들어 내는 원동력인 두뇌의 특성을 이해하고 이를 다시 지적 활동과 대인관계에 활용하는 것은 오늘날 중요한 경쟁력이 되고 있다. 머지않아 '두뇌의 원리'를 가르치고 실습하는 과목이 초등학교 교과과정에 등장하리라는 것도 충분히 상상할 수 있다.

우리의 뇌는 슈퍼바이오 컴퓨터!

흔히 두뇌를 '슈퍼바이오 컴퓨터'라고 부른다. 성인의 경우 두뇌의 무게는 체중의 50분의 1, 대략 1.4킬로그램 정도에 불과하지만 뇌세포는 자그마치 140억 개에 달한다. 세 살쯤 되면 약 80퍼센트가 완성되는 뇌세포는 날마다 수천 개씩 죽고 또 새로 만들어지지만, 140억 개라는 숫자는 새로운 세포가 만들어지지 않고 계속 죽는다 해도 수백 년 동안 사용할 수 있을 정도의 분량이다.

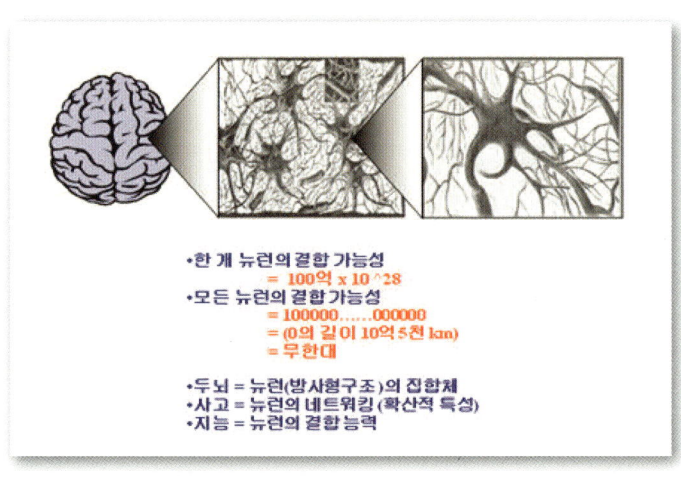

슈퍼컴퓨터, 즉 우리의 뇌는 과연 어떤 일까지 할 수 있는지, 140억 개라는 숫자는 도대체 얼마나 많은 수를 말하는 것인지 상상이 잘 안 된다. 말 그대로 '상상을 초월하는' 잠재력 덩어리라는 말 이외에는 적당한 표현이 없다.

이제, 한 개의 뇌세포를 확대해 보자. 각각의 뇌세포는 인접한 뇌세포로부터 정보를 받아들이는 수상돌기와 다른 뇌세포로 정보를 전달하는 축색돌기를 가지고 있다. '사람이 생각한다'는 것을 과학적으로 설명하자면, 생각을 수행하는 두뇌의 어느 특정 부분의 뇌세포들이 순간적으로 근접한 뇌세포와 접속하면서 생화학적인 전기신호를 주고받는다는 뜻이다. 다시 말해 인간이 생각을 한다는 것은 곧 뇌세포들이 네트워킹을 한다는 뜻이다.

  문제를 풀거나, 칭찬을 듣거나, 독서를 하거나, 상상을 할 때 이와 관련된 두뇌의 특정 부분이 활성화된다는 사실은 오늘날의 의학장비로 촬영한 사진만 봐도 누구나 쉽게 확인할 수 있다. 이제 이런 정도의 사실은 상상과 믿음의 차원을 넘어 객관적으로 증명할 수 있는 시대가 되었다.

뇌의 모든 능력은 훈련의 결과다

프랑스 출신의 암산의 달인이 컴퓨터와 암산 시합을 해서 이겼다. 암산 시합을 하는 도중에 이 사람의 뇌를 계속 촬영해 본 결과, 일반인이 잘 사용하지 않는 특별한 영역의 뇌세포들이 활성화된다는 사실을 확인할 수 있었다. 이것이 의미하는 바는 매우 중요하다. 특별한 능력을 갖는다는 것은 남다르고 특수한 뇌세포를 갖고 태어나는 것이 아니라, 특별한 영역의 뇌세포를 연결하여 사용하는 능력을 개발하여 사용하고 있다는 뜻이기 때문이다. 즉 뇌가 가진 모든 능력은 본래 타고나는 것이 아니라 훈련의 결과인 셈이다.

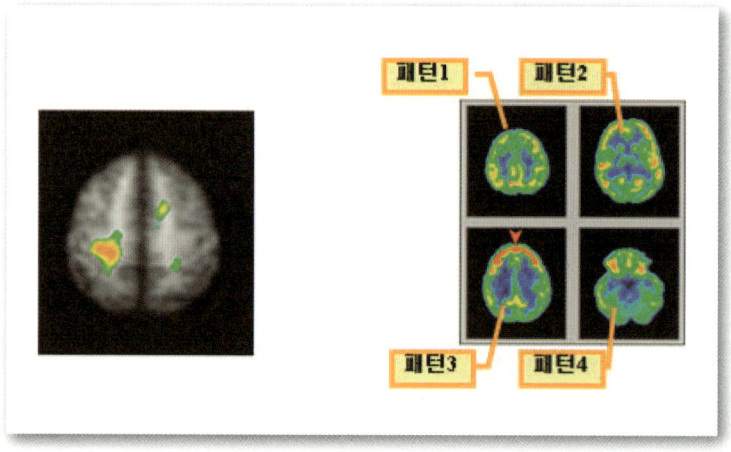

오른쪽 그림은 사람의 생각에 따라 각각 다른 영역의 뇌세포가 활성화되는 것을 보여 준다. 예를 들어 '패턴3'의 사진이 회의 진행 능력이 월등히 뛰어난 사람이 회의를 진행하는 동안 찍은 뇌 사진이라고 가정해 보자. 붉게 나타난 부분은 회의를 진행하는 동안 특히 활성화되는 영역을 나타낸다. 만일 회의 진행 능력이 매우 부족한 사람이라면 동일한 영역이 상대적으로 덜 활성화되어 나타나게 될 것이다.

'패턴2'는 협상력과 관련한 뇌의 영역이라고 가정해 보자. 협상력이 떨어지는 사람이라면 상대적으로 같은 영역의 뇌세포가 서로 결합하여 활성화되는 훈련이 부족하다고 할 수 있을 것이다.

두뇌를 개발하거나 사고능력을 개발하는 것은 산속에 오솔길이 생겨나는 과정에 비유할 수 있다. 즉 본래 길이 없었던 곳이라도 사람들이 다니기 시작하면 어느새 길이 만들어지는 것과 같다. 길이 없는 곳으로 나아가는 것은 누구에게나 도전이지만, 새로운 것을 시도하고 그 결과로 얻은 새로운 경험은 새로운 사고를 만들어 내는 원동력이 된다.

매일 같은 경로로만 생각하는 사람은 스스로 고정관념을 만드는 것과 마찬가지 결과를 가져올 것이다. 즉 창의적인 발상과 능력개발을 스스로 저해하는 것과 마찬가지다. 따라서 새로운 경로로 생각해 보고 주저 없이 시도하는 적극적인 자세야말로 새로운 능력을 개발하는 유일한 방법이다. 어쩌면 "Just Do It!"이라는 광고 카피가 보는 사람의 공감을 이끌어 내는 것도 이와 같은 이유일 것이다.

두뇌의 역할 분담

인간의 두뇌는 크게 소뇌와 간뇌, 대뇌로 구성되어 있다. 다른 동물에는 없고, 인간에게만 있는 대뇌는 다시 좌뇌와 우뇌로 구분된다. 뇌에 관한 연구로 노벨상을 받은 스페리 박사(R. Sperry, 미국 캘리포니아 공과대학)에 따르면 좌뇌와 우뇌는 각기 고유한 기능을 수행하는데, 좌뇌와 우뇌 사이에 뇌량이라고 하는 신경섬유 다발이 마치 다리처럼 만들어져 있어 이를 통해 서로 정보를 주고받는다고 한다.

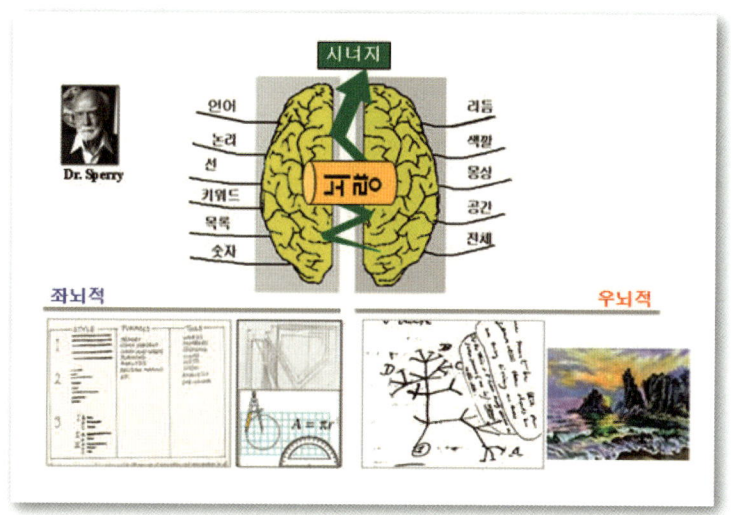

이번에는 좌뇌와 우뇌가 맡아서 처리하는 정보의 종류와 고유한 기능을 살펴보자.

우뇌는 공간과 리듬, 이미지, 색상, 전체와 같은 정보를 담당하며 좌뇌는 언어와 논리, 기호와 같은 정보를 맡아서 처리한다. 또한 우뇌는 회화(이미지)적, 종합적, 직관적, 병렬적, 확산적, 창조적인 정보처리 특성을 갖는 반면 좌뇌는 언어적, 논리적, 분석적, 순차적, 수렴적, 비판적인 정보처리 특성을 가지고 있다.

　왼쪽 그림처럼 삼각형, 사각형, 직선, 기호 등으로 이루어진 이미지를 보는 순간에는 좌뇌가 우선 반응한다. 반면에 오른쪽처럼 비선형적이며 색상과 공간의 배치가 중요한 이미지를 볼 때는 좌뇌가 잠시 쉬고 순간적으로 우뇌의 역할이 높아지게 된다. 이때 누구나 멈칫하는 기분을 느낄 수 있다. 이것은 좌뇌와 우뇌가 가지고 있는 고유한 특징과 역할 분담의 결과이다. 예를 들어 교통사고로 좌뇌가 심하게 손상된 사람은 언어장애를 겪는다. 각 상황에 적합한 단어를 선택하고 구사하는 기능을 더 이상 사용할 수 없게 되기 때문이다.

　따라서 직선적이고 순차적인 필기법은 좌뇌적인 사고와 표현에 적합하며, 공간적이고 회화적인 필기, 예를 들어 마치 낙서처럼 보이는 오른쪽의 필기법은 우뇌적인 사고와 표현에 적합한 형태임을 쉽게 이해할 수 있을 것이다.

협력을 통한 시너지

일을 하거나, 음악을 듣거나, 회의를 할 때 두뇌는 외부로부터 들어오는 정보를 처리하고 반응하는 과정을 소리 없이 진행한다. 이때 좌뇌와 우뇌는 앞서 설명한 각자의 맡은 역할을 하면서 동시에 뇌량이라는 신경다발을 통해 정보를 전달하고 협력하면서 시너지를 극대화한다.

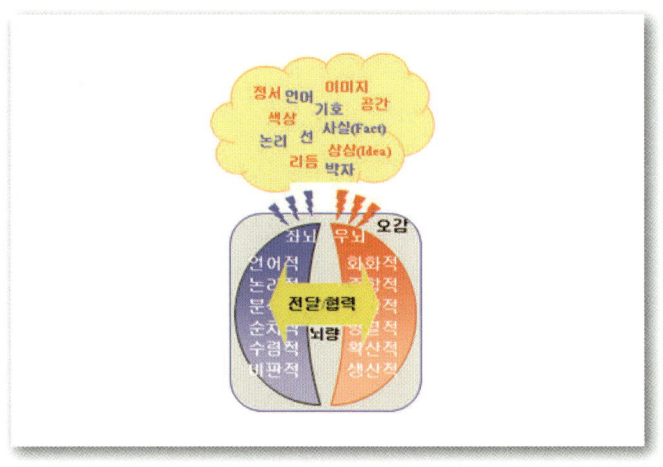

앞서 살펴본 바와 같이 좌뇌와 우뇌가 각각 고유한 기능을 맡아서 수행한다는 사실을 이해하는 것은 매우 중요하다. 하지만 더욱 중요한 사실은 좌뇌와 우뇌의 서로 다른 기능이 상호보완적으로 작동할 때 발생하는 시너지 효과를 이해하고 일상생활에 이를 적용하는 것이다. 좌뇌는 박자를 맡고, 우뇌는 리듬을 맡아 서로 조화를 이룰 때 듣기 좋은 노래가 된다는 것도 역할의 시너지 효과를 보여 주는 한 예이다.

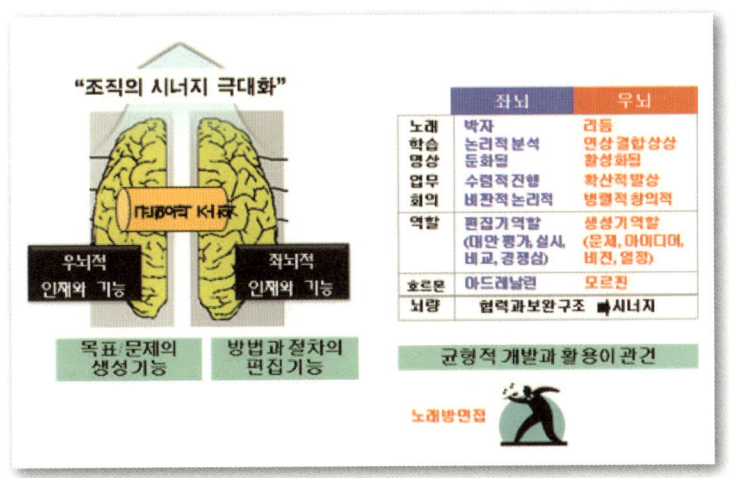

좌뇌와 우뇌의 시너지 효과의 중요성을 또 다른 예를 통해 살펴보자.

우뇌는 전체를 파악하면서 문제나 목표를 도출하는 생성기와 같다. 반면 좌뇌는 이렇게 만들어진 문제와 목표를 논리적이고 비판적으로 분해하는 편집기에 해당한다. 회사의 조직도 마찬가지다. 마치 좌뇌와 우뇌와 같은 서로 다른 기능을 가진 조직이 상호 보완적으로 결합해야만 비로소 창의적인 시너지를 극대화할 수 있다.

우뇌적 성향이 강한 조직은 목표나 문제를 생성해 내는 기능이 상대적으로 뛰어난 반면 설정된 목표와 문제에 대한 연구와 개발능력이 취약할 수 있다. 반면 좌뇌적 성향이 강한 사람으로 구성된 조직은 주어진 과제를 연구하고 개발하는 능력이 월등히 뛰어나지만 새로운 아이템의 기획과 영업에는 취약할 수 있다.

어떤 조직이나 팀이 수행하는 주요 업무의 속성에 따라 구성원의 성향은 좌뇌적 또는 우뇌적일 수 있다. 그러나 능력이 뛰어난 사람일수록 양쪽 뇌를 적절히 조화롭게 활용하듯, 훌륭한 CEO나 관리자라면 개개인과 각 부서들이 이러한 시너지 효과를 낼 수 있도록 팀을 구성하고 잠재능력을 최대한 이끌어 낼 수 있는 안목과 능력을 가져야 한다.

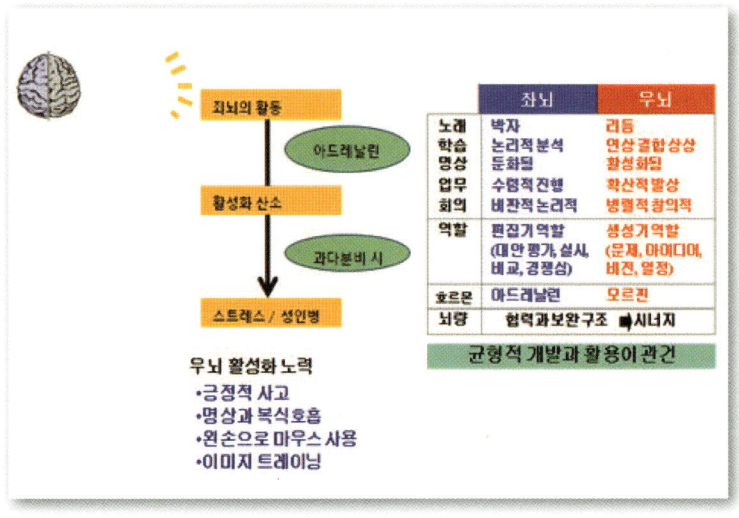

좌뇌의 활동이 증가하면 아드레날린이라는 호르몬 분비가 늘어나는데, 이는 근육을 수축시키는 기능을 한다. 반면에 우뇌를 사용할 때 분비되는 모르핀은 기분을 좋게 하고 병든 세포에 생기를 불어넣는 작용을 하는 것으로 알려져 있다. 우리 몸은 이처럼 좌뇌와 우뇌를 번갈아 사용하면서 두 가지 호르몬을 적절하게 분비하고, 이로써 수축과 이완을 통한 균형을 유지해 나간다. 그러나 어느 한쪽 두뇌를 과도하게 사용할 경우에는 호르몬의 균형이 깨어지고, 이는 곧 '약'이 아닌 '독'으로 작용하게 된다. 예를 들어 좌뇌만 지속적으로 사용할 경우 아드레날린이 지속적으로 과다 분비되어 근육이 계속 긴장 상태를 유지하게 되고, 이에 따라 활성산소라는 물질을 과다하게 만들어 냄으로써 스트레스와 성인병을 유발하는 원인이 된다.

오늘날 현대인들은 우뇌에 비해 좌뇌를 월등히 많이 사용하고 있다. 이와 같은 불균형이 장기적으로 지속될 경우 스트레스의 누적으로 인해 정신적이거나 신체적인 여러 가지 부정적인 증상이 나타나게 된다. 어느 한쪽으로 기울어지거나 지나치지 말라는 '중용의 원칙'이 좌뇌와 우뇌를 어떻게 사용할 것인가 하는 데에 바로 적용되는 셈이다.

좌뇌를 과도하게 사용하는 사람은 이에 상응하는 우뇌적 보상이 필요하다. 그래야 전체적인 균형을 유지할 수 있기 때문이다. 따라서 하루 종일 극도의 좌뇌적 작업에 몰두했다면, 그 일이 끝나는 순간 우뇌적 활동을 찾고 즐기는 것이 현명하다. "열심히 일한 당신 떠나라" 하는 광고 문구가 수많은 사람에게 무의식적으로 어필하는 이유도 대부분의 사람들이 좌뇌 위주의 일상생활을 하면서 이를 충분히 보상받지 못한 채 살고 있기 때문일 것이다.

좌뇌와 우뇌의 서로 다른 기능과 특성을 이해하는 것은 좌우뇌를 균형적으로 개발하고 활용할 방법을 스스로 찾는 열쇠가 된다. 그리고 이는 전뇌 활용이 만들어 내는 시너지를 통해 개인과 조직의 경쟁력 향상뿐만 아니라, 각 개인이 행복하게 살 수 있는 바탕이 되기도 한다. 말하자면 우리는 두뇌에 관한 과학적 정보와 지식을 일상의 생활과 업무에 체계적으로 활용할 수 있는 첫 세대인 셈이다.

우뇌를 자극하는 방법

일상생활 속에서 우뇌를 자극하는 방법은 누구나 당장 따라 할 수 있는 간단한 방법에서부터 많은 투자를 해야 하는 매우 복잡한 방법에 이르기까지 무수히 많다.

먼저 첫 번째 그림을 보자. 색이 칠해진 면이 사각형의 뒤에 있는지 앞에 있는지 헷갈린다. 두 번째 그림은 할머니의 얼굴처럼 보이기도 하고, 옆으로 돌린 젊은 여자의 얼굴처럼 보이기도 한다. 세 번째 그림은 포도주 잔으로 볼 수도 있고 마주보고 있는 두 사람의 얼굴로도 볼 수도 있다. 네 번째 그림은 토끼의 머리로도, 오리의 주둥이로도 볼 수 있다.

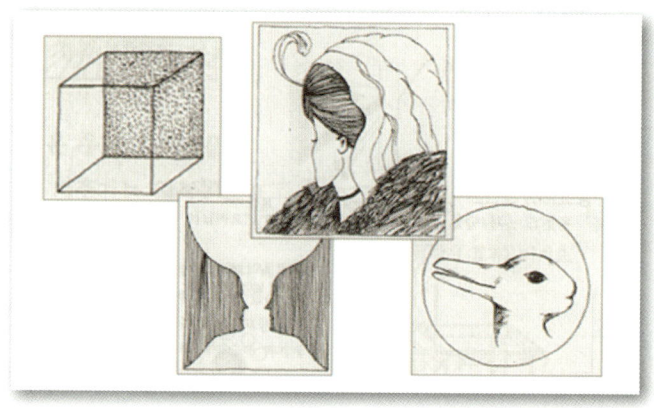

이런 그림은 의도적으로 여러 가지 형상을 조합해서 일부러 '헷갈리도록' 만든 것이다.

이 그림을 보여 주고 각 그림에 여러 가지 형상이 숨어 있다는 사실을 알려 주면, 누구나 평소와 다른 방식으로 머리가 생각하는 것을 경험하게 된다. 숨겨진 형상을 찾아내기 위해서는 반드시 그림의 전체와 세부를 동시에 보아야 하기 때문이다.

이미 설명한 바와 같이 전체를 파악하는 것은 우뇌의 역할이며 세부를 뜯어 보는 것은 좌뇌의 역할이다. 즉 이러한 그림을 앞에 두고 있으면 우뇌와 좌뇌가 평소와 달리 긴밀하게 협업을 하는 상황이 자동으로 벌어지게 된다. 이처럼 평소에는 쉽게 느껴 볼 수 없는 무의식적 협업을 경험을 하는 순간 우뇌의 존재를 느낄 수 있을 것이다.

일단 숨겨진 형상을 모두 찾아낸 다음 다시 같은 그림을 보면, 처음과는 달리 매우 짧은 시간 내에 숨겨진 형체를 파악할 수 있게 된다. 이미 숨은 그림의 내용을 알고 있는 상태여서 우뇌의 역할이 현저히 떨어지기 때문이다.

우뇌를 자극하기 위해 평상시 할 수 있는 가장 간단한 방법은 만다라 또는 프랙탈(Fractal image)과 같은 그림을 이용하는 것이다. 이런 그림을 쳐다보고 있으면 다음과 같은 상황이 벌어진다. 세부적인 내용을 파악하려다 어느 순간 자신도 모르게 좌뇌가 이를 포기하고 그림의 전체를 느낌으로 받아들이게 된다. 이처럼 좌뇌가 특별히 파악해 낼 정보가 없는 그림은 좌뇌를 잠시 휴식상태에 들어가게 만들고, 우뇌가 활성화되는 상황을 만들어 낸다. 프랙탈 이미지뿐 아니라 좋은 추억을 담고 있는 사진을 컴퓨터의 바탕화면에 바꾸어 가며 사용하는 것도 좋은 방법이다. 칼라로 사진을 출력해서 가까운 곳에 붙여 놓는 것도 매우 경제적인 우뇌 자극 방법이다.

긍정적인 사고와 명상, 호흡, 요가, 음악감상, 영화감상 등은 일상생활 속에서 누구나 손쉽게 할 수 있는 우뇌적 활동이다. 바다가 내려다보이는 별장, 계곡의 물소리가 들리는 산장, 공원을 내려다보는 전망 좋은 사무실 역시 우뇌를 자극하여 두뇌 건강에 도움을 주는 좋은 환경이다.

중요한 것은, 우뇌는 좌뇌와 달리 전체적이고 종합적인 인지능력을 가지고 있으며 필요한 순간이 되면 언제라도 이러한 우뇌의 기능이 자동으로 작동하고 좌뇌와 협업한다는 사실이다. 또한 일상생활의 일반적인 속성은 논리적이며 순차적인 좌뇌 위주의 사고를 하도록 만들기 때문에 우리 스스로 우뇌의 속성을 이해하고 우뇌를 자극하는 환경을 만들도록 노력해야 한다는 점이다.

좌뇌(左腦)가 멈추는 순간, 행복을 깨달았다

　다음은 2008년 7월의 어느 날 조선일보 B4면에 실린 〈통찰력을 준 나의 뇌졸중〉의 저자 하버드대 테일러 박사 관련 기사 중 일부를 요점 위주로 발췌한 것이다. 뇌졸중으로 좌뇌의 기능을 상실하고 우뇌만으로 살아온 테일러 박사의 경험을 통해 우뇌의 중요성을 이해하고 우뇌를 사용하는 습관을 길러야 하는 이유를 살펴보자.

　서른일곱 살이 된 어느 해 겨울, 촉망받던 뇌 과학자 테일러 박사의 왼쪽 눈 뒤 혈관이 터졌다. 좌뇌에 이상이 온 것이다. 이로 인해 박사는 더 이상 걷지도, 말하지도 못하게 되었다. 당연히 읽고 쓸 수도 없었다. 그는 "마치 리모컨의 음소거 버튼을 누른 듯 모든 것이 조용해졌다"고 했다. 테일러는 당시 경험을 책으로 펴냈다. 〈통찰력을 준 나의 뇌졸중(My stroke of insight)〉은 출간 즉시 뉴욕타임스 베스트셀러에 올랐다. 또한 그는 미 시사주간지 타임이 매년 발표하는 '2008년 가장 영향력 있는 100인'에도 선정됐다.

　뇌졸중으로 좌뇌가 멈춘 경험을 한 질 테일러(Taylor · 49) 박사는 "우뇌를 주로 쓰는 훈련을 해야 하며, 우뇌를 쓰면 상황을 큰 그림에서 보고 최적의 상황으로 향할 수 있다"고 말했다. 그는 또한 "뇌졸중을 경험하기 전 나는 매우 분석적이고, 조직적인 사람이었다. 하버드대에서 성공의 사다리를 타고 올라갔으며, 정열적이고 일에 집중하는 연구자였다."

　하지만 뇌졸중 이후 테일러의 인생은 완전히 바뀌었다. 연구실에서 나온 그는 음악과 미술을 즐기기 시작했으며 지금은 뇌 교육을 강조하는 교육자로 변신했다. 그는 스테인드글라스로 정교한 뇌 조각을 만들기도 한다. 그의 말을 직접 들어 보자.

"외부세계와 소통하는 능력을 잃었을 때 나는 좀 더 평화로운 곳으로 옮겨 갔다. 평화로운 도취감(euphoria)이었다. 뇌졸중에서 회복하는 과정에서 나는 나 자신과 계약을 맺었다. 평화를 희생하지 않는 범위 내에서 좌뇌 기능을 회복하기로 하고 매 순간 의식적으로 이를 선택했다."

"나는 눈으로 뇌를 들여다보는 과학적 훈련을 받았다. 오른쪽 팔이 마비되었을 때 좌뇌 세포에 문제가 있다는 걸 알았고, 말을 할 수 없게 되었을 때 어느 쪽에 문제가 있는지 알 수 있었다. 이런 훈련 덕분에 나는 뇌졸중의 경험을 다른 환자와 달리 과학자로서 관찰할 수 있었다."

"좌뇌와 우뇌는 완전히 다르다. 좌뇌는 언어의 뇌로 과거와 미래에 집중한다. 걱정하고 내부에서 작은 목소리를 내고, 비판한다. 우뇌는 모으는 역할을 한다. 모든 것이 연결되어 있고 직조되어 있다. 또한 영화처럼 시각적인 이해를 하도록 한다. 우리는 매 순간 어느 쪽 뇌를 사용할 것인지 의식적으로 선택할 수 있다."

그는 또한 현대 사회가 우뇌보다 좌뇌를 더 많이 사용하도록 강요하고 있는가라는 질문에 "적어도 미국 사회는 그렇다"고 답했다. 그는 이와 관련하여 우뇌를 더 많이 사용하려면 "먼저 두 개의 뇌가 다르다는 것을 알아야 한다. 자신을 희생자로 여기고, 현 상황을 부정적으로 보는 것은 좌뇌의 역할이다. 우뇌는 상황을 큰 그림에서 보게 하고 최적의 상황으로 돌리게 한다"고 말했다. 그의 말은 계속 이어진다.

"나는 창조성을 박스에서 벗어나 사고하는 것이라고 정의한다. 좌뇌는 박스다.

박스를 만들고, 이용한다. 우뇌는 '그래 박스는 위대하지만, 나를 거기에 가두지 않겠다'고 말한다. 뭔가 다른 걸 생각하고, 재충전시킨다."

우뇌에는 조상의 지혜가 깃들어 있다

《뇌내혁명》의 저자 하루야마 시게오는 좌뇌와 우뇌의 역할에 대해 앞서 소개한 스페리 박사와는 달리 동양철학적 관점에서 매우 흥미 있는 가설을 제시한다. 그것은 바로 우뇌는 선천 뇌이고, 좌뇌는 후천 뇌 즉 자기 뇌라는 것이다.

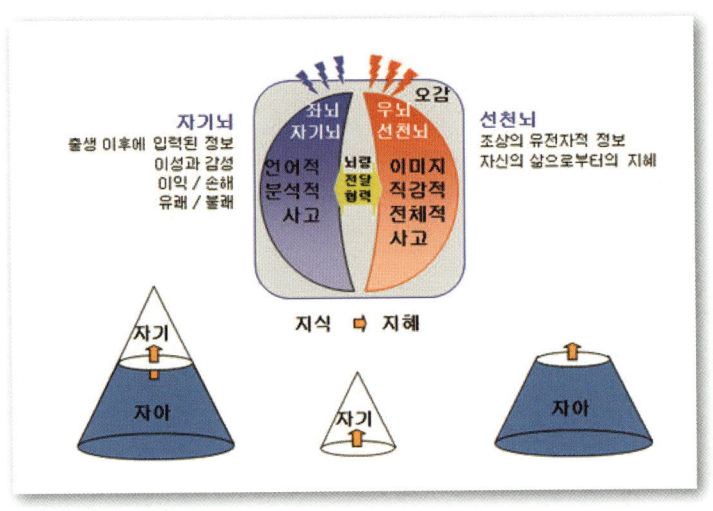

그에 따르면 우뇌에는 500만 년 분량의 인류 조상의 지혜가 유전자적인 형태로 저장되어 있고, 좌뇌에는 태어난 이후에 습득한 최대 50년 분량의 정보와 지식이 저장된다. 따라서 모든 사람은 우뇌를 통해 자신의 조상 가운데 훌륭한 사람의 지혜를 물려받고, 자신이 살아가면서 깨달은 지혜는 다시 우뇌에 추가로 저장되어 후손에게로 유전자 형태로 전달된다. 하지만 좌뇌에 저장되는 단순한 정보와 지식이 모두 우뇌로 넘어가는 것이 아니다. 깨달음의 과정을 거쳐 지혜가 되어야만 비로소 우뇌에 저장되어 자아의 일부가 되고, 후손에 물려주게 되는 것이다.

"결혼이란 집안과 가문의 만남"이라고 하는 말을 유전자적 생존경쟁 법칙의 관점에서 바라보면 이해가 쉬워질 것이다. 더 나은 가문의 배우자를 선택하고 나의 지혜를 보탬으로써 더 많은 경쟁력을 가진 후손이 나오기를 바라는 것이다.

또 한 가지 큰 차이점은, 스페리 박사는 좌뇌와 우뇌가 각각 이성과 감성을 관장한다고 한 것에 반해 하루야마 시게오는 감정이 좌뇌의 기능이라고 제시한다는 점이다. 그 이유는 좌뇌는 이해와 손실, 쾌감과 불쾌감을 판단하며 감정은 그러한 판단의 결과이기 때문이라는 것이다.

그는 이러한 가설을 토대로 일상생활에서 우뇌(선천뇌)를 활용해야 하는 근거를 다음과 같이 설명한다.

좌뇌 중심으로 사는 사람은 이익과 손해, 즐거움과 불쾌감에 판단 기준을 두기 때문에 아드레날린과 같은 투쟁적 성향의 호르몬이 더 많이 분비되며 이로 인해 항상 긴장의 연속에서 살게 된다. 따라서 수십 만 조상의 지혜라고 할 수 있는 우뇌를 활용해야 빙산의 일각에 해당하는 좌뇌에 의존하는 것보다 성공 확률이 높아진다. 다시 말해 실질적으로 나를 지배하고 있는 우뇌를 활용하는 방법을 터득해야 하며, 그러기 위해서는 일상생활에서 명상과 같은 방법으로 우뇌의 문을 여는 것도 좋은 방법이다.

두뇌의 7가지 원리

마인드맵의 창시자 토니 부잔은 우리 두뇌의 작동 원리를 다음과 같은 일곱 가지로 나눠서 제시했다.

1. Synergy: 두뇌는 정보의 시너지를 창출한다. 따라서 1 더하기 1은 2 또는 그 이상이 된다. (증폭)
2. Success: 두뇌는 성공 지향적 메커니즘이다. (목적)
3. Mimic: 두뇌는 행동을 완벽하게 모방하는 능력이 있다. (모방)
4. Complete: 두뇌는 완결성을 추구하여 스스로 빈 곳을 채우려고 노력한다. (완결)
5. Seeks: 두뇌는 끊임없이 새로운 지식과 정보를 추구한다. (새로움)
6. Truth-Seeking: 두뇌는 진실을 추구하는 속성이 있다. (진실)
7. Persistent: 두뇌는 하나를 일관성 있게 추구하는 속성이 있다. (집요함)

자, 이제 두뇌의 일곱 가지 원리를 하나씩 살펴보자.

1. 시너지(증폭) 효과의 원리

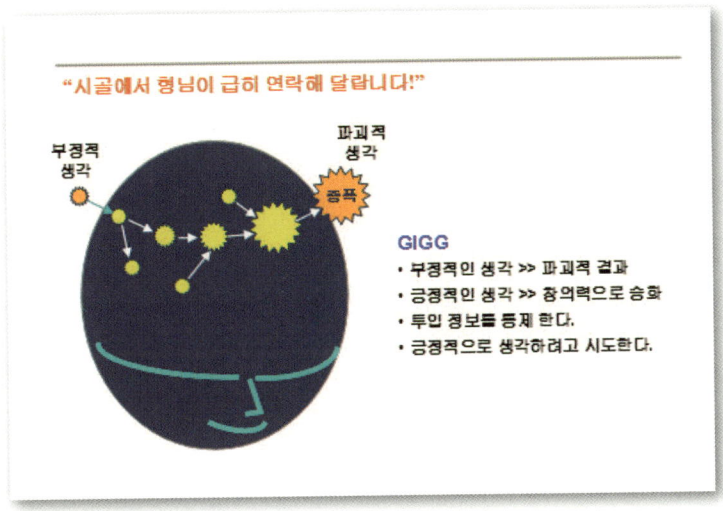

연못에 돌을 던지면 동심원이 퍼져 나가듯, 비탈에서 눈덩이를 굴리면 바위처럼 커지듯 사람의 생각도 일단 시작되면 머릿속에서 꼬리에 꼬리를 물고 연결되는 속성을 가지고 있다.

어느 날 갑자기 고향의 형님으로부터 '급히 연락해 달라' 하는 메시지를 받으면, '무슨 일일까?' 하는 궁금증과 함께 순식간에 여러 가지 생각이 떠오르게 된다. 이처럼 우리의 뇌는 이미 저장되어 있는 정보와 새로운 정보를 결합하여 더 크고 강한 새로운 생각을 증폭시킨다.

GIGG(Good In Good Grow, Garbage In Garbage Grow)란 용어 그대로, 시작할 때의 정보와 발상이 부정적이라면 지속적인 연상작용 역시 불안한 결과로 증폭될 확률이 높다. 반대로 긍정적인 정보와 발상으로 시작하면 창의적이며 생산적인 결과로 증폭된다. 결국 좋은 것이 들어오면 좋은 것이 커지고, 나쁜 것이 들어오면 나쁜 것이 커지게 마련이다.

따라서 일상생활 속에서 두뇌에 투입되는 정보를 의도적으로 통제하고, 같은 정보라도 긍정적으로 받아들일 수 있는 훈련이 필요하다.

2. 성공 지향의 원리

두뇌의 성공 지향적 특성은 "뜻이 있는 곳에 길이 있다"는 말과 똑같다. 두뇌는 일단 목표를 제시해 주면 꾸준히 그 목표를 달성하기 위해 생각을 전개해 나가기 때문이다. 따라서 모든 일의 시작 단계에서 목표가 달성된 상태를 명확하게, 감동적으로 이미지화하는 것은 두뇌의 창의적인 능력이 발휘하도록 만드는 기폭제 역할을 한다.

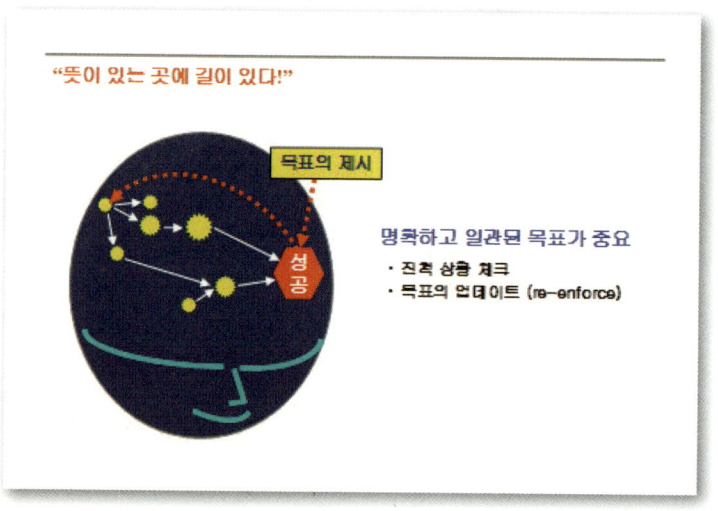

두뇌의 성공 지향적 특성을 일상생활에 잘 활용하려면 목표를 명확히 하고 수시로 진행상황과 제약 조건을 고려하여 목표를 수정하거나 재확인하는 습관을 갖춰야 한다.

3. 모방 능력의 원리

아이들이 모방을 통해 학습을 한다는 사실을 우리는 잘 알고 있다. 아이들뿐 아니라 성인들도 때로는 주변의 특정 인물의 말투나 행동을 무의식적으로 따라 하는 경우가 많다. 사실 이것은 매우 자연스러운 두뇌 활동의 일부다. 두뇌는 선천적으로 모방할 대상을 찾고, 그 대상으로부터 기능과 행동을 복제하려는 속성을 가지고 있기 때문이다.

두뇌는 시키지 않아도 자신에게 필요한 모델을 찾는다. 이런 특성을 활용하는 방법은 존경할 만한 사람과 자주 교류하면서 훌륭한 모방 모델을 설정해 나가는 것이다. 좋은 사람들을 가까이하라는 옛말은 바로 이러한 두뇌의 속성을 잘 반영한 것이다.

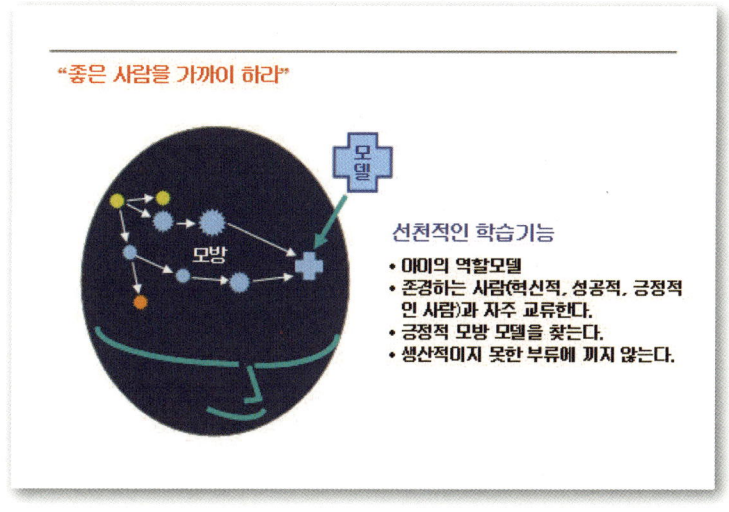

4. 완결 추구의 원리

우리의 두뇌는 어떤 상황을 파악하는 과정에서 무의식적으로 빈 곳을 찾아내고 그것을 채워서 완결하려는 속성을 가지고 있다.

예를 들어 친구가 어떤 사람에 대해서 흥미로운 얘기를 늘어 놓다가, 갑자기 "여기부터는 비밀인데…"라고 목소리를 낮추는 걸 상상해 보라. 누구나 그 다음 이야기가 궁금해질 것이다.

완결을 추구하는 두뇌의 속성을 일상생활 속에서 잘 활용하려면 규모와 상관없이 어떤 일이든 목표의 설정과 실행, 종료의 사이클을 명확하게 하고, 완료된 뒤에는 반드시 결과에 대해 의미를 부여하는 습관을 만들어야 한다.

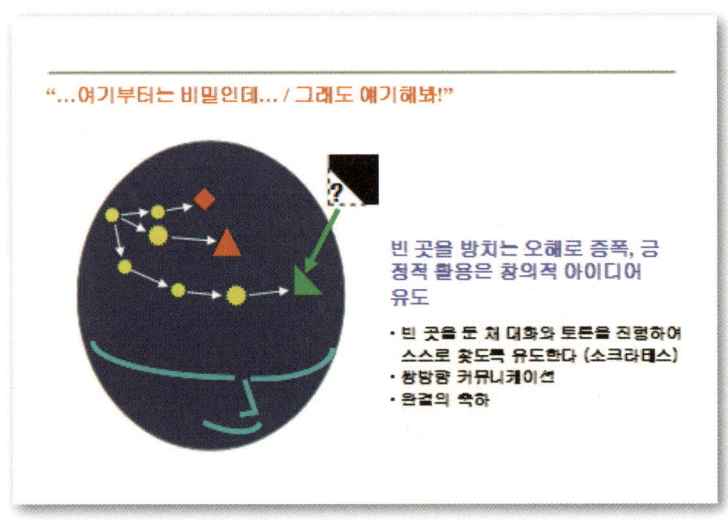

5. 새로운 정보 섭취

　사람의 생존에 필요한 세 가지 요소는 물과 공기 그리고 경험이다. 경험은 끊임없이 입력되는 정보를 통해 학습하고 이를 저장하는 과정을 말한다. 새로운 정보와 경험은 새로운 방식의 사고를 가능케 하는 토양이 된다. 반대로 두뇌에 새로운 정보가 부족하거나 아예 차단된다면 창의적·생산적 사고활동을 기대하기 어렵다.

　각자의 직업이나 취미와 동떨어진 분야에 조금씩 관심을 두는 것이 좋다. 심지어 새롭다 못해 낯선 것이라도 우리의 뇌에 다양한 영양분을 공급하는 것과 같기 때문에 창의적인 사고를 유발하는 데 많은 도움이 된다.

　그런데, 정보의 섭취와 관련해서 한 가지 중요한 사실이 있다. 모든 정보는 음식물처럼 유효 기간이 있다는 점이다. 따라서 이미 알고 있는 어떤 사실에 대해서 여전히 사실인지 아닌지 여부를 갱신하려는 노력이 필요하다. 더 이상 사실이 아닌 정보를 머릿속에 방치해 두는 것은 창의적이고 긍정적인 사고에 보탬이 되지 않기 때문이다.

6. 진실 추구의 원리

인간의 두뇌는 사고활동을 하는 동안 얻어진 정보를 지식으로 축적하는 과정에서 정보의 근원이나 논리적 진실 여부를 판단하려고 한다. 만약 이것이 제대로 되지 않으면 불안해 하거나 거부 반응을 일으키게 된다.

예를 들어 보자. 우리는 스스로 진실이라고 믿지 않는 사실이나 잘못된 정보라고 의심되는 것을 전달할 때, 혹은 거짓말을 할 때에는 여러 가지 형태로 부자연스러운 반응을 나타낸다. 이를테면 말을 더듬거나 목소리가 작아지는 것 따위다.

일상생활에서 지나간 일들 중에 특히 부정적인 의미를 갖는 일들을 반추해 보라. 이를 통해 사고판단의 능력을 강화하고 정보를 지식으로 변환하는 능력을 향상시킬 수 있을 것이다.

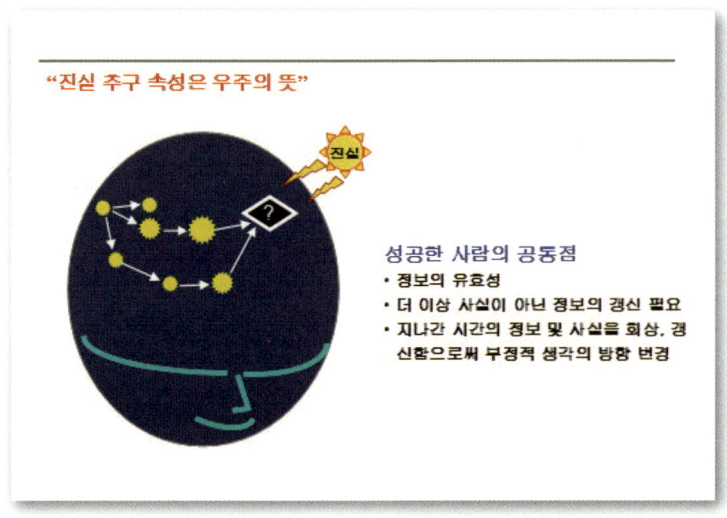

7. 지속성의 원리

무엇이든 처음 시도할 때가 가장 어렵다. 그러나 '시작이 반'이라는 말대로 일단 일이 시작되면 처음보다 수월해지거나 예상했던 것보다 빨리 마무리되는 경우가 많다. 그 이유는 처음 일을 시작할 때는 기존의 사고영역에서 벗어난 일을 두뇌가 잘 받아들이지 않으려고 하기 때문이다. 그러나 한 번 시작된 일에 대해서는 적극적인 태도로 바뀌게 된다.

두뇌의 지속성을 일상생활에서 활용하기 위해서는 몇 가지 노력이 필요하다.

첫째, 명확한 목표를 제시해야 한다.

둘째, 명확한 목표가 있더라도 새로운 일에 대한 두려움은 늘 남아 있게 마련이다. 따라서 중도에 포기하지 않도록 집중력을 유지시켜야 한다.

셋째, 주변에서 확실한 협력자를 만들어야 한다. 자신의 일을 직접적으로 도와줄 동료라면 더욱 좋겠지만, 여의치 않을 경우에는 조언을 해 줄 만한 사람만 있어도 충분하다.

Tip 완벽한 팀을 구성하는 방법

영업의 달인 토니 알렉산드라(Tony Alessandra)는 영업에 대한 다양한 경험과 성공을 토대로 '인간관계 전략' 분야의 저서와 강연으로 유명한 인물이다. 특히 '사람마다의 특성을 활용한 시너지 효과' 이론이 유명하다. 토니 알렉산드라의 이론에 대해 알아보고, 두뇌의 시너지 효과와의 유사성에 대해서도 살펴보자.

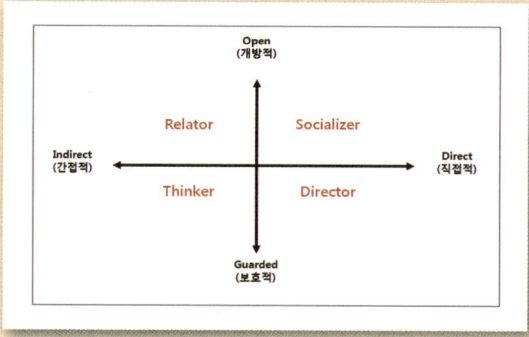

토니 알렉산드라에 따르면 '사람'은 위의 그림처럼 크게 네 가지, 세분화하면 16가지 부류로 나누어진다. 첫째 기준은 '직접성향'으로 X축에 해당한다. 직접성향이 강하면 X축의 오른쪽, 직접성향이 낮은 사람 즉 간접적인 성향이 강한 사람은 X축의 왼쪽에 자리한다. 둘째는 '공개성향'으로 Y축에 해당한다. 공개성향이 강할수록 Y축 상의 플러스값을 가지며 공개성향이 낮을수록 즉 폐쇄성이 강할수록 Y축 상의 마이너스값을 갖는다. 흔히 한방에서 인간의 체질을 태음, 소음, 태양, 소양인의 사상으로 구분하듯이 사람의 기질과 성향에 따라 크게 네 종류로 분류하는 것이다.

'Thinker'는 글자 그대로 생각하는 것을 중요시하는 사람으로 간접성향이 강하고 비공개적인 기질을 갖는다. 반면 'Socializer'는 직접적이고 공개적인 성향을 가진 사람으로 Thinker와는 정반대의 기질을 갖는다. 연구원 또는 개발자들이 대체로 Thinker 성향을 많이 갖는 반면 영업을 잘하는 사람 가운데는 Socializer 성향이 많다. 반면 Director는 직접성향이 강한 반면 비공개적이다. 즉 이 부류의 사람은 전형적인 보스 기질을 가진 사람으로 자신의 생각을 공개하거나 설명하지 않고 직선적이고 직접적으로 결론을 표현한다. 이해를 구하기 위한 특별한 설명 없이 지시/명령하는 스타일이라고 할 수 있다. Director와 정반대 스타일은 Relator다. Relator는 생각이 깊고 사람과 사람 사이의 관계를 중요시하며 매우 사교적 또는 공개적이다. 그러나 자신의 깊은 생각을 쉽게 드러내지 않는다.

Thinker는 객관적인 데이터와 사실에 근거한 사고와 디지털적인 의사결정을 주로 한다. 반면 Socializer는 감성적이며 분위기와 상황에 잘 적응하고 타협하며 아날로그적이다. 두뇌의 특성에 비유하자면 Thinker는 좌뇌적 성향이 강한 사람이며 Socializer는 우뇌적 성향이 강한 사람이라고 할 수 있다.

이러한 사람의 특성을 자동차 영업에 활용하는 예를 들어 보자.

좌뇌적 성향이 강한. 즉 Thinker 기질이 강한 어떤 병원의 원장에게 차를 판매하려면, 의사결정을 하는 데 필요한 각종 데이터와 여러 가지 정보를 제공해 주어야 한다. 만일 그에게 "원장님 이번 가을에는 새로 나온 은비색 오픈카를 몰고 동해안으로 한번 가시죠"라는 식으로 영업을 하면 거의 실패를 예약한 것이나 다름없다. 반대로 Socializer 성향이 강한 원장에게 신차의 기계적 제원과 수치화된 성능을 설명하는 것 역시 마찬가지 결과를 낳을 것이다.

이제 서로 반대되는 성향을 활용하는 시너지 효과를 살펴보자. 어떤 기술 프로젝트를 수주하기 위한 마무리 단계에서 두 사람을 발주처로 출장을 보낸다고 가정해 보자. 두 사람 모두 Thinker라면 현지에서의 최종 분석과 검토가 길어져 수주로 마무리될 확률이 낮다. 한마디로 돌다리만 두드리다 계약을 하지 못하는 것이다. 반면에 Socializer 두 사람을 보내면 도착 즉시 내일 있을 계약을 미리 축하하느라 술부터 한 잔할 것이다. 따라서 계약을 해서 오더라도 막상 뚜껑을 열어 보면 허점투성이거나 오히려 손해를 보는 프로젝트가 될 수도 있다. 또, 두 사람이 모두 Director 스타일이라면 자신의 의견과 주장이 앞세우다 막상 수주가 되어도 한 사람은 마음의 상처를 입게 될 가능성이 크다. 상처가 클 경우 한 사람만 회사로 돌아올 수도 있다. 가장 바람직한 경우라면 Thinker와 Socializer 성향의 두 사람을 보낼 때라고 할 수 있다.

이처럼 서로 다른 성향을 가진 사람을 적절히 안배하여 시너지를 극대화하는 것은 마치 좌뇌와 우뇌가 독립적이면서도 상호보완적으로 작동할 때 잠재능력을 극대화할 수 있는 것과 같은 이치이다.

Chapter ❸

시각적 필기법의
무한 변신

필기와 사고는 동전의 양면과 같다. 시각적 필기와 사고는 조감적 사고를 유발하고, 조감적 사고는 창의적 발상과 관계적 사고를 가능케 한다. 배려는 덤으로 얻는 선물이다.

— 정영교

토니 부잔과의 만남, 마인드맵과의 만남

언젠가 피천득 선생의 〈인연〉이라는 수필집을 읽다가 문득 눈에 들어온 글귀가 하나 있었다.

어리석은 사람은 인연을 만나도 몰라보고, 보통 사람은 인연인 줄 알면서도 놓치고, 현명한 사람은 스쳐도 인연을 살려 낸다.

오랫동안 잊고 있었던 이 구절이 문득 떠오른 것은 '토니 부잔'과의 만남을 회상하면서였다. 오래전 내게 커다란 영감을 주었고, 잊을 수 없는 인연이 된 그와의 만남은 실의에 빠진 채 답보 상태에 있던 ThinkWise를 다시 개발할 수 있는 계기가 되었다.

'심테크'와 함께한 25년은 마치 어제 일처럼 모든 것이 생생하다. 특히 그중에서도 대표적인 시각적 필기법인 마인드맵을 토대로 ThinkWise를 개발하기 시작한 1997년부터 이어진 2년의 세월은 그 어느 때보다 힘들었지만 그만큼 기억에 가장 깊게 남아 있다.

당시 ThinkWise는 우리의 의욕과 기대에 미치지 못하는 초라한 성적을 거두고 있었다. 일단 써본 사람들은 호평을 쏟아 냈지만, 개념조차 이해하기 어려운 제품의 특성상 판매는 늘 제자리걸음이었다. 게다가 상표나 서비스권에 관한 시비도 끊이지 않았다. 이 때문에 나는 마인드맵과 관련된 모든 사람과 일에 대해 그야말로 있는 정, 없는 정이 모두 떨어진 상태가 되어 버렸다.

그런데 참으로 아이러니하게도 내가 ThinkWise를 계속 개발할 수 있는 힘을 얻은 계기는 그토록 지속적이고 커다란 상처만을 안겨 주었던 '마인드맵'의 창시자 '토니 부잔'과의 만남이었다. 그 만남은 우연찮은 기회에 내가 토니 부잔의 저서 〈Brainsmart Leader〉를 번역하면서 시작되었다. 이 책은 "지식과 정보시대의 리더가 구성원의 지적 능력을 일상의 모든 업무에서 극대화하기 위하여 마인드맵을 어떻게 활용할 수 있는가"를, 명료한 이론과 풍부한 사례 위주로 설명한 책이다. 이 책을 번역하는 동안 받은 감명과 공감을 한마디로 표현하자면 '라식 수술로 온 세상이 선명하게 보이게 되는 것'과 같았다.

Man of Integrity

책을 번역한 그해 가을, 토니 부잔이 서울에 왔다. 나는 번역자로서 그를 만났다. 그런데 천만 뜻밖에도 그는 "당신이 바로 마인드 매퍼(MindMapper, ThinkWise의 수출용 제품명)를 개발한 사람이죠?" 하면서 나를 반갑고 편하게 맞아 주었다. 덕분에 나는 마인드맵과 그에 대해 가지고 있던 수많은 궁금증을 풀 수 있었다. 그중 한 가지만 소개하자.

그때만 해도 한국에서 누가 마인드맵에 관한 세미나를 하면 '공인 강사 이외에는 마인드맵을 가르칠 수 없다. 만일 이를 어길 시 법적 책임이 어쩌고' 하는

반다 노스와의 만남(좌), 토니 부잔과의 만남(우)

식의 내용증명서가 날아오곤 했다. 그래서 나는 단도직입적으로 "한국에서는 이런 일이 벌어지고 있다. 그것이 정말 당신이 지시한 일인가?" 하고 물었다. 만일 그렇다면, 정말로 따져 보고 싶은 일이 많았다.

그런데 그는 뜻밖에도 "그것은 결코 내가 지시한 일이 아니다. 나는 오히려 더 많은 사람이 마인드맵의 개념을 제대로 배울 수 있기를 바랄 뿐이다"라고 답했다. 당시 그가 걱정한 것은 저작권이나 상표권을 지키는 것이 아니라 "마인드맵을 잘못 배우면 두뇌에 손상이 올 수도 있다(could demage your brain)"는 것이었다. 솔직히 말하자면, 마인드맵의 전문가인 나조차도 그 말에 담긴 의미심장한 뜻을 한참 후에야 이해하게 되었다.

그의 말은 마인드맵의 확산적인 속성에 빠져 오랫동안 생각을 늘어 놓기만 하고 수렴하지 못하면 자칫 '나는 아무것도 이루어 내지 못하는구나' 하는 자가당착에 빠질 수 있다는 뜻이었다. 다시 말해 마인드맵은 '확산과 수렴'이라는 우주 만물의 본질 가운데 수렴적 요소가 부족하므로 각별한 주의가 필요하다는 뜻이었다.

당시 처음 만난 마인드맵의 창시자 토니 부잔은, 한마디로 '완성된 지적 능력의 소유자(Man of Integrity)'였으며, 그때까지 사는 동안 내게 감동을 안겨준 몇 안 되는 사람 중의 하나였다(하지만 그 당시 토니 부잔은 마인드맵의 개념이 소프트웨어를 통해 어떻게, 어디까지 발전할 수 있을지에 대해서는 잘 모르는 것 같았다). A4 사이즈의 스케치북과 10자루 정도의 사인펜 다발을 움켜

쥐고 회의실에 들어서던 토니 부잔과의 3일 동안의 만남은 많은 것을 깨닫는 계기가 되었다.

나는 이 만남을 계기로 1999년 겨울에 당시 영국 부잔센터의 제2인자였던 반다 노스의 국제공인지도사 과정을 밟게 되었고, 다시 ThinkWise 개발에 매진하게 되었다. 몇 년 후 인하대 이태우 교수를 반다 노스의 교육과정에 추천하면서 들어 보니, 그녀는 이제 백발의 할머니가 되어 버렸지만 여전히 열정적으로 세미나를 운영하고 있다고 한다.

그래서 어디로…

그리고 몇 년 뒤인 2003년, 미국 출장 중에 나는 우연히 토니 부잔의 마인드맵에 지대한 영향을 미친 스승이 있었음을 알게 되었다. 지금은 작고한 에버린 우드 여사가 그분이다. 슬래시맵(Slash Map)이라고 하는 독특한 필기/암기법을 창시한 분으로 1950년대 미국에서 '에버린 우드센터'를 설립하여 기억법과 속독 분야의 교육사업을 시작했다. 당시 여섯 명의 제자 중 한 명이 바로 토니 부잔이었다.

지금까지 슬래시맵, 마인드맵, 콘셉트 맵 등 시각적 사고와 필기를 위한 많은 방법론이 있었고 앞으로도 나올 것이다. 시각적 사고와 필기에 눈을 뜨는 것은 마치 라식 수술로 세상을 선명하게 보게 되는 체험과 유사하다. 그러나 더 중요한 사실은 우리의 두뇌에 대해 더 많은 관심을 갖는 것이다. 두뇌의 특성을 잘 이해하고 업무에 활용하는 사람일수록 더 빨리, 더 많은 성과를 거둘 수 있을 것이다. 의학적 건강이나 사회적 성공 이전에 좌우 뇌의 균형에 기반한 건강한 사고력이야말로 창조적 생명의 본질이라고 할 수 있다.

많은 사람들이 스스로 자신의 두뇌를 균형적으로 활용하는 것을 도와주는 제품을 개발하는 것, 그것이 ThinkWise의 변함없는 미션이다.

전통적 필기법의 문제점

> 회의는 여러 사람의 생각을 수렴하고 공유하는 업무상 필수 불가결한 절차이면서도 실제로는 비효율적인 진행 과정으로 인해 부가가치의 창출보다는 많은 비용이 발생한다. 특히 짧은 시간 내에 많은 내용을 순서 없이 진행하면서도 순간 순간에 핵심을 추출하고 정리해 나가는 과정은 많은 경험을 필요로 하며 매우 어려운 일이다.
> 회의 과정에서 가장 중요한 점은 단계적으로 핵심 내용을 정리하고 정리된 내용에 대해 참여한 사람의 공감대를 구성해 나가는 것이며, 이는 곧 참석한 사람들의 사고 능력을 일관된 방향으로 집결할 수 있는 가장 기본적인 전제 사항인 것이다.

위에 제시된 문장을 읽고 스스로에게 다음과 같은 질문을 던져 보자.

- 핵심 내용은 무엇인가?
- 이 글에서 5개의 핵심어는 무엇인가?
- 읽는 과정에서 찾은 핵심어를 서로 연결하여 기억할 수 있는가?
- 일주일이 지난 뒤 다시 이 문장을 보게 된다면 핵심어를 기억할 수 있겠는가?

전통적인 필기법은 가장 보편적이고 명확한 기록법인 동시에 많은 문제점을 가지고 있다. 그중 하나는 핵심어가 숨어 있기 때문에 하나하나 읽어 보지 않고는 전체의 개념을 한눈에 파악할 수 없다는 것이다.

이제부터 '시각적 필기'란 무엇이며 우리의 일상생활과 업무에 어떤 영향을 미치는지 자세히 살펴보자.

창의적 사고를 부르는 필기법

'창의적인 생각'과 '시각적인 필기'를 좌뇌와 우뇌의 특성과 연관 지어 살펴보자.

우뇌는 독서와 대화, 발표, 회의 등의 일상 업무를 하면서 외부로부터 들어오는 다양한 정보를 처리하고 반응하는 과정을 소리 없이 진행해 나간다. 이때 좌뇌와 우뇌는 각자 맡은 기능을 수행하면서 동시에 뇌량이라는 신경섬유 다발을 통해 서로 정보를 교환하고 최적의 반응을 만들기 위해 협력한다.

리듬과 박자가 제대로 어우러져야 가장 듣기 좋은 노래가 되듯이, 좌뇌와 우뇌를 동시에 활용할 때 비로소 창의적인 사고가 가능해진다. 따라서 좌우뇌의 균형적인 개발과 사용능력은 창의적 사고를 위한 전제 조건이라 할 수 있다.

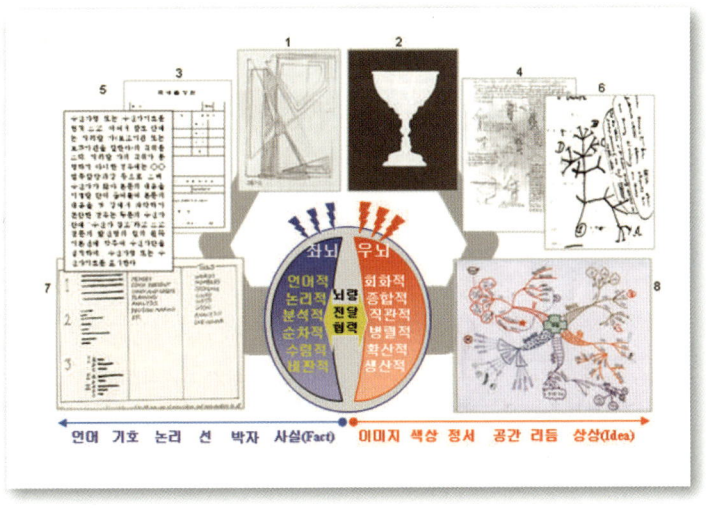

현대의 사회생활은 그 속성상 논리적이며 분석적인 사고와 표현을 요구한다. 이러한 환경 속에서 사람들은 자연스럽게 언어적, 논리적, 순차적, 수렴

적, 비판적인 특성을 가지고 있는 좌뇌 위주의 생활에 익숙해지고 길들여진다. 반면에 회화적, 종합적, 직관적, 병렬적, 확산적, 창의적인 특성을 갖는 우뇌의 활용은 상대적으로 떨어질 수밖에 없다.

좌뇌와 우뇌의 불균형은 여러 가지 문제로 나타난다.

아직도 농촌에 가면 인정과 인심이 많다. 혹 그렇지 않을 수도 있지만, 도시 사람들은 그렇게 느낀다. 그 이유는 무엇일까? 늘 자연과 함께 사는 농촌 사람들은 도시 사람들에 비해 좌뇌를 상대적으로 적게 사용하므로 좌우 뇌의 균형이 더 잘 잡혀 있기 때문이다.

좌뇌와 우뇌의 특성은 창의적인 생각을 하는 단계뿐만 아니라 표현의 단계에서도 매우 중요한 의미를 가진다. 위 그림의 왼편 이미지들은 학교와 일상생활에서 접해 온 전통적인 필기방식이다. 즉 언어와 기호, 논리, 선 등으로 구성된 필기법은 논리적이며 직선적인 좌뇌의 특성에 맞는 서술 형태이다. 이러한 좌뇌적 서술의 문제점은 핵심어가 숨어 있어서 전체 내용을 한눈에 파악하기 어렵고, 이해와 기억도 어렵다. 게다가 검은색 글자와 흰색 종이라는 단조로움은 두뇌를 쉽게 지치게 한다.

이 때문에 좌뇌적 사고와 필기에 익숙해질수록 우뇌의 창의적 능력을 발휘할 기회를 스스로 제한하고, 생각을 직선적인 형태의 글로 옮기는 과정 역시 즐거움이 아니라 스트레스가 된다. 뿐만 아니라 좌우 뇌를 균형적으로 사용할 때 발생하는 창의적 시너지 효과는 더욱더 기대하기 어려워진다.

반면에 오른편 이미지들은 색상과 공간, 상상력 등을 담당하는 우뇌가 좋아하는 필기 형태이다. 딱딱한 보고서나 안내문과 달리 글과 그림으로 구성된 만화책은 나이에 관계없이 언제 보아도 누구나 재미와 편안함을 느끼게 된다. 그것은 바로 우리를 지배하는 우뇌에 어필하는 형태의 필기이기 때문이다. 수십 페이지의 보고서나 계약서를 보면서 한눈에 전체 윤곽을 파악하거나, 우뇌가 활성화되어 마음이 편해지는 사람은 아무도 없을 것이다.

잠시 조용한 음악이 흘러나오는 미술관에서 혼자 그림을 감상하고 있는 자신의 모습을 상상해 보라. 글과 기호를 통한 논리적 사고가 아니라 이미지를 통해 전체를 시각적으로 파악하면서 편안한 마음으로 작가와 소통하고 있는 자신을 상상할 수 있을 것이다. 우뇌가 활성화된 덕분이다.

이제 지금까지 익숙해져 있던 직선적인 서술 방법과 달리, 창의적인 생각을 자연스럽게 표현하고 우뇌를 자극할 수 있는 다양한 형태의 필기법에 대해 살펴보도록 하자.

우뇌를 활용한 다윈의 노트

아래 그림은 '종의 기원'과 '진화론'으로 유명한 다윈의 노트이다.

다윈은 초등학교 시절 자신의 개성을 살리지 못하는 교육 때문에 수업에 집중하지 못했다고 한다. 그래서 교사에게서 심한 욕을 듣기도 했다. 1825년 자유로운 분위기의 에든버러대학 의학과에 입학해 1827년까지 다니다가 중퇴했다.

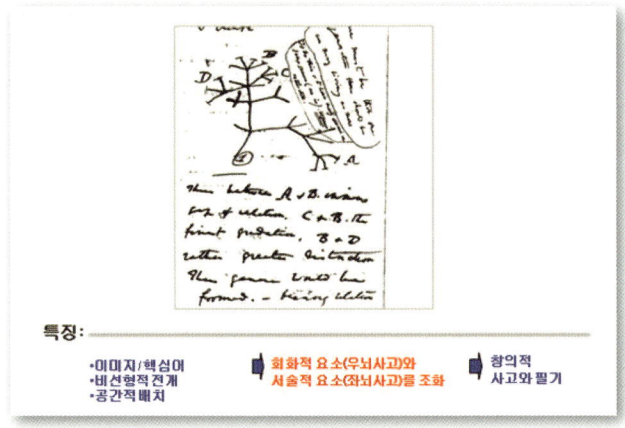

다윈의 노트를 자신과 주변 사람들의 노트와 비교하면서 공통적인 부분이나 특이한 부분을 찾아보자. 이 그림을 보면 분명 누군가 뭔가에 대해 골똘히 생각하면서 작성한 노트라는 느낌이 들 것이다.

우선 그림과 글을 섞어서 자신의 생각을 표현하고 있다. 그림이 무슨 내용인지는 몰라도 최소한 작성한 사람에게는 매우 함축된 의미를 지닌 그런 그림이라는 것이 느껴진다. 얼핏 무질서한 낙서처럼 보이지만, 보면 볼수록 그림과 글이 공간적으로 잘 배치되어 있고 안정감이 느껴진다. 따라서 이 노트의 주인이 나중에 다시 자신의 노트를 본다면 한눈에 전체와 핵심적인 세부사항을 파악할 수 있을 것이다.

좌뇌와 우뇌를 고루 활용한 다빈치의 노트

아래 그림은 이탈리아 르네상스를 대표하는 근대적 인간의 전형인 다빈치가 연구 중에 작성한 노트이다. 그는 화가이자 조각가, 발명가, 건축가, 기술자, 해부학자, 식물학자, 도시계획가, 천문학자, 지리학자인 동시에 음악가였다. 호기심이 많고 창조적이었으며, 어려서부터 인상 깊은 사물, 관찰한 것, 착상 등을 즉시 스케치한 것으로 알려져 있다. 이 그림 역시 그림과 글을 섞어 자신의 생각을 표현하고 있다는 점을 쉽게 알 수 있다.

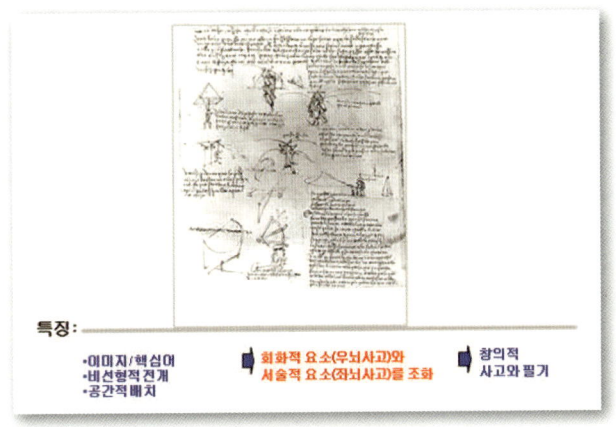

천재는 '머리가 좋은 사람'이라고 한다. 그렇다면 '머리가 좋다'는 것은 구체적으로 어떤 뜻일까?

머리가 좋거나 좋아지려면 좌뇌의 논리적 특성과 우뇌의 회화적 특성을 동시에 사용하여 생각하고 표현하는 능력을 길러야 한다. 그리고 우리가 알고 있는 직선적인 형태의 사고와 필기는 하면 할수록 우리를 실질적으로 지배하는 우뇌의 잠재력을 더욱 위축시키는 결과를 초래한다는 사실이다. 글쓰기를 직업으로 하는 경우를 제외한 대부분의 사람들에게는 '글을 쓴다'는 행위 자체가 스트레스다. 일반인이라면 좌뇌적인 필기를 하면 할수록 필기하는 것 자체에 싫증을 느끼게 된다.

'시각적 사고'의 고전적 모델, 퇴계 이황의 성학십도

 핵심 개념을 시각적으로 표현하는 능력이 중요함을 보여 주는 또 다른 예를 하나 소개한다. 바로 퇴계 이황의 '성학십도'다. 아래 그림들은 퇴계 선생이 방대한 유학사상을 체계화하고 핵심개념을 열 장의 도면에 풀어서 요약한 것으로, 열일곱 살 때 왕위에 오른 어린 선조를 위해 퇴계 이황이 예순여덟 살 되던 해에 작성한 것이다.

 퇴계 이황의 사상과 철학은 심오하고 난해한 것임을 우리는 이미 잘 알고 있다.

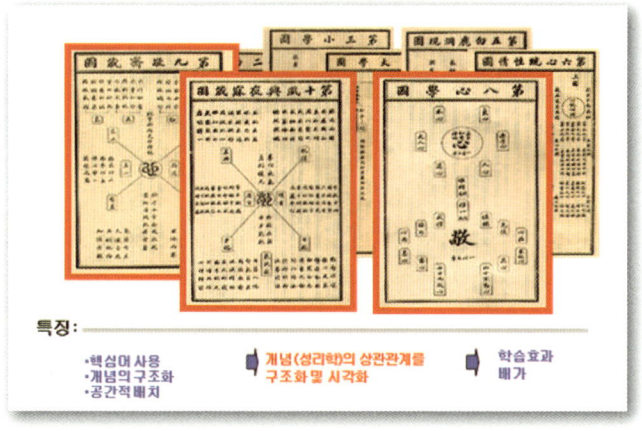

 각각의 그림을 자세히 들여다보면 핵심이 되는 주제를 가운데 두고, 이를 구성하는 세부 주제를 상관관계를 고려하여 계층구조적으로 시각화한 것을 알 수 있다. 이처럼 핵심개념의 상관관계를 그림으로 시각화하는 것을 도해라고 하며, 이와 같은 도해능력은 방대하고 복잡한 지식을 쉽게 이해하거나 전달하는 데 매우 효과적이고 기술적이다. 컴퓨터와 같은 도구 없이 붓만으로 필기를 하던 시절에 작성된 퇴계 이황의 성학십도는 시각적 사고의 고전적인 예라고 할 수 있다.

에버린 우드 박사의 슬래시 맵핑

생각을 구조적으로 서술하는 필기방법의 하나로, 미국의 에버린 우드 박사가 1950년대에 창안한 '슬래시 회상법'(Slash Recall)이 있다.

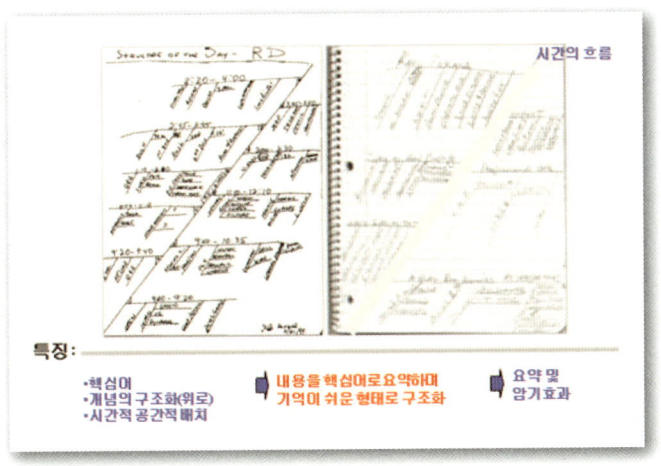

슬래시 필기법은 위 그림에서 보는 바와 같이 떠오르는 생각을 아래에서 위로 대각선 방향으로 비스듬히 선을 그으면서 핵심어를 적어 나가는 방법이다. 슬래시 필기법은 크게 두 가지 특징을 가지고 있다.

첫째, 떠오르는 생각들을 핵심어 위주로 필기해 나가면서 핵심어들의 상하 계층적인 관계를 구조적으로 시각화할 수 있다.

둘째, 시간상의 전후 관계를 구조적으로 시각화할 수 있다. 즉, 왼쪽 하단에서 시작해서 오른쪽 상단으로 핵심어를 서술해 나가면서 가운데의 큰 대각선이 시간의 축 역할을 하게 된다.

이렇게 슬래시 필기법으로 작성된 내용은 마치 높은 곳에서 내려다본 마을의 길처럼 느껴진다. 아래쪽 그림 가운데 왼편의 이미지는 창의력과 혁신이라는 제목의 강의 내용을 일반적인 형태 즉, 직선적으로 메모한 것이다. 그리고 오른쪽 이미지는 같은 내용을 슬래시 필기법으로 정리한 것이다.

  일반적으로 직선적인 필기를 할 때에는 지금 쓰고 있는 핵심어에만 시선과 생각이 고정되어 전체의 구조를 동시에 파악하기 어렵다. 반면 같은 내용이라도 슬래시 필기법으로 정리하면 지금 작성하고 있는 내용이 전체 가운데 일부라는 것이 훨씬 입체적이고 시각적으로 와 닿는다.

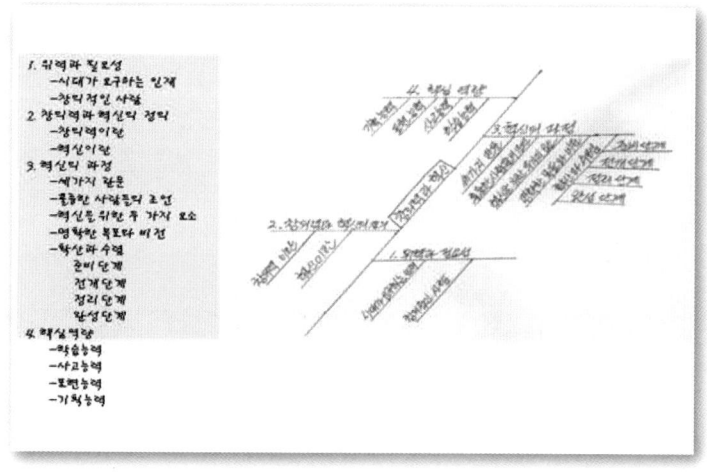

  슬래시 필기법은 순차적으로 진행되는 생각을 공간과 시간의 개념으로 시각화함으로써 요약과 암기라는 두 가지 효과를 동시에 얻을 수 있는 훌륭한 필기법이며, 세미나나 강의처럼 순차적으로 진행되는 내용을 요약하는 데 매우 탁월하다. 게다가 몇 개의 간단한 원칙만 이해하면 누구나 쉽게 바로 활용할 수 있다.

슬래시 필기법으로 노트를 하는 방법을 오른손잡이를 전제로 자세히 살펴보자. 왼손잡이는 이와 반대 방향으로 작성하면 된다. 종이는 가로든 세로든 어느 방향이나 관계없다.

1) 왼쪽 아래에서 오른쪽 위로 향하는 대각선을 먼저 크게 그리고, 작성하려는 내용의 제목을 대각선의 중심 부분에 비스듬히 적는다.
2) 생각의 가지는 대각선의 아래 부분에서부터 위쪽으로 좌우 수평으로 번갈아가면서 추가한다. 이제 아래 부분에 수평선 하나를 오른쪽 방향으로 긋고 첫 번째 주제인 '위력과 필요성'을 적는다.

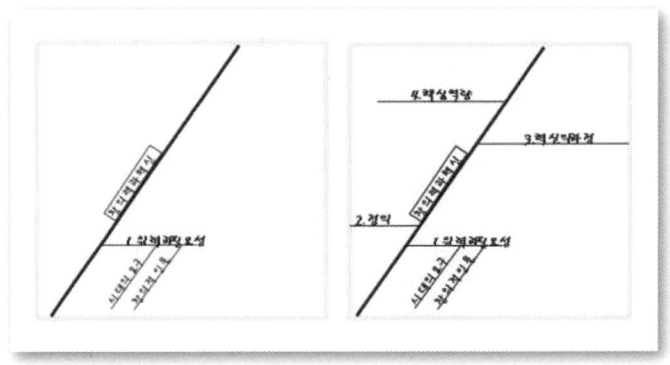

3) '1. 위력과 필요성'이라는 주제의 세부 내용인 '시대의 요구'와 '창의적 인물'을 다시 대각선을 사용하여 '위력의 필요성' 밑에 하위 개념으로 추가한다.
4) 같은 방법으로 나머지 항목을 순차적으로 기입해 나간다.

창의력과 혁신에 대한 강의 내용을 들으며 슬래시 필기법으로 요약을 마친 다음 제일 마지막으로 할 일은 필기한 내용에 대한 부연설명, 목표, 등을 기입하는 것이다. 부연설명은 중심에 그린 대각선의 가장 위쪽에서 왼편으로 선을 길게 연장하고 기입한다.

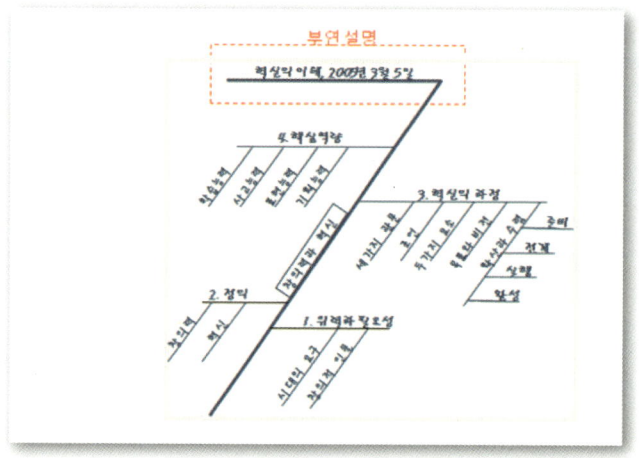

완성된 맵은 잘 정리된 시가지의 길 모습과 흡사하다. 어느 마을의 길을 내려다보는 마음으로 작성한 내용을 시각적으로 연상함으로써 내용을 쉽게 암기하고 떠올릴 수 있을 것이다.

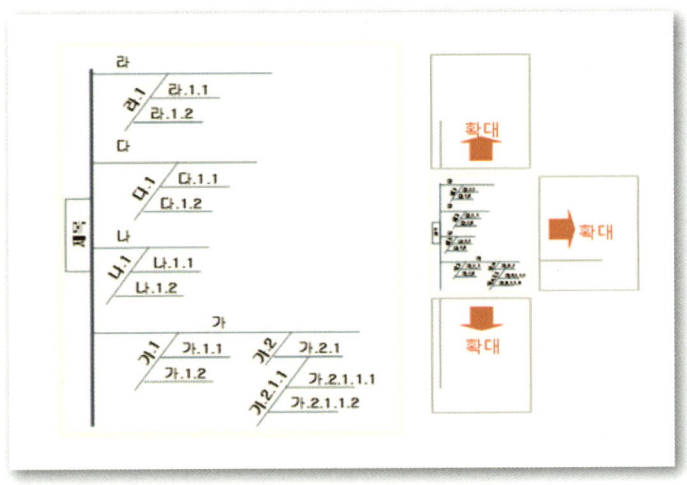

　방대한 내용을 오랜 시간에 걸쳐 정리하는 경우라면 한 장의 종이로는 모자랄 수 있다. 그런 경우에는 위아래 혹은 오른쪽에 새로운 종이를 놓고 연장해서 쓰면 된다. 이런 경우에는 위 그림에서처럼 중심축이 되는 대각선을 수직으로 그린다.

좌뇌와 우뇌를 함께 살리는 마인드 맵핑

이 그림은 마인드맵 필기법을 이용하여 생각의 주제를 중심에 두고 떠오르는 생각을 뻗어 나가는 가지 위에 핵심어로 적어 나간 것이다. 1970년대에 영국의 토니 부잔에 의해 고안된 마인드맵은 좌뇌와 우뇌의 특성을 골고루 잘 반영한 필기법으로 인정받고 있다. 특히 마인드맵은 두뇌의 확산적 사고와 연상 결합사고 특성을 반영한 필기법으로서, 창의력 개발뿐만 아니라 이해와 암기와 같은 학습능력을 향상시키는 데에도 탁월한 효과가 있다.

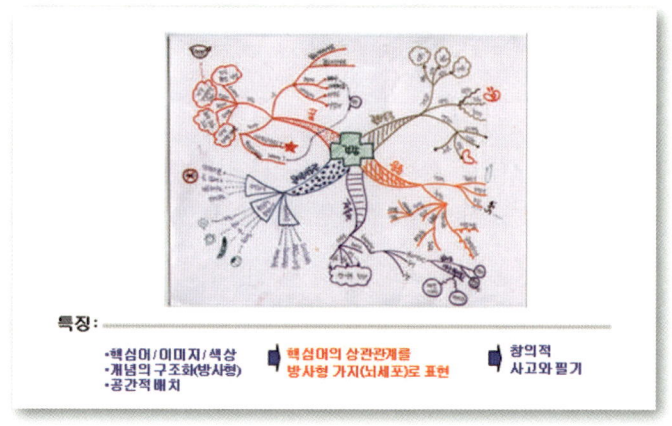

에벌린 우드의 슬래시 회상법은 생각을 공간과 시간의 개념으로 구조화할 수 있는 반면, 마인드맵은 무순서 다차원적으로 전개되는 생각을 핵심어, 이미지 및 색상을 사용해서 확산적으로 시각화하는 특징을 가진다. 하지만 마인드맵은 슬래시 회상법에 비해 이미지와 색상과 같은 우뇌적 요소를 더 많이 사용하기 때문에 짜임새 있는 맵을 손으로 그려 나가기 위해서는 상당한 연습이 필요하다는 단점이 있다. 또한 마인드맵은 확산적 표현 특성 덕분에 브레인스토밍처럼 무순서 다차원적 발상을 전개하는 데에는 매우 탁월한 효과를 얻을 수 있지만 생각의 흐름과 논리를 계열적으로 표현하는 데에는 취약하다.

생각의 거미줄, 마인드 웨빙(Mind Webbing)

아래 그림은 미국의 어느 초등학교 학생이 '마인드 웨빙(Mind Webbing)'이라는 필기법을 활용하여 작성한 숙제이다. 여기서 마인드 웨빙(Mind Webbing)이란 글자 그대로 떠오르는 생각을 거미줄처럼 펼쳐 나가면서 핵심어를 적는 방법이다.

또한 마인드 웨빙은 연상되어 떠오르는 생각을 계층구조적으로 쉽게 시각화하는 방법으로써, 두뇌가 가지고 있는 확산적인 사고속성과 논리적인 분류능력을 향상시키기 위한 필기법이라 할 수 있다.

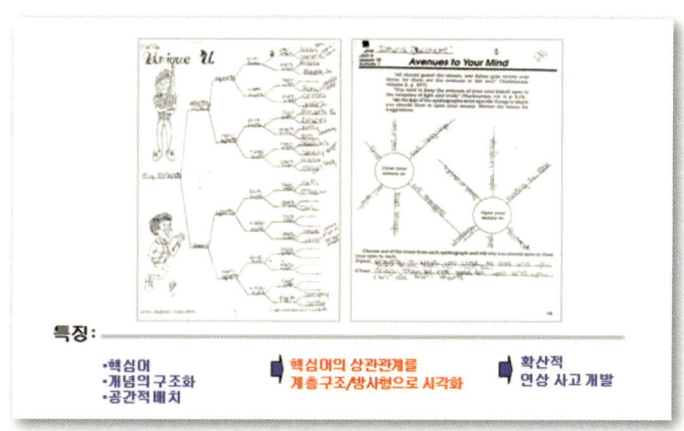

특히 왼편의 그림처럼 오른쪽으로 생각을 펼쳐 나가는 방식은, 개념을 분류하고 구조화하는 능력을 향상시키는 탁월한 효과가 있다. 개념을 세부적인 구성요소로 분류해 나가는 능력은 논리적인 사고의 매우 중요한 기초능력이 된다는 것도 잊지 말자.

'생각'의 확산적 전개, 생각그물

아래 화면은 우리나라에서 1990년 중반부터 '생각그물'이라는 이름으로 초등학교에 소개된 필기법이다. "제목과 관련하여 떠오르는 생각을 적어 봅시다" 하는 지문이 시사하듯 주어진 주제에 대해 생각하면서 연상되어 떠오르는 생각을 핵심어로 적고 계속 직선으로 연결해 나가는 방법이다.

생각그물은 미국 초등학교에서 가르치는 마인드 웨빙(Mind Webbing)과 유사한 개념이면서도 방사형을 강조한 것이 특징이다. 생각그물의 가장 큰 효과는 앞의 단어와 연상하여 떠오르는 생각을 확산적으로 전개해 나가는 능력을 개발하는 것이다. 한국의 생각그물과 미국의 마인드 웨빙은 모두 기존의 직선적 필기와는 달리 떠오르는 생각을 비선형적으로 공간적으로 배치한다는 공통점을 가진다.

그러나 두 가지 방법 모두 핵심어와 직선이라는 좌뇌적 요소가 강하고 우뇌적 흥미요소가 부족하며, 이해와 암기의 효과가 떨어지는 것이 사실이다.

초등학교 시절에 생각그물이라는 것을 배웠던 학생들은 훗날 생각그물을 배웠다는 사실을 기억하지만 사회에 나온 뒤 복잡한 내용을 요약하거나 암기하는 방법으로 확대하여 활용하지는 않는다. 그 이유는 생각그물이 연상사고를 개발하는 것을 주목적으로 제시되었기 때문이다.

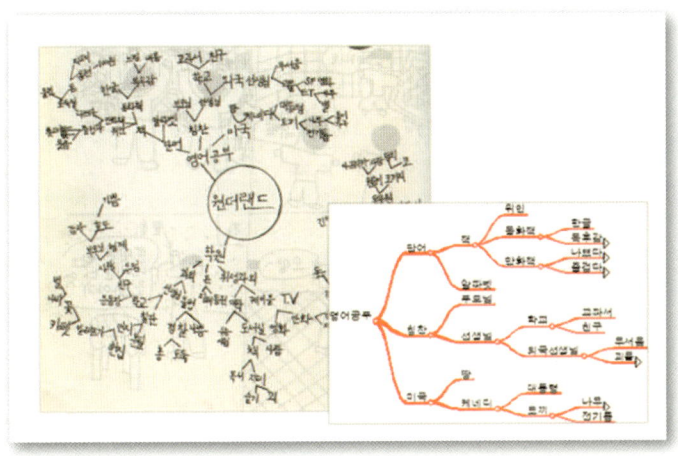

위 그림은 초등학교 5학년 학생이 만든 생각그물이다. 왼쪽 그림은 손으로 작성한 것이며 오른쪽 그림은 같은 내용을 ThinkWise 프로그램으로 작성한 것이다.

이 학생은 '원더랜드'라는 제목을 중심에 두고 연상해서 떠오르는 생각들을 적어 나가고 있는데, 영어공부와 학원이라는 두 개의 단어를 가장 먼저 떠올렸다. 그리고 영어공부에는 단어, 칭찬, 미국이라는 세 개의 단어를 연결하여 적었다.

개념의 상관관계를 정리해 주는 콘셉트 맵

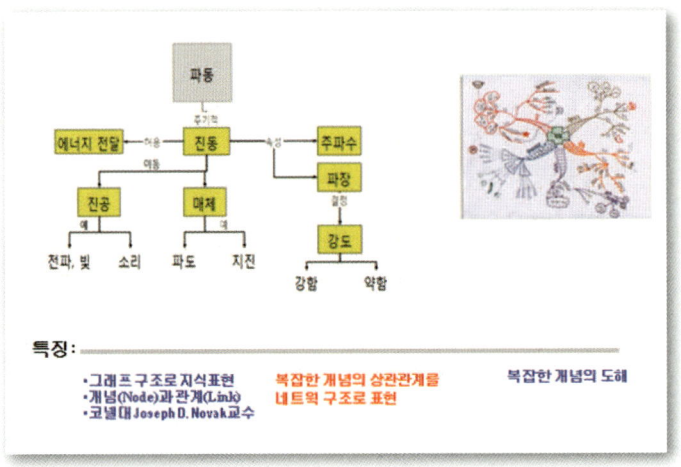

 이처럼 각각의 단어에서 다음 단어를 연상해서 적어 나가는 과정을 살펴보면, 연결의 관계가 이해가 되는 부분도 있고 그렇지 않은 부분도 있다. 원더랜드에서 시작해서 몇 단계의 연상을 거쳐 제일 끝부분에 연결되어 있는 단어를 보면 원더랜드와는 전혀 관계가 없는 것으로 채워져 있음을 알 수 있다.
 이러한 연상능력은 여러 개의 생각을 결합하는 능력과 함께 두뇌가 가지고 있는 창의적인 사고능력의 하나이다. 생각그물은 연상능력을 훈련한다는 측면에서는 그 효과를 명확히 느낄 수 있다. 그리고 연상의 고리를 하나씩 따라가다 보면 학생의 개인적인 관점을 매우 심층적으로 이해할 수 있으며 학생과의 상담 시 훌륭한 자료로 활용할 수 있다.

 트리 구조를 바탕으로 하는 마인드맵의 경우, 한 개의 중심 주제로부터 방사형으로 생각을 펼쳐 나가는 것이 특징이다. 반면에 콘셉트 맵은 한 개의 중심 개념에 집중하지 않고 여러 가지 개념의 상관관계를 표현한다는 점, 그리고 이러한 상관관계를 명시적으로 연결선 위에 기록해 넣는다는 점에서 달라진다.

마인드맵이 무작위로 떠오르는 생각을 효과적으로 기록하는 데 매우 유용한 필기법이라면 네트워크 구조를 취하는 콘셉트 맵은 복잡한 논리나 개념의 흐름을 생각하고 표현하는 데 매우 탁월한 필기법이다. 이처럼 마인드맵과 콘셉트 맵은 각기 장단점을 가지고 있으며 또한 상호 보완적인 측면을 가지고 있다. 예를 들어 삼국시대를 공부하면서 중요 사건과 인물의 상관관계와 논리적인 흐름을 콘셉트 맵으로 그려 나간다면 이해와 암기에 매우 탁월한 효과를 얻을 수 있을 것이다.

콘셉트 맵을 작성하는 방법은 우선 핵심이 되는 개념을 적으면서 상관관계가 있는 주변의 개념과 논리적 상관도를 고려하여 화살표로 연결하는 것이다. 여기서 중요한 것은 화살표로 연결할 때 두 개념의 상관성을 화살표 위에 표기하는 것이다. 예를 들어 A와 B, 두 개의 개념 간에 B는 A의 결과 혹은 B는 A의 원인, A는 B와 동일 등의 상관성을 생각할 수 있는데, 이러한 상관성을 화살표 위에 글자나 기호로 명기하는 것이다.

중심 이미지에 핵심어를 연결하는 마인드 스케이핑

 떠오르는 생각의 핵심어를 중심의 제목이나 이미지로부터 확산적으로 펼쳐 나가지 않고, 아래 그림과 같이 중심 이미지의 특정 부분에 핵심어나 세부 이미지를 연결해 두면 색다른 기억과 회상 효과를 볼 수 있다. 이를 마인드 스케이핑이라고 한다.

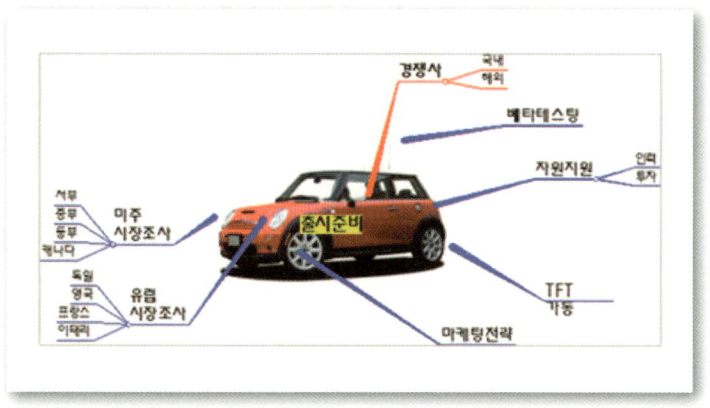

 위 그림을 보자. 미주와 유럽 시장 조사 결과를 앞쪽의 헤드라이트에 각각 연결함으로써 두 지역에 대한 시장조사의 의미를 차의 헤드라이트와 같은 의미로 포지셔닝하였다. 즉, 출시 준비 작업의 방향을 결정하는 역할을 한다는 의미를 부여한 것이다.

 마케팅 전략과 TFT 가동은 '추진력'에 해당하는 앞뒤 바퀴에 연결했다. 또한 제품의 출시에 앞서 실시하는 베타 테스팅을 안테나에 연결함으로써 베타 테스팅의 결과를 계속 모니터링할 것임을 알 수 있다.

 마인드 스케이핑이라는 표현 방식은 중심 이미지의 특정 부분이 갖는 상징성을 생각을 정리하는 틀(얼개)로 활용하는 것이다. 따라서 중심에 배치할 이미지를 결정하는 것이 매우 중요한 작업이 된다.

예를 들어 출장보고서를 작성할 때, 디지털 카메라로 찍은 현장의 사진을 중심 이미지로 놓고 정리할 주제의 시작 위치를 자유롭게 지정하면 출장 결과를 복잡한 문장 대신 매우 효과적으로 시각화할 수 있다.

 필기법 요약

지금까지 우리가 흔히 접해 온 직선적인 형태의 필기법과 달리 떠오르는 생각을 좀 더 효과적으로 표현할 수 있는 여러 가지 필기법에 대해서 알아보았다. 각 필기법의 특징과 효과를 요약하면 다음과 같다.

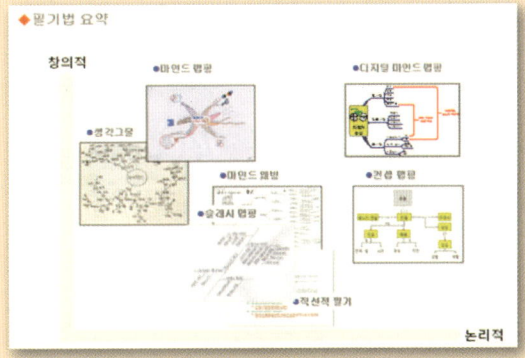

- 직선적 필기법은 좌뇌적인 요소로 가득 차 있어서 쓰면 쓸수록 우뇌의 창의적 사고를 저해한다.
- 슬래시 필기법은 생각을 시간과 공간의 계층구조로 시각화할 수 있으며, 강의와 같은 순차적으로 진행되는 내용을 요약할 때 효과적이다. 표현의 원칙이 매우 간단하고 일관적이기 때문에 작성이 쉽고 가독성이 뛰어나다. 직선적인 필기에 익숙한 사람들도 쉽게 적응하고 활용할 수 있다.
- 마인드 맵핑은 좌우 뇌의 특성을 골고루 반영한 필기법으로 창의적인 생각을 전

개해 나갈 때 탁월한 효과를 발휘한다. 반면 마인드맵이 갖는 확산적 표현 속성으로 인해 논리적이며 수렴적인 사고 전개에 활용하는 것은 쉽지 않다.
- 마인드 웨빙은 개념을 빠짐없이 표기하고, 이를 논리적으로 분류하는 능력을 향상시키기 위해 사용하는 필기법이다.
- 생각그물은 연상을 통해 핵심어를 확산적으로 시각화하는 것을 주된 목표로 하며 연상사고 능력을 개발하는 데 효과적이다
- 콘셉트 맵핑은 개념의 논리적 흐름과 상관관계를 제대로 표현할 수 있는 것이 강점이다.

일반적인 필기법의 문제점을 두뇌의 특성이라는 관점에서 살펴보고, 여러 가지 창의적인 필기법을 소개했다. 이 장에서 강조하고자 하는 요지는 두 가지로 정리된다. 필기와 사고는 한 사람의 창의력을 구성하는 두 개의 핵심요소로서 동전의 양면처럼 서로에게 영향을 주는, 떼려야 뗄 수 없는 관계임을 이해하여야 한다.

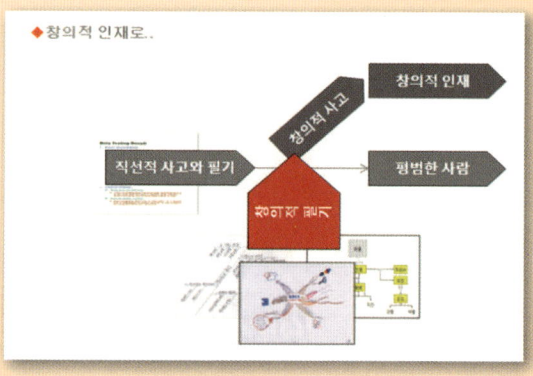

남이 생각하지 못하는 기발한 아이디어를 생각해 내는 창의적 발상능력과 복잡한 내용을 명확하게 논리적으로 전개해 내는 논리적 사고능력을 모두 갖추는 것은 오늘을 사는 우리의 당면과제이다. 이를 위해 마인드맵과 같은 우뇌적 필기법과 콘셉트 맵핑 또는 슬래시 맵핑과 같은 논리적 필기법을 익히고 이를 일상의 업무에 날마다 활용해야 한다. 이는 곧 창의적인 사고력을 키우고 창의적인 인재가 되는 지름길임을 이해하고 실행하는 것이다.
이 모든 것이 스스로의 선택에 달려 있다.

PART 3

마인드프로세싱

마인드프로세싱과 발상의 전환

중국(中國)을 중심으로 보면 일개 오랑캐에 불과했던 몽골은 '칭기즈칸'이라는 불세출의 영웅을 만나면서 거의 전 세계를 정복하는 세기적 바람을 일으켰다. 중국과 같은 세련된 문화는커녕 떠돌이 유목생활이나 하던 그들이 세계를 정복한 힘은 어디서 나온 것일까? 그동안 수백 수천 가지 논문과 연구가 있었지만, 나는 그중에서도 특히 몽골군의 '번개 진격'에 주목하고 싶다. 번개 진격은 문자 그대로 상상할 수 없이 빠른 속도로 적의 심장부까지 치고 들어온다는 뜻에서 붙여진 이름이다.

몽골의 말이 우수하기는 하지만, 적의 말보다 몇 배씩 빠를 수는 없는 일. 게다가 적군이 짐작도 하지 못할 새로운 루트를 개척한 것도 아니다. 몽골의 '번개 진격'이 가능했던 것은 순전히 '발상의 전환' 덕분이었다.

일단 어떤 지역을 공격하기로 결정이 되면, 몽골군은 아무도 태우지 않고, 아무것도 싣지 않은 말을 수백, 수천 마리씩 이끌고 먼저 출발을 해서 중간 지점에 대기한다. 그 뒤를 이어 무장한 기병대가 전속력으로 질주를 시작하는 것이다. 몇 시간 혹은 며칠 뒤쯤 중간 지점에 도착한 무장 기병대는 지칠 대로 지친 말에서 내려 그동안 푹 쉬고 있었던 새로운 말로 갈아타고 다시 진군을 하는 것이다. 이런 방식으로 중간 지점을 설정해서 달리니, 적들의 입장에서는 상상도 할 수 없는 시간에 중무장 기병대의 공격을 받게 되는 것이다.

마치 콜럼부스의 달걀처럼, 알고 보면 아무것도 아닌 것 같은 이런 발상의 전환을 업무에 적용하는 것이 바로 이 장에서 설명하고자 하는 마인드프로세싱의 핵심이다.

우리나라는 세계 그 어떤 나라보다 열성적이고 철저한 교육 시스템을 갖추고 있다. 따라서 초중고 정규과정을 마친 사람이라면 일을 잘하기 위한 기본 준비를 다 갖추었다고 할 수 있다. 그럼에도 불구하고 고교를 졸업한 대부분의 학생들은 '대학'에 가기 위해 거의 목숨을 걸다시피 한다. 그리고 대학과 기업이 요구하는 스펙을 갖추고 사회에 나오지만 취업 이외의 길을 스스로 찾아 나서기에는 역부족이다.

어디 그뿐인가? 재벌 그룹을 비롯한 대부분의 회사들이 첨단 장비와 솔루션을 도입했지만, 업무 생산성은 수십 년째 그대로다. '그룹웨어'를 도입하고 몇 년이 지나도 '동일한 보고서'를 작성하는 데 걸리는 시간이나 내용, 품질은 전혀 달라지지 않는다. 심지어 대부분의 업무를 컴퓨터로 처리하는 직장인들조차 창의적인 아이디어의 기록은 메모장 같은 것에 의존한다.

문명의 도구를 다투어 도입하지만 일을 해 나가는 절차와 사고방식은 쉽게 변하지 않는다. 몽골군의 시각으로 보면, 말을 자동차로 바꿨을 뿐 날마다 천 리 길을 내처 달리기만 하는 비효율적인 전략이다.

마인드프레세싱과 함께 업무에 대한 패러다임만 바꾸면 당신의 업무능력은 남들이 상상하지도 못할 만큼 빠른 속도로 향상될 것이다. 성공을 향해 달리는 당신의 발걸음 역시. 필요한 것은 단 하나다. '일'을 '프로젝트'로 바라보는 것, 즉 인식의 전환이다.

글로벌 시대에 필요한 핵심역량을 설명하기 위해 지금까지 두뇌의 특성, 창의적인 사고, 창의적인 필기법에 관해 살펴보았다. 이 장에서는 몽골군의 번개 진격처럼 창의적인 사고와 필기, 시각적 사고와 소통, 그리고 실천적 사고와 일정 관리를 동시에 해 나가는 디지털 시대의 전천후 업무방식, 마인드프로세싱에 대해 소개하고자 한다.

Chapter ❶

마인드프로세서
ThinkWise

마인드프로세싱은 서양의 코스 요리가 아니라 우리의 전통 비빔밥처럼 생각하고, 표현하고, 소통하고, 실행하는 모든 것을 잘 섞어서 한 번에 해치우는 것과 같다.

– 정영교

업무의 번개 진격! 마인드프로세싱

PC의 등장과 함께 타자기가 사라지고 그 자리는 워드프로세서가 차지했다. 즉 PC에 탑재된 워드프로세서의 최초 용도는 매우 빠른 속도로 문장을 작성하는 '신종 타자기' 정도였다. 하지만 20년이 흐른 지금 워드프로세서는 혼자 글을 쓰고 편집까지 해서 자서전을 전자출판할 수 있을 정도로 보편적인 도구가 되었다. 이제는 초등학생도 워드를 사용해서 숙제를 한다. 그렇다 모든 것은 변한다.

당연한 듯 여겨졌던 책상 위의 커다란 모니터가 어느 순간 모두 LCD로 바뀌었듯이 업무의 내용과 처리방식도 끊임없이 바뀐다. 누구나 알고 있는, 이미 검증된 방식을 따라 하는 것만으로는 이제 변화의 속도를 따라갈 수 없다. 글로벌 경쟁력 확보를 위해서는 새로운 변화를 '먼저' 시도해야만 한다.

잠시 어느 회사의 영업전략회의 장면을 상상해 보자. 회의를 제대로 하려면 회의를 주관하는 사람은 다음과 같은 많은 것에 신경 쓰게 된다.

- 회의 기획
- 자료조사와 수집
- 회의 공지
- 회의 진행
- 회의록 작성
- 결과 보고 및 공유

이 과정에서 회의 주관자는 여러 개의 문서를 작성하고 주고받을 것이다. 참석자 역시 회의와 관련된 문서를 다 읽고 숙지한 상태로 회의에 들어가기도 쉽지 않다. 또, 회의 도중에는 각자 메모하는 것 외에 별다른 도구나 방법이 없는 경우도 많다. 회의 도중에 쏟아져 나오는 번득이는 아이디어를 워드나 파워포인트로 실시간 정리하는 것은 거의 불가능하다. 뿐만 아니라 회의록 작성은 당연히 회의가 끝난 뒤 누군가 별도 작업을 하는 것이 당연시 된다. 날마다 거의 모든 회사에서 열리는 '회의'의 효율성은 조직에 따라 엄청난 차이를 보인다.

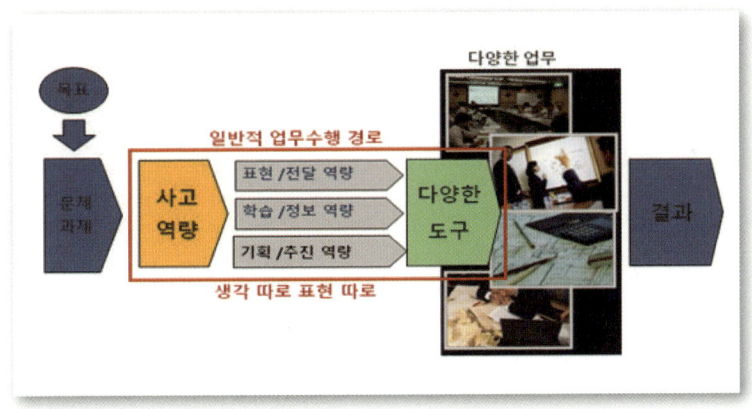

잘 생각해 보면 회의뿐만 아니라 여러 가지 다른 업무에서도 지금까지 우리가 해 온 처리방식에 근본적인 문제가 있음을 알 수 있다.

대부분의 직장인들은 중요한 생각을 머릿속에 담아 두거나 메모로 적어 두었다가 어느 정도 숙성이 된 뒤에야 비로소 SW도구를 사용하여 문서화한다. 즉 발상과 문서화가 '따로국밥'이다. 지식과 정보의 시대에는 창의적인 사고 능력이 핵심역량이라는 사실을 잘 알고 있으면서도, 창의적 사고 과정과 표현 도구의 사용을 독립적인 별개의 절차와 능력으로 인식하고 있기 때문이다. 다시 말해 다양한 도구를 잘 사용하는 것 자체를 중요한 능력으로 생각하고, 이러한 도구를 마스터하는 것을 핵심역량의 개발이라고 착각하는 것이다.

사고 과정과 문서화 과정을 순차적으로 진행할 때 발생하는 손실은 회의만이 아니라 여러 분야에서 막대하다. 생각 따로 표현 따로인 이런 문제점을 보완할 방법은 없을까?

해답은 간단하다. 시각적 맵핑을 사용하여 창의적 사고를 담아내는 동시에 문서화가 자동으로 이루어진다면, 불필요하고 불합리한 업무 처리 절차를 걸어 내고 개인과 조직의 역량을 창의적 사고에 집중시킬 수 있게 된다. 이것이 바로 업무의 번개 진격을 가능하게 하는 힘, 마인드프로세싱이다.

마인드프로세싱이란 모든 일을 목표와 일정을 갖는 프로젝트로 생각하고 사고력과 실행력을 극대화하는 새로운 개념의 업무처리 방식이다. 즉 창의적 사고와 필기, 시각적 사고와 소통 그리고 실천적 사고와 일정관리를 한 개의 도구로 동시에 입체적으로 진행하는 새로운 업무처리 방식이다.

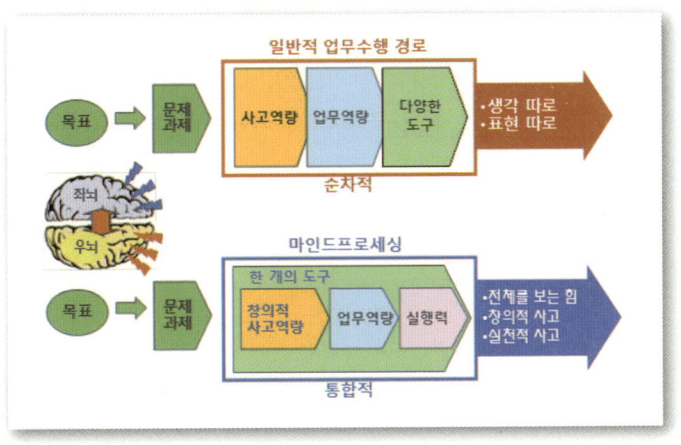

목표와 일정이 있는 모든 프로젝트에 마인드프로세싱을 적용하면 된다. 다음과 같은 효과를 얻게 된다.

- 시각적 사고를 통해 우뇌를 자극하여 창의적 사고능력이 향상된다.
- 전체를 보는 습관과 능력이 개발된다.
- 창의적인 아이디어를 업무에 즉시 반영할 수 있다.
- 불필요한 형식과 절차를 줄이고 목표에 집중함으로써 비용을 줄이고 가치를 극대화할 수 있다.
- 모든 업무를 '절차와 도구'라는 독립된 작업에서 '창의적인 문제 해결 프로세스'라는 통합적 관점으로 바라보게 된다.
- 창의적인 사고와 표현능력이 경쟁력의 핵심임을 깨닫게 된다.
- 일에 대한 자신감이 높아지고 일을 즐기게 된다.
- 개인과 조직을 목표 지향적으로 변화시킨다.
- 개인의 경쟁력이 조직의 경쟁력으로 수렴된다.

이와 같은 마인드프로세싱의 효과를 한마디로 정리한다면, 글로벌 경쟁 시대가 요구하는 프로젝트 능력(PQ)의 향상이다. 조직의 구성원은 일 잘하는 사람의 특징을 갖추어 나가게 되고, 개인의 경쟁력이 곧 조직의 목표를 향해 수렴되는 조직문화를 만들게 되는 것이다.

이제 마인드프로세싱과 함께 우리도 번개 진격에 나서 보자.

마인드프로세서 ThinkWise

첨단 정보화 시대를 살고 있지만, 우리는 아직도 뭔가 생각이 떠오를 때는 종이에 메모하는 걸 편하게 생각한다. 워드프로세서를 열어 놓고 타자를 치듯이 메모를 해 나가는 건 쉽지 않다. 왜일까? 이유는 간단하다. 타자기의 대체물로 탄생한 워드프로세서는 '준비된 단어'를 나열하는 도구일 뿐 '무순서'에다 '다차원적으로' 전개되는 인간의 창의적인 사고활동을 표현하기에 적합한 도구가 아니기 때문이다.

일 잘하는 사람, 능력 있는 사람, 성공하는 사람이 되기 위해서는 창의적이며 혁신적인 사고력을 현실에서 발휘할 수 있어야 한다. 그러기 위해서는 일상생활 속에서 다양한 생각과 정보와 상황을 쉽고 빠르게 표현하고 전달할 수 있는 새로운 도구가 필요하다.

1997년, ㈜심테크시스템이 두뇌의 창의적 특성을 기반으로 한 디지털 마인드맵 도구로 개발한 ThinkWise는 업무의 다양한 속성과 수렴적 사고기법을 반영하며 진화해 왔다. 특히 세계 최초로 맵 문서를 오피스 문서로 전환할 수 있도록 한 것은 디지털 마인드맵이 시각적 사고라는 일상 업무의 영역으로 진입하는 획기적인 계기를 만든 것으로 평가된다.

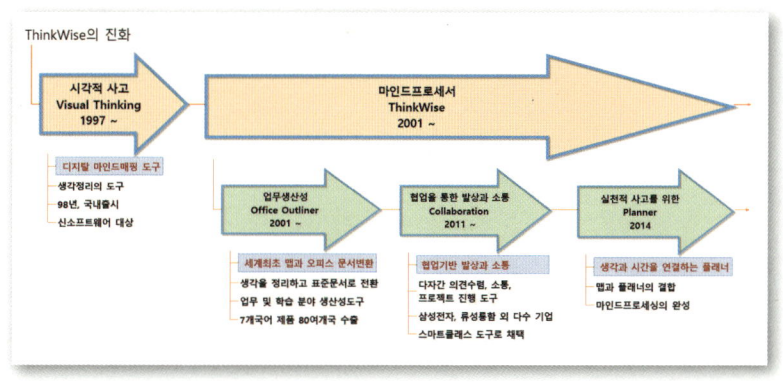

ThinkWise는 회의와 기획, 발표, 학습 등 일상 업무에서 지금까지 사용해 온 기존 도구들과는 전혀 다른 존재다. 특히 자유로운 발상을 시각적으로 전개하고 창의적인 아이디어가 다양한 업무 결과에 자연스럽고 신속하게 반영되도록 해 준다는 점에서 기존의 소프트웨어와는 차원이 다르다. 말하자면 ThinkWise는 창의력과 혁신이 중요시되는 지식과 정보의 시대에 꼭 필요한 '생각의 도구'이며, 새로운 방식으로 일할 수 있도록 만들어 주는 마인드프로세싱 도구이다.

ThinkWise는 새로운 생각을 떠올리고 업무에 반영하는 것을 스트레스가 아니라 잠재된 능력을 표출하는 즐거운 기회로 변화시킨다. 뿐만 아니라 일 잘하는 사람들의 세 가지 특성 즉, 전체를 보는 힘, 창의적인 사고, 시각화 능력을 스스로 계발하고 발휘할 수 있도록 해 주는 혁신적인 효과를 제공한다.

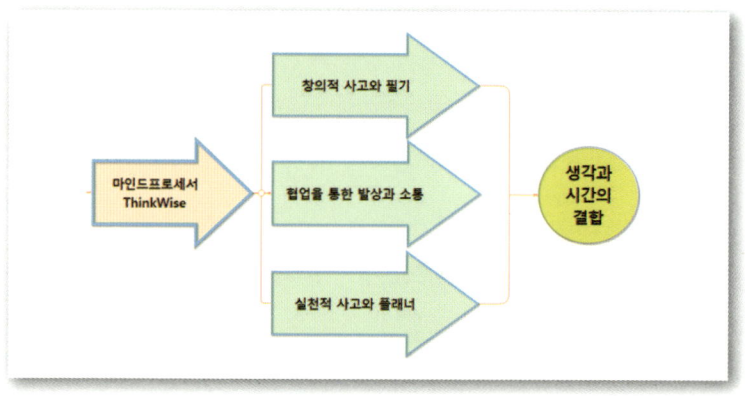

'마인드프로세싱'이라는 새로운 방식으로 일할 수 있도록 해 주는 도구, 창의적 발상을 실제로 실행할 수 있도록 도와주는 디지털 시대의 전천후 업무도구인 ThinkWise의 핵심 기능은 다음과 같이 요약할 수 있다.

1) 생각과 시간이라는 일상생활의 가장 중요한 자원을 발상과 실행이라는 축으로 확장하여 시너지를 극대화시킨다.
2) 각각의 프로젝트에 대해 나의 시간과 나의 생각을 조감적으로 바라보게 함으로써 목표 달성과 문제 해결에 적극적 태도를 갖게 한다.
3) 일상에서 발생하는 작은 일과 아이디어를 단순히 기록하는 차원을 넘어, 조감적 사고를 통해 창의적 발상을 가능케 하고 새로운 목표를 발견하게 한다.
4) 인터넷과 클라우드 기반의 협업은 팀원들이 쉽게 아이디어와 일정, 자료를 취합하고 공유하게 함으로써 커뮤니케이션 효율과 업무 생산성을 높인다.
5) 여러 개의 프로젝트를 자신의 플래너에 연결하여 관리하게 함으로써 일상의 크고 작은 모든 일을 프로젝트 관점에서 생각하게 한다.
6) 일상의 다양한 아이디어를 기록할 수 있고, 일의 전체를 조감적으로 맵핑함으로써 귀납적 사고와 연역적 사고, 좌뇌적 사고와 우뇌적 사고를 동시에 가능하게 한다.
7) 작은 일과 순간의 아이디어가 프로젝트 전체에 미치는 상대적 의미와 가치를 깨닫게 함으로써 선택과 집중을 도와준다.

ThinkWise는 다음의 세 개의 화면으로 구성되어 있으며 화면 상단의 화면 버튼을 통해 각각의 화면에서 다른 화면으로 자유롭게 이동할 수 있다.

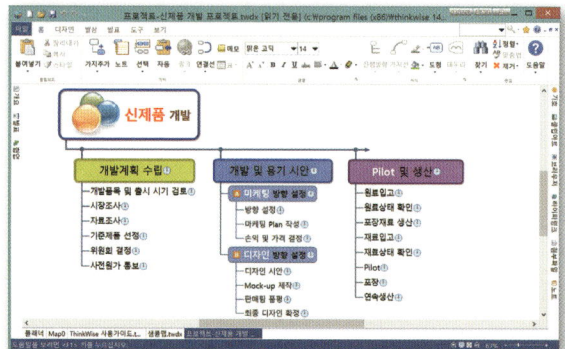

자유로운 발상을 시각적으로 맵핑할 수 있는 맵핑 화면.

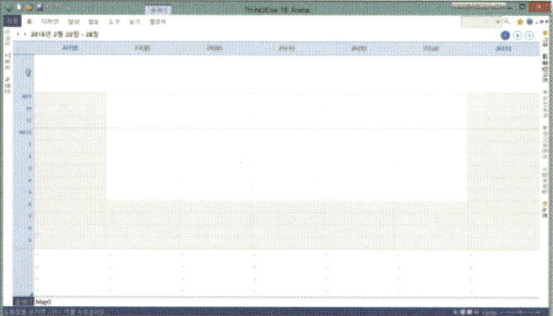

일정을 세우고 일상의 중요한 메모를 하기 위한 캘린더 화면.

목표와 정보를 관리할 수 있는 대시보드 화면.

모바일 맵

지금까지 설명한 PC용 ThinkWise와 함께 ThinkWise 모바일 앱을 활용하면 시너지를 올릴 수 있다. 모바일용 ThinkWise는 크게 두 가지 화면으로 구성된다. 일정이 표시되는 캘린더 화면과 맵을 작성할 수 있는 맵 화면이다.

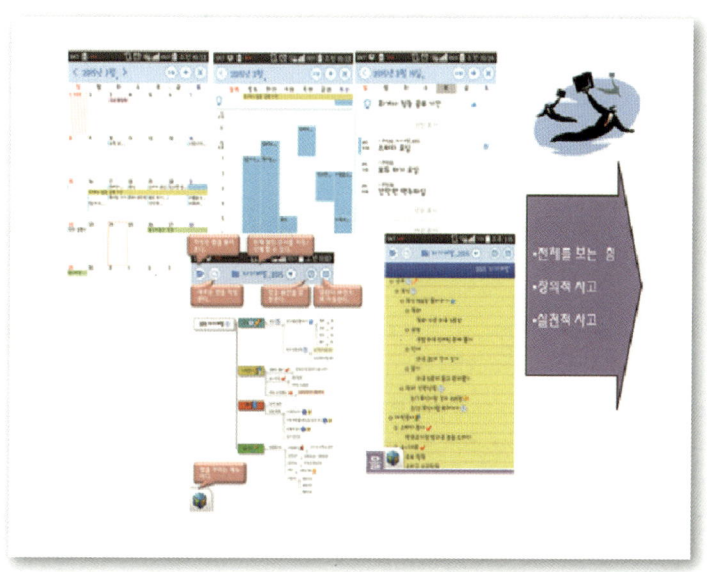

▣ 캘린더 화면

ThinkWise에서 사용 중인 일, 주, 월 일정을 확인하고, 수정하거나 추가할 수 있다.

▣ 맵 화면

PC에서 추가한 프로젝트 맵은 모바일 맵 화면에서도 열어 보거나 편집이 가능하다. 또한 PC용 ThinkWise에서 개설한 협업이나 초대받은 협업에도 참여할 수 있다. 모바일 앱의 가장 큰 장점은 장소와 시간에 구애받지 않는다는 점이다. 엘리베이터나 지하철을 기다리는 등의 짧은 시간에도 일정을 확인하고 연결된 프로젝트 맵을 열어 보거나 생각나는 아이디어를 기록할 수 있다.

이제 마인드프로세서 ThinkWise의 핵심 기능을 상세히 살펴보면서 그동안 '도구의 한계' 때문에 상상할 수 없었던 여러 가지 획기적인 업무 활용법을 살펴보자.

 ThinkWise를 시작한 것은…

나는 대기업의 스카우트 제의도 마다한 채 '시뮬레이션'을 내 천직이라 생각하고 귀국 후에도 시뮬레이션 사업에 몰두했다. 그러던 어느 날 '정리되지 않은 생각과 정보를 정리하는 데 사용할 좋은 도구가 없을까?' 하는 고민을 하게 되었다. 그때만 해도 나는 주로 엑셀 프로그램을 이용해서 자료를 정리해 왔다. 글을 쓸 수도 있고, 계산도 할 수 있고, 도형을 이용해서 시각적인 보고서를 만들기도 편했기 때문이었다. 하지만 복잡한 문제를 분석하면서 떠오르는 이런저런 생각들을 정리하는 데에는 2퍼센트 부족한 느낌이 들었다.

비록 잡다한 생각들이긴 했지만, 이렇게 떠오른 '오만 가지 생각'들이 비상한 아이디어로 바뀔 수도 있다는 것을 잘 알고 있었기 때문에 메모 형식으로라도 어디엔가 적어 두고 싶었지만 엑셀에는 그런 기능을 기대하기 어려웠던 것이다.

그러던 어느 날 문득 1990년대 초반에 몇 번 접한 적이 있는 마인드맵에 생각이 미쳤다. 순간순간 떠오르는 아이디어들을 정리하기에 딱이라는 생각이 들었던 것이다.

그날 이후 6개월에 걸쳐 마인드맵 관련 자료와 제품을 검토했다. 그리고 나처럼 오만 가지 생각을 깊고 넓게 하면서 남이 보지 못하는 것을 찾아내는 사람에게는 정말 좋은 도구라는 결론을 내렸다. 하지만 당시 시장에 나와 있던 소프트웨어 제품들은 고작 손으로 그리는 맵을 컴퓨터에서 흉내 내는 수준에 불과했다. 한마디로 마인드맵의 가치를 제대로 구현한 제품이 없었다.

이처럼 검토에는 오랜 시간이 걸렸지만, '내 스스로 제품을 개발해야 되겠다' 하는 결론은 의외로 간단하게 내려졌다. 제대로 된 마인드맵 제품을 개발해서 내가 하는 일에만 써먹어도 성공이고, 나아가 주변의 친구들 자녀가 공부하는 데 도움이 된다면 그것만으로도 대성공이라고 확신했다.

이처럼 내 결심은 확고했지만 주변 사람들과 직원들의 반응은 정반대였다. '돈 주고 사지는 않을 것이다' '글쎄, 그런 게 필요할 것 같지는 않다' 등등. 하지만 나는 실망하지 않고 시제품 개발에 착수했고, 허접하나마 ThinkWise의 첫 버전을 만들어 냈다. 애초에 생각했던 사양의 절반도 구현을 해내지 못했지만, 사람들은 내가 사용하는 것을 보면서 긍정적인 반응을 보이기 시작했다. 결국 1997년 12월, 교육용 소프트웨어 전시회에서 선을 보였고, 본업과는 동떨어진 ThinkWise 제품의 개발과 판매라는 새로운 일거리가 내게 주어졌다.

ThinkWise가 첫선을 보인 교육용 소프트웨어 전시회에서 잊지 못할 한 가지 에피소드가 있었다. 당시 우리나라에는 마인드맵과 유사한 '생각그물'이라는 연상사고법을 초등학교에서 가르쳤다. 그래서 전시장을 찾은 교사들이 지리맵 말고 세계사 맵은 팔지 않느냐고 묻는 것이었다.

그때나 지금이나 마인드맵의 진정한 효과는 스스로 맵핑을 해야만 얻을 수 있다는 것을 사람들에게 이해시키기가 쉽지 않다. 그러나 공부 잘하는 사람, 일 잘하는 사람, 재규어 보이 마이크처럼 문제를 잘 푸는 사람들에게는 굳이 설명하지 않아도 그 효과가 바로 전달된다. 뿐만 아니라 이런 사람들이 ThinkWise를 활용하면 그 효과는 더욱 배가된다.

나는 이처럼 전체를 바라보면서 깊고 넓게 생각하는 능력을 가진 사람들을 만들어 내는 창의적이고 논리적인 사고력의 개발에 ThinkWise가 중요한 역할을 할 수 있다는 확신을 가지고 험하고도 먼 제품 개발의 길을 걷기 시작했다.

Chapter ❷

발상의
시각화

맵핑의 결과인 맵은 '생각의 지문'과 같다.

– 정영교

확산적 사고의 맵핑

  연못에 돌을 던지면 동심원이 퍼져 나가듯이, 비탈에서 눈덩이를 굴리면 바위처럼 커지듯이 우리의 생각도 일단 시작되면 머릿속에서 꼬리에 꼬리를 물고 연결되면서 확장되어 나가는 속성을 가지고 있다. 예를 들어 "고향의 형님이 급히 연락해 달라"는 메세지를 갑자기 전달받으면, 우리는 즉시 "무슨 일일까?" 하는 궁금증과 함께 여러 가지 생각이 순식간에 꼬리를 물고 떠오르는 경

험을 하게 된다. 우리의 두뇌는 이미 저장되어 있던 다른 정보와 결합하여 확산적으로 생각을 전개하는 과정에서 처음에는 생각하지 못했던 더 크고 강한 새로운 생각을 만들어 내는 시너지 효과를 발생시킨다.

ThinkWise는 꼬리에 꼬리를 물고 이어지는 생각과 사고의 시너지 효과를 컴퓨터 상에서 극대화시켜 주는 '생각정리'의 도구이다.

아래 화면은 생각을 자유롭게 떠올리며 시각화하는 맵핑 화면이다. 생각을 글로 서술하는 것이 아니라 핵심어를 사용하여 시각적으로 구조화하는 모습이 보일 것이다. 브레인스토밍이나 프로젝트 기획, 업무 또는 학습에 관련된 자료 정리와 관리, 논문, 보고서 등의 글쓰기를 위한 생각정리를 이 화면에서 하게 된다.

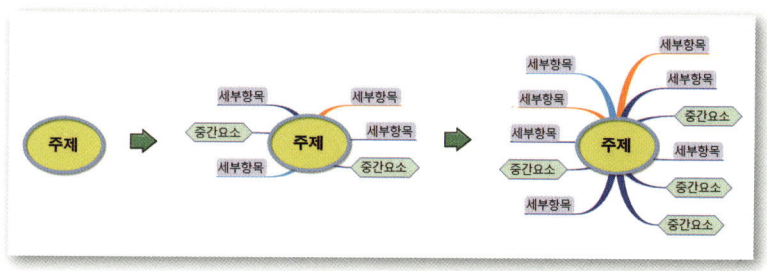

정해진 주제에 대해 편안한 마음으로 생각하기 시작하면 여러 가지 아이디어가 떠오르기 시작한다. 아이디어가 분류되고 정리되어 한 개의 생각의 지도가 완성되어 가는 과정은 자신의 잠재력을 확인하는 즐거운 과정이 된다. 이제 그 과정을 살펴보자.

1) 주제를 입력하고 편안한 마음으로 주제에 대해 상상한다.
2) 떠오르는 생각을 핵심어로 빠르게 입력한다.

3) 이미 나온 아이디어로부터 연상하여 새로운 생각으로 확대한다.
4) 아이디어를 결합하여 새로운 아이디어를 생각해 낸다.
5) 공통점과 상하관계를 살피면서 전체를 분류할 기준을 정한다.
6) 분류 기준에 따라 아이디어를 마우스로 끌어서 재배치한다.

마인드맵과 콘셉트 맵의 결합으로 논리 흐름 표현

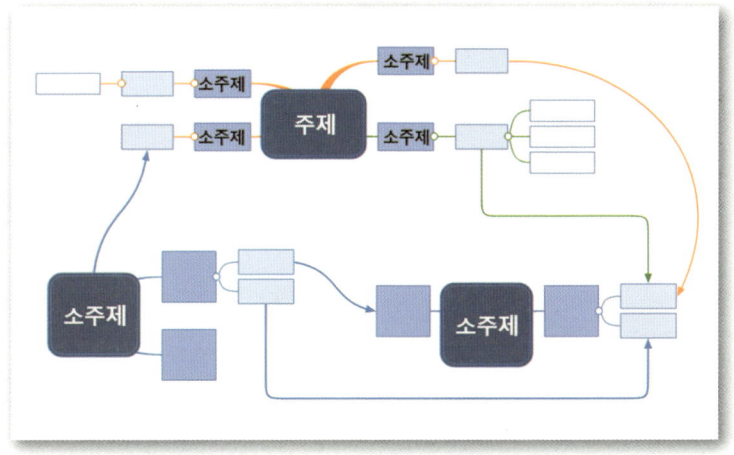

생각을 확산적으로 펼치면서 계층구조 형태로 기록하는 마인드맵은 두서없이 떠오르는 생각을 빠르게 기록하는 데에는 매우 효과적이지만 생각의 전후관계나 논리의 흐름을 묘사하는 데는 한계가 있다. 반면에 네트워크 구조인 콘셉트 맵은 여러 가지 생각과 개념 사이의 관계와 논리흐름을 자유롭게 표현하는 데 매우 탁월하다.

우뇌의 상상력과 좌뇌의 논리력이 결합할 때 두뇌의 창의적인 발상능력이 가장 활성화된다는 사실에 비춰 볼 때, 우뇌의 확산적 사고특성을 반영한 마인드맵과 좌뇌의 논리적 흐름을 반영한 콘셉트 맵은 창의적인 사고를 위해 상호 보완적인 표현방식이라 할 수 있다. 예를 들어 전국의 주요 역사 명소를 마인드맵으로 정리하거나, 삼국시대를 공부하면서 중요 사건과 인물의 상관관계나 논리적인 흐름을 콘셉트 맵으로 작성한다면 이해와 암기에 탁월한 효과를 얻을 수 있을 것이다.

ThinkWise는 마인드맵의 확산적인 특성과 콘셉트 맵의 논리적인 표현 특성을 동시에 제공한다. 순간적으로 떠오르는 생각들을 확산적으로 시각화하고 자유자재로 재배치할 수 있도록 해 주는 동시에 도출된 아이디어 사이의 상관관계와 논리의 흐름 등을 화살선으로 연결하거나 가지의 전개 방향을 자유자재로 변경함으로써 전체적 생각의 논리적 흐름을 쉽게 표현할 수 있도록 해 준다. 예를 들어 다음의 그림처럼 술을 마실 때 알코올이 흡수되면서 일으키는 단계적 반응에 관한 기사내용을 콘셉트 맵으로 그려 보면 개념의 흐름을 매우 효과적으로 이해할 수 있다.

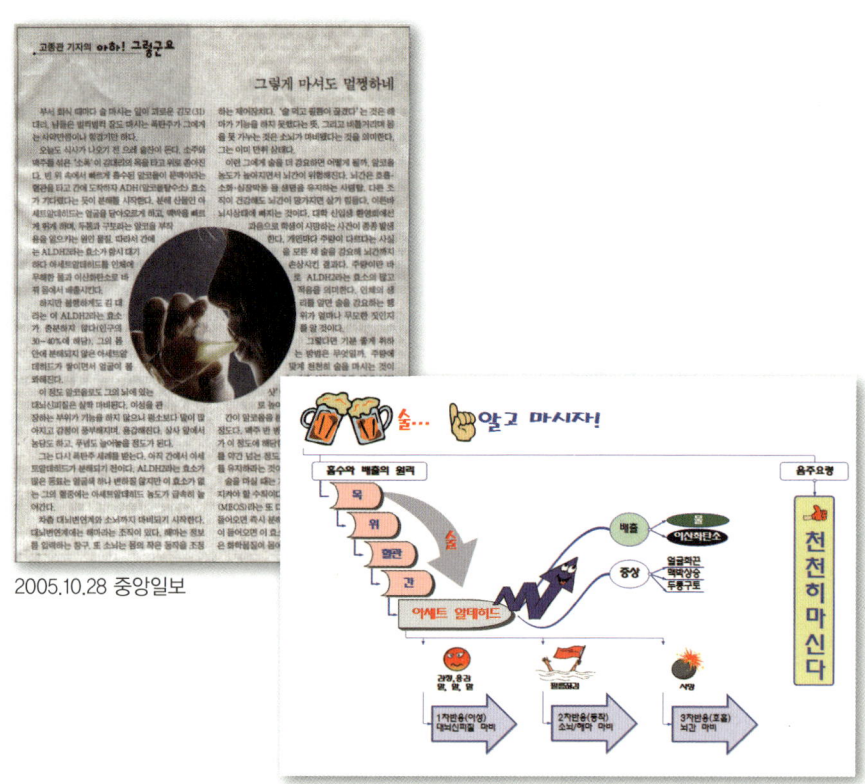

2005.10.28 중앙일보

다양한 문서 변환을 자유자재로

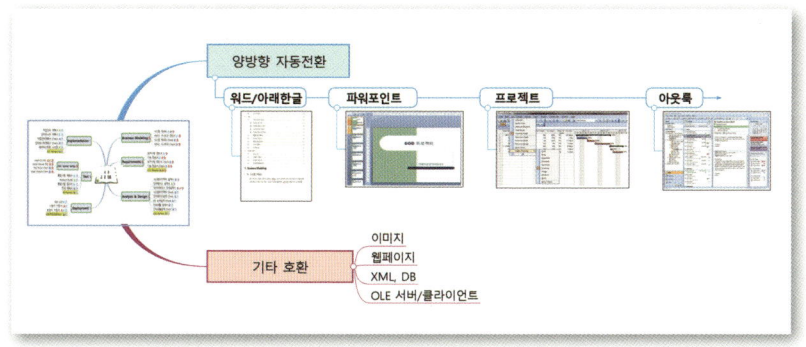

마인드프로세서의 가장 중요한 역할은 창의적인 아이디어를 시각화하고 워드, 아래아한글, 파워포인트와 같은 다양한 형태의 일반 문서로 자동변환함으로써 창의적인 생각이 업무에 즉시 반영되도록 해 주는 것이다. 떠오르는 생각을 핵심어로 적어 넣고 이리저리 마우스로 옮기면서 구조화하면 자동으로 워드나 파워포인트 문서로 전환되는 것이다. 역으로 각종 오피스 문서를 읽어 들여 맵으로 변환시킴으로써 복잡한 구조를 시각적으로 파악할 수도 있다. (아래아한글, 정음글로벌 포함)

이런 기능을 활용하면 논문이나 보고서, 기획서를 작성할 때 전체 구도와 흐름을 머릿속으로만 생각해야 하는 고통을 획기적으로 줄일 수 있다.

워드나 아래아한글, 파워포인트와 이외에도 다음과 같은 다양한 문서의 변환 기능을 제공한다.

- 일정계획 기능이 내장되어 있어 아웃룩 및 프로젝트 문서로 내보내거나 읽어 들인다.
- 맵을 이미지와 HTML문서로 저장할 수 있다. 특히 하이퍼링크 내용이 유지되므로 웹사이트의 기획과 사이트 맵의 작성에 매우 유용하다.

- 다양한 형식의 이미지로 저장할 수 있다.
- XML 형식으로 저장하거나 읽어 들일 수 있어 다른 DB 프로그램과 데이터 교환이 가능하다. 이러한 기능은 DB 프로그램상의 복잡한 검색 결과를 시각적이며 직관적인 맵의 형태로 표시하는 데 광범위하게 사용된다.

맵핑 방향도 내 맘대로

맵핑 방향은 업무의 속성에 따라 선택적으로 사용하거나 조합하여 사용할 수 있다.

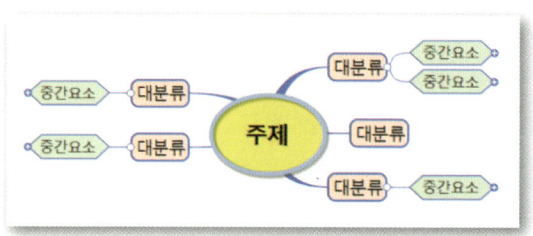

글자가 가지 위에 배치되고 굵은 가지의 연결선이 강하게 느껴지는 전형적인 마인드맵 스타일.

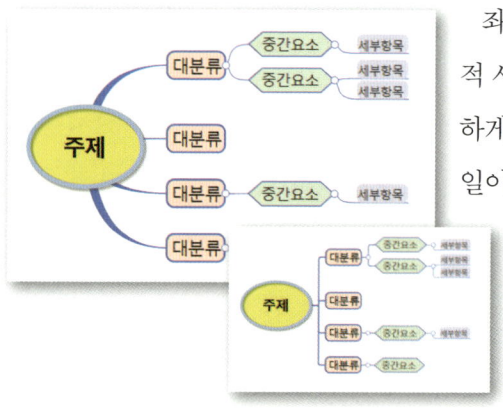

좌에서 우로 전개한 형태다. 좌뇌적 사고와 필기에 익숙한 사람이 편하게 느끼는, 가독성이 훌륭한 스타일이다. 선의 모양을 직각으로 하여 더욱 좌뇌적인 느낌을 연출하면 맵에 익숙하지 않은 사람의 거부감도 줄일 수 있다.

위에서 아래로 조직도처럼 정리한 스타일로, 아이디어의 상하 계층관계를 명확히 표현해 준다.

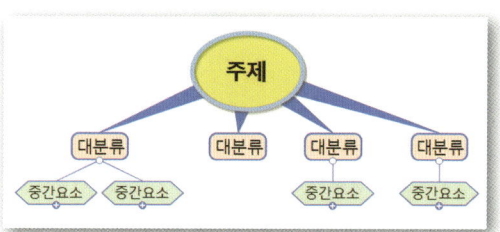

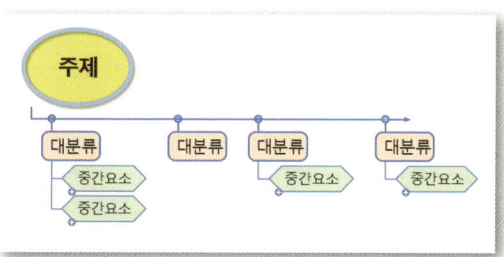

좌에서 우로 순차적으로 나열하면서 다시 세부적인 사항을 아래로 전개할 수 있는 스타일. 시간의 흐름 또는 순서의 개념이 매우 직관적으로 표현되어 프로세스 개념을 표현하기에 좋다.

일반적인 트리 구조와 프로세스 형태를 조합한 스타일. 여러 개의 프로세스를 독립적으로 표현하면서 비교할 때 편리하다.

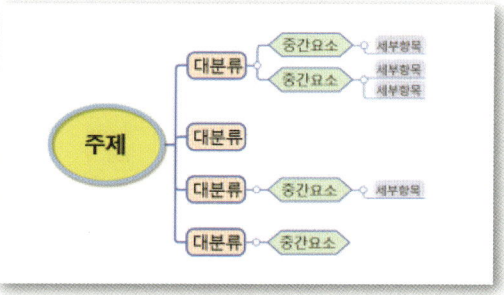

Chapter ❸

발상과
실행의 연결

실천적 사고와 플래너

구슬이 서 말이라도 꿰어야 보배가 된다. 아무리 훌륭한 기획과 계획이라도 제대로 실행하지 않으면 아무런 가치도 기대할 수 없다. 일반적으로 '기획'과 '실행'은 서로 다른 능력과 도구를 필요로 한다. 그럼에도 우리는 지금까지 기획된 내용을 실행하는 과정을 플래너와 메모장에 의존해 왔다.

이제 우리는 디지털 맵핑을 통해 생각과 문서화를 동시에 할 수 있음을 알게 되었다. 그렇다면 맵핑을 통해 이루어지는 창의적 사고를 일상의 활동과 일정에 연결함으로써 실행력을 강화할 방법은 없을까? 생각하고, 문서화하고, 실행하는 것을 연결할 수만 있다면 그야말로 몽골군의 번개 진격처럼 프로젝트를 하는 것이 가능해질 것이다.

다이어리는 본래 일상활동의 '기록'을 위해 만들어진 도구이다. 그리고 현재와 미래 일정을 계획하고 관리하는 도구, 즉 플래너로 진화되었다. 여기서 한 걸음 더 나아가 많은 사람들이 일정을 조직화하는 데 공통적으로 사용할 수 있는 양식을 개발하여 상업적으로 판매하기 시작한 것이 오늘날 우리가 흔히 접하는 시스템 다이어리다.

1990년대, 시스템 다이어리가 한창 유행일 때는 수많은 직장인들이 자신의 비전과 목표, 사명 선언서와 연간계획표 등 자신의 모든 것을 가능한 한 빼곡히 기록하여 분신처럼 끼고 다녔다. 심지어 중요하다 싶은 자료는 따로 출력해서 바인더처럼 추가하다 보니 거의 도시락만 한 플래너를 들고 다니는 사람도 있었다.

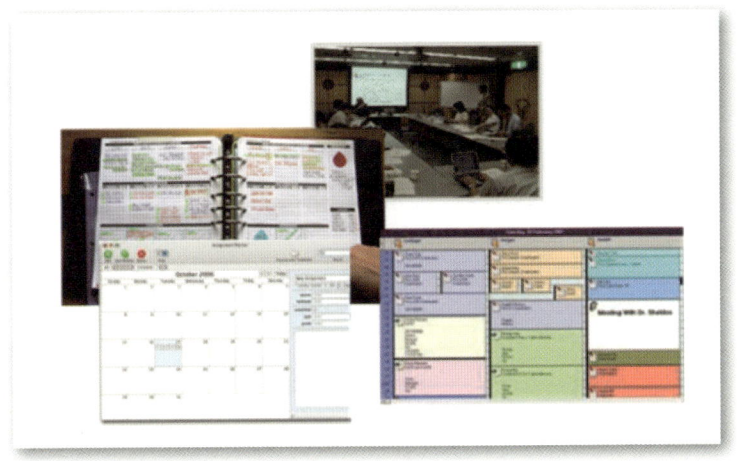

시스템 다이어리를 열심히 사용하는 사람들의 공통점은 시간을 최대한 효율적으로 사용하겠다는 의지이다. 지금도 연말연시가 되면 고급 가죽에 금장을 두른 고가의 플래너가 가득한 매장과 플래너 활용서 코너에 수많은 사람들이 북적거린다.

이렇게 플래너를 새로 산 사람들은 먼저 플래너 사용법부터 공부한다. 그리고 활용서나 강사가 알려 준 대로 깨알같이 플래너를 채워 나간다. 이대로만 하면 '성공하는 사람들의 7가지 습관'쯤은 곧 마스터할 것 같다. 그런데, 뭔가 허전하다.

프로그램 형태로 만들어진 플래너도 상황은 비슷하다. 결국 오래지 않아 시스템 다이어리에 대해 가졌던 막연한 믿음과 기대는 무너지고 만다. 무엇이 문제일까?

첫 번째 문제는 플래너 제작사가 모든 사람에게 공통적으로 적용될 수 있는 최적의 양식을 제공할 수 없다는 점이다. 양식은 양식일 뿐이다. 조금 거칠게 예를 들자면, 선택에 따라 중학생이 대학생용 플래너를 사용하는 것과 같은 상황이 발생할 수도 있게 된다. 이 때문에 플래너를 고를 때부터 자신에게 맞는 것인가를 놓고 적지 않은 고민을 하게 되는 것이다. 최선의 방법은 나이와 직업, 직책, 취미, 성향 등을 고려해서 각자 자신에게 맞는 플래너를 직접 디자인해서 사용하는 것이다. 초등학교 시절의 생활계획표나 시간표를 만든 기억을 되살려 자신만의 플래너를 디자인하는 것이다.

두 번째 문제는 기록이라는 플래너의 태생적 한계다. 일상생활 속에서는 여러 가지 일이 동시에 복합적으로 발생한다. 기존의 플래너는 다양한 생각과 일정을 시간의 흐름에 따라 기록하기에는 좋지만 이처럼 동시다발적으로 진행되는 수많은 일에 대해 '전체'와 '세부'를 동시에 연역과 귀납적으로 조망하는 도구가 될 수는 없다. 결국 많은 것을 빼곡히 적기는 하지만 일을 마무리하는 데 필요한 조감적 사고에는 큰 도움이 되지 못한다. 그나마 프로그램 형식의 플래너를 사용하면 일정과 메모에 특별한 태그를 달아 둠으로써 나중에 태그별로 정리된 목록을 따로 모아서 볼 수 있다. 그러나 이 경우에도 프로젝트를 구성하는 수많은 일정과 메모의 계층구조적인 상관관계를 파악하는 것은 불가능하다.

세 번째 문제는, 시스템 다이어리는 세계적으로 성공한 사람의 경험과 최고의 전문적 지식을 토대로 제작된 것이지만 그 양식에 내용을 채워 넣는 것만으로는 그들의 경험과 지식이 내 것이 되기 어렵다는 사실이다. 특히 이 부분에서는 국가별 생활방식과 의식수준의 차이도 무시할 수 없다. 자칫 나에게 맞지 않는 옷을 입은 것과 같은 이질감이 발생할 수 있다. 따라서 나만의 절차와 방법을 통해 일의 본질을 스스로 깨닫는 과정이 없으면 값비싼 금장 플래너도 결국 언젠가 싫증이 날 액세서리에 불과한 것이다.

이제 발상과 실행을 위해 ThinkWise가 제공하는 플래너를 살펴보자.

'나'를 중심으로 펼쳐지는 대시보드 화면

대시보드 화면은 '세상의 중심에 내가 있다. 따라서 내가 하고 있는 모든 일과 이에 관련된 정보는 나를 중심으로 관리되어야 한다'는 것을 전제로 만들어져 있다. 플래너를 실행하면 가장 먼저 열리는 대시보드 화면은 이처럼 나를 중심으로 지금까지 해 온 일과 앞으로 할 일, 그리고 주로 사용하는 프로그램과 정보를 효율적으로 접근하게 해 준다.

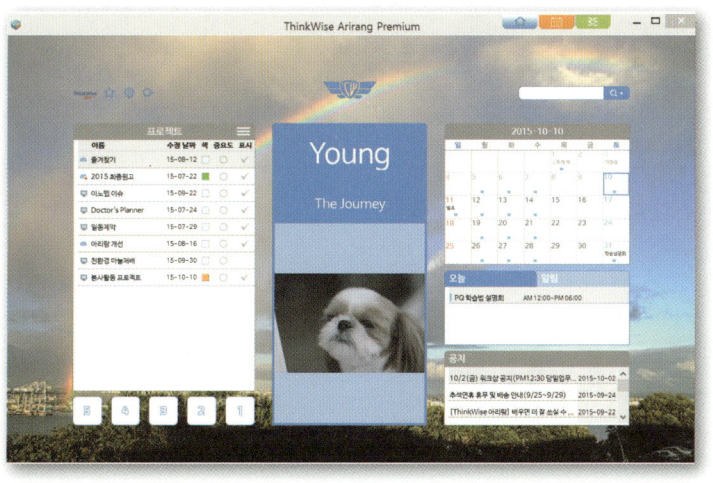

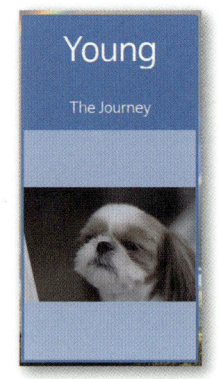
대시보드 화면의 중심에는 자신의 이름과 소속, 목표, 좌우명, 성공 이미지와 같은 나의 '현재 정보'를 표시한다. 자신의 비전/목표/꿈을 상징하는 성공 이미지를 지정하면 대시보드의 중앙에 항상 나타나게 할 수 있다.

뿐만 아니라 이렇게 표시된 성공의 이미지에 자신의 업무나 생활계획을 요약해 놓은 마스터 맵(또는 특정 url)을 연결할 수도 있다. 이렇게 해 두면 성공의 이미지를 클릭하는 순간 자신의 마스터 맵(또는 특정 url)이 바로 열리게 된다.

대시보드 화면의 왼쪽과 오른쪽에는 과거와 미래에 대한 정보가 표시된다. 왼쪽에는 현재 진행 중인 프로젝트를 등록해 두고 열어 볼 수 있는데, 이는 곧 ThinkWise의 가장 특징적인 개념이라고 할 수 있다.

예를 들어 현재까지 진행해 온 복잡하고 중요한 특정 프로젝트의 전체 내용(WBS)과 구체적인 일정을 맵으로 만들어 이곳에 프로젝트로 등록하는 것이다. 자신의 컴퓨터에 저장된 로컬 맵, 클라우드에 저장된 맵 또는 협업 중인 맵도 프로젝트로 플래너에 등록할 수 있다. 프로젝트 이름의 왼쪽에 있는 기호를 보면 로컬 맵인지, 클라우드에 있는 맵인지, 협업으로 공유한 맵인지 알 수 있다.

프로젝트 목록의 하단에는 자주 사용하는 응용 프로그램이나 url을 단추로 설정해 두고 바로 실행시킬 수 있다. 예시 화면에는 Drop Box라는 클라우드 저장 아이콘이

등록되어 있다.

대시보드 화면의 오른쪽에는 미래와 관련된 정보 즉 캘린더, 오늘 할 일과 알림, 그리고 공지 사항이 표시된다.

맨 위에 있는 캘린더에는 날짜별로 작은 사각형 점들이 표시되는데, 사각형의 색상에 따라 전일 일정, 약속, 메모 유무를 시각적으로 알 수 있다.

그 아래 있는 '오늘'이라는 탭에는 오늘 날짜에 기록된 모든 약속이 표시되고, 이를 누르는 순간 해당 캘린더 주간화면이 열린다. '알림' 탭에는 오늘 날짜에 알림을 설정해 둔 일정 항목이 표시된다.

맨 아래 있는 '공지' 탭에는 내가 소속된 조직의 공지사항이 표시되고, 이를 선택하면 해당 공지사항의 웹페이지가 브라우저에 열리게 된다.

대시보드가 열린 상태에서 아무런 작업이 진행되지 않으면 사용자가 정해 둔 일정 시간이 지난 후 자동으로 모든 메뉴가 사라지고 사용자가 지정한 배경 이미지가 마치 바탕화면처럼 표시된다. 그리고 마우스를 움직이는 순간 메뉴는 다시 나타난다.

내 맘대로 정리하는 플래너 화면

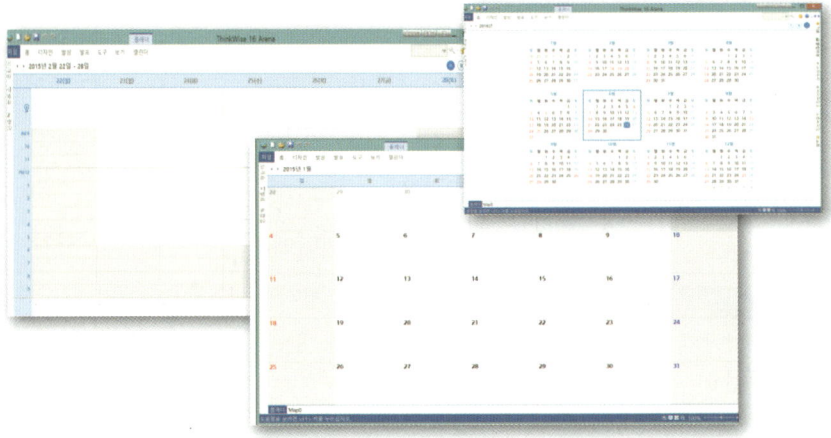

　마인드프로세서 ThinkWise의 플래너 화면은 날짜별 상세 화면이 없다는 점을 빼면 일반적인 플래너와 기본적인 개념과 기능이 동일하다. 주간, 월간, 연간 캘린더 세 개의 화면으로 구성되어 있으며, 실질적인 일정 편집과 관리는 주간 캘린더 화면에서 하도록 되어 있다.

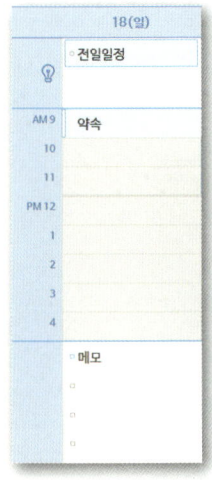

　주간 화면에서 요일별로 전일 일정, 약속, 그리고 그 날짜와 관련된 메모를 할 수 있다. 전일 일정은 예를 들어 운동회나 출국처럼 글자 그대로 하루 종일 신경 써야 하는 중요한 일정을 뜻한다.

　이렇게 입력한 항목은 마우스로 끌어서 위치를 변동할 수 있다. 즉 전일 일정을 약속으로, 약속을 전일 일정으로, 또는 메모를 약속으로 자유롭게 변경할 수 있다.

　약속을 입력할 수 있는 영역은 하루 24시간으로 구성되어 있고, 자신만의 주간 활동 시간대도 지정할 수 있다.

예를 들어 오전 9시~오후 6시를 주간 활동 시간으로 지정하면 오후 6시부터 오전 9시까지와 주말은 바탕색이 회색으로 처리되어 표시된다.

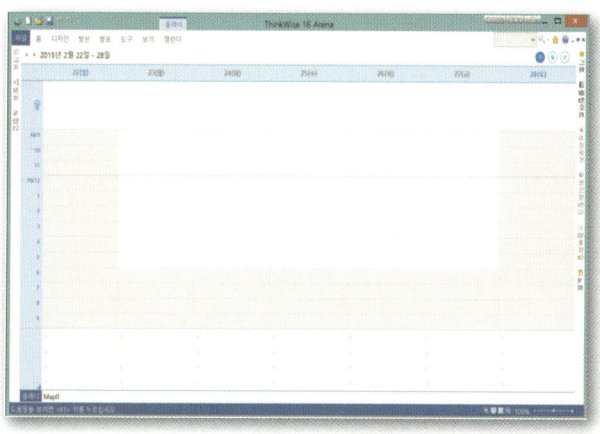

프로젝트와 실시간 연동되는 캘린더

대시보드에 등록한 프로젝트 맵이 캘린더상의 일정과 서로 연결되어 동작하는 것이 ThinkWise 플래너의 가장 핵심적인 개념이다.

예를 들어, 연간 봉사활동을 프로젝트로 추진하기 위해 그림과 같은 맵을 만들었다고 가정하자. 가장 먼저 할 일은 이 맵을 대시보드 화면에서 프로젝트로 등록하는 것이다. 일단 프로젝트로 등록하면 필요할 때 언제든지 대시보드 프로젝트 목록에서 바로 열어 볼 수 있다.

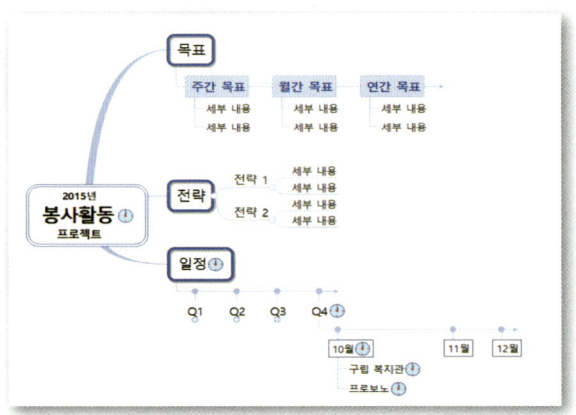

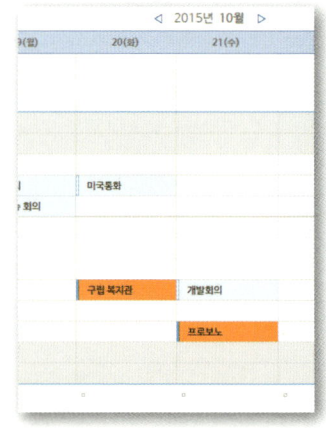

다음 그림에서 알 수 있듯이, 봉사활동 계획 맵에 구립복지관과 프로보노라는 내용을 날짜와 함께 입력하면 구립복지관과 프로보노 관련 일정이 캘린더상의 해당 날짜에 자동으로 표시된다.

캘린더를 이와 역으로 사용하는 것도 가능하다. 예를 들어 일요일 오후 3시에 ABC고아원에서 봉사활동을 할 예정이라면 주간 캘린더에서 해당 요일(날짜)과 시간을 선택하고 'ABC고아원'을 입력하면 된다. 그리고 이와 관련해서 미리 챙길 확인 사항이 있다면 일요일 메모란에 적는다. 메모란은 글자 그대로 요일별로 아이디어를 기록하는 곳이다.

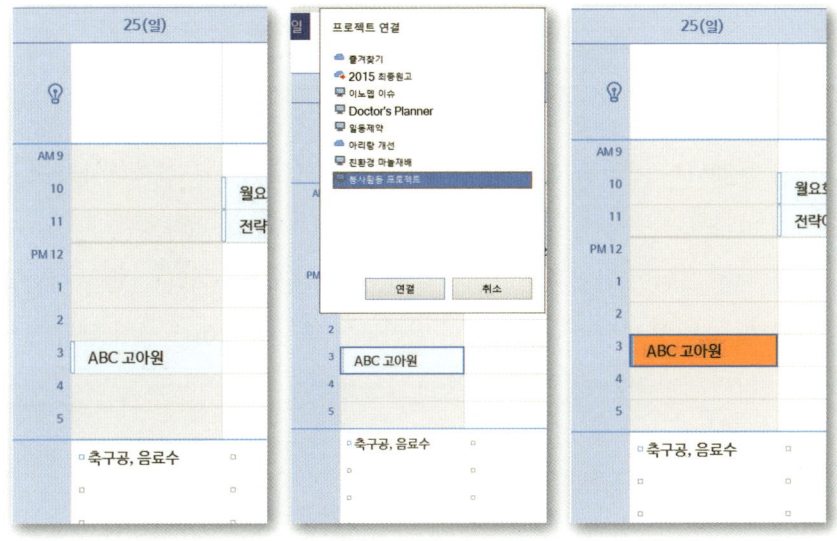

이제 'ABC고아원'을 선택하고 '봉사활동'이라는 프로젝트에 연결하면 'ABC고아원'이 봉사활동 프로젝트 맵에 자동으로 추가된다. 봉사활동 프로젝트의 색상을 오렌지로 설정해 두었다면 그림과 같이 오렌지 배경색으로 화면에 나타난다.

뿐만 아니라 주간일정 화면에 입력한 내용을 보면서 봉사활동 전체 내용이 기록된 맵을 열어 볼 수도 있다. 즉 전체와 세부를 넘나들며 접근할 수 있는 것이다. 캘린더상에서 이 일정을 삭제하거나 속성을 변경하면 자동으로 맵에 반영된다.

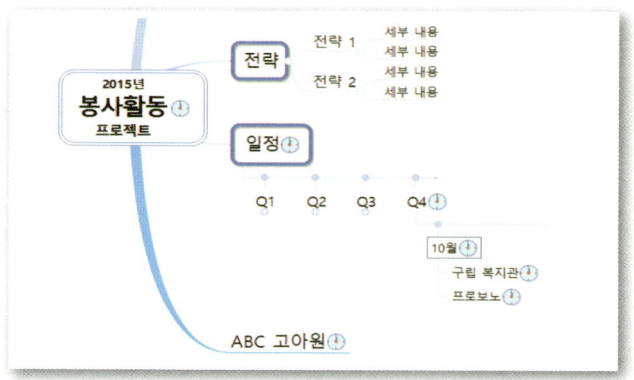

　맵과 플래너의 이러한 연결 덕분에 봉사활동 프로젝트를 시각적이고 조감적으로 바라보는 동시에 세부적인 일정도 관리할 수 있게 된다.
　또한 여러 사람이 참여하는 프로젝트의 경우, 봉사활동이라는 맵을 협업으로 개설한 다음 프로젝트로 등록하면 팀원들이 작성한 모든 일정이 팀원 전체의 플래너에 공유되는 획기적인 소통이 가능해진다.

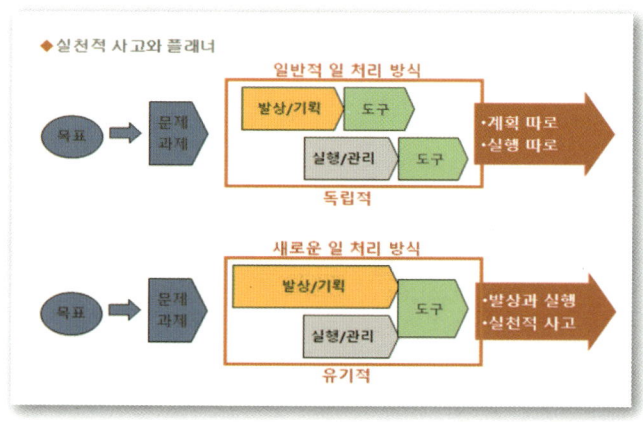

　이처럼 마인드프로세서는 발상과 실행이라는 프로젝트의 핵심적인 두 요소를 상호 연결하여 생각할 수 있게 해 준다. 즉, 조감적 사고를 통한 연역적 접

근과 실행을 통한 귀납적 접근을 동전의 양면처럼 연결해 준다는 점에서 시스템 다이어리와는 비교할 수 없는 가치를 제공하는 것이다.

 세상에 하나밖에 없는 특별함, 나만의 플래너

'필요는 발명의 어머니다'라는 말이 있다. 그러나 필요를 느끼면서도 정작 실행에 옮기는 사람은 많지 않다.

나는 지난 25년간 플래너를 직접 디자인해서 사용해 오고 있다. 마음에 쏙 드는 양식이 없어서였다. 그동안 대략 5년 주기로 양식과 디자인을 바꾸어 왔는데, 맨 처음에는 엑셀로 양식을 만들어서 프린터로 출력한 다음 직접 제단하고 천공까지 해서 사용했다. 그 이후에는 '비지오'라는 프로그램으로 양식을 그려서 인쇄소에 맡겼다. 10만 원 정도면 10년 이상 쓸 수 있는 넉넉한 양을 만들 수 있다. 시스템 다이어리처럼 해가 바뀔 때마다 속지를 새로 사거나 쓰지 않은 속지를 버릴 필요도 없다. 인쇄한 속지는 필요한 사람에게 나눠 주기도 좋다.

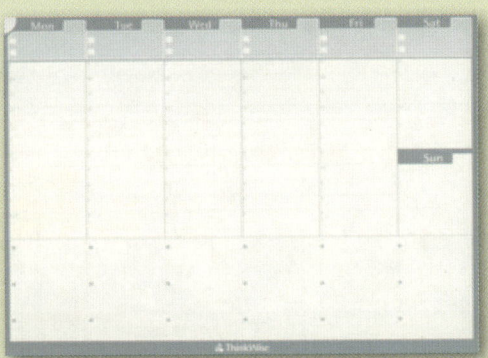

내가 만든 플래너는 모든 일정을 주간화면 중심으로 관리하게 되어 있다. 날짜 없이 인쇄된 양식이라, 한 번에 석 달치 정도의 빈 속지에 달과 날짜를 적어 넣는다. 빈 속지를 플래너에 꽂아 넣고, 앞으로 다가올 날짜를 직접 써 넣을 때면 비로소 그

날들이 내게 주어진다는 생각이 들곤 한다.

어쨌든 나의 플래너는 나에게는 특별하다. 나만의 로고와 내가 좋아하는 글귀를 원하는 위치에 새겨 넣고, 최고급 종이에, 내가 좋아하는 색상으로 인쇄한, 전 세계에 단 한 사람만을 위해 존재하는 플래너이기 때문이다.

때로는 플래너의 속지를 교체하면서 지난 몇 달을 되돌아보기도 한다. 그때마다 느끼는 것은 시작과 끝맺음이 부족하고, 중간 과정을 꼼꼼히 챙기지 못했다는 아쉬움이다.

1997년부터는 직접 개발한 맵핑 프로그램 ThinkWise를 나만의 플래너와 병행해서 사용하기 시작했다. 이미 여러 차례 설명한 대로 ThinkWise를 활용해서 복잡한 생각을 시각적으로 구조화하면 일의 전체 구도를 한눈에 이해하고 빠짐없이 검토하는 것이 쉽다. 그래서 나는 새로운 일을 시작하거나 생각을 정리할 때, 때로는 일을 더욱 꼼꼼히 진행

하기 위해서 시각적 맵핑도구를 사용했다. 반면에 일상의 계획과 메모는 나만의 종이 플래너에 기록했다.

그런데, 언젠가부터 일상의 계획과 메모를 좀 더 적극적으로 활용하는 방법과 일상의 아이디어를 효과적으로 맵에 모으는 방법을 고민하기 시작

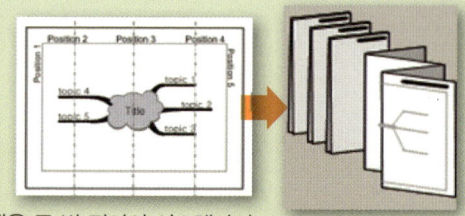

했다. 2003년에는 A4 크기의 맵을 두 번 접어서 시스템다이어리나 셔츠 주머니에 넣을 수 있도록 출력하는 기능을 만들었다. 그리고 2005년에는 수시로 떠오르는 아이디어를 놓치지 않고 언제 어디서나 메모하기 위해 주머니

에 넣고 다닐 수 있는 메모패드를 제작했다. 맵을 메모패드 사이즈로 출력하는 인쇄 기능도 만들어 넣었다. 이런 작업은 모두 '맵'과 '플래너'의 장점을 연결하면 어떨까 하는 생각을 구체적으로 실행에 옮긴 것이었다. 말하자면 디지털과 아날로그를 하나로 모아 보자는 시도였던 셈이다.

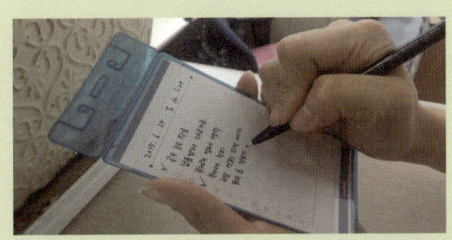

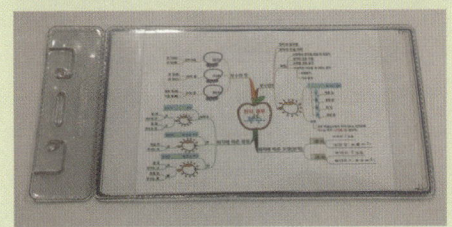

그러나 시각적 맵핑은 주로 기획 단계에서만 사용하고, 프로젝트 진행 단계의 일상활동은 대부분 다이어리와 메모장에 의존할 수밖에 없었다. 과연 시각적인 맵핑의 효과를 일상 활동에 활용하기 위해 플래너에 연결할 방법은 없는 것일까?

나는 이런 고민에 대한 구체적인 아이디어를 얻기 위해 청계천에서 플래너 부품 철물을 구해서 몇 가지 플래너를 직접 만들어 보기까지 했다. 하지만 디지털과 아날로그라는 두 가지 도구를 연결할 방법을 찾을 수 없었다.

LCD가 보편화되기 전까지만 해도 컴퓨터 좀 쓴다는 사람의 책상에는 으레 뜨거운 열기를 뿜어내는 사과궤짝만 한 모니터가 한 대씩 놓여 있었다. 그때까지 대부분의 사람들은 기획과 실행에 각각 다른 도구를 사용하는 것을 불평하지 않았듯이, 조그만 책상을 몽땅 차지하고 있는 모니터에 대해서도 아무런 불만이 없었다. 그러다 LCD가 보급이 되기 시작하자 당연한 듯 받아들였다. 누군가는 지구가 둥글다는 사실을 밝히기 위해 목숨을 걸었건만 마치 아무 일도 없었던 것처럼 '원래 지구는 둥근 것'으로 받아들인 것과 같다.

모바일은 기본이고 웨어러블 하드웨어까지 눈앞에 다가온 지금, 연필에 지우개를 붙여 필기도구의 혁명을 일으켰던 것처럼 나는 발상의 전환을 통해 시스템 다이어리라는 도구를 한 단계 업그레이드할 때가 왔다고 생각했다.

새로운 플래너에 대한 실마리는 스마트폰과 태블릿 PC가 보급되는 순간에 떠올랐다. 종이로 만들어진 플래너의 아날로그적 감성과 첨단 장치가 제공하는 디지털의 장점을 결합하면 시각적 사고를 플래너와 연결할 수 있다고 확신했던 것이다.
아이디어가 아무리 많아도 주어진 시간이 없거나, 시간이 많아도 이루고자 하는 목표가 없다면 새로운 도구에 아무런 관심이 없을 것이다. 비록 내게 주어진 시간이 많지는 않았지만, 나는 '뚜렷한 목표'가 있었기에 도전을 했고, 마침내 ThinkWise를 기반으로 하는 플래너의 개발에 성공했다. 이렇게 하여 ThinkWise 기반 플래너는 우리가 알고 있는 시각적 사고와 조감적 사고, 창의적 사고를 가능케 하는 디지털 맵핑과 기존의 일정관리 방법을 연결한 세계 최초의 도구이며, 아이디어를 실행하여 가치로 연결하고자 하는 사람을 위한 도구로 탄생했다.

기존의 플래너가 기록을 통해 시간을 관리하는 도구였다면, ThinkWise 플래너는 기획을 통해 시간을 집행하는 차세대 플래너라고 할 수 있다. 또한 ThinkWise 플래너는 지식정보화 시대, 소통과 공유의 시대에 모든 사람이 프로젝트라는 새로운 관점에서 일을 바라보게 하는 터닝 포인트를 제공할 것이며, 우리 사회의 경쟁력을 한 차원 업그레이드하는 콜럼버스의 달걀이 될 것이다.

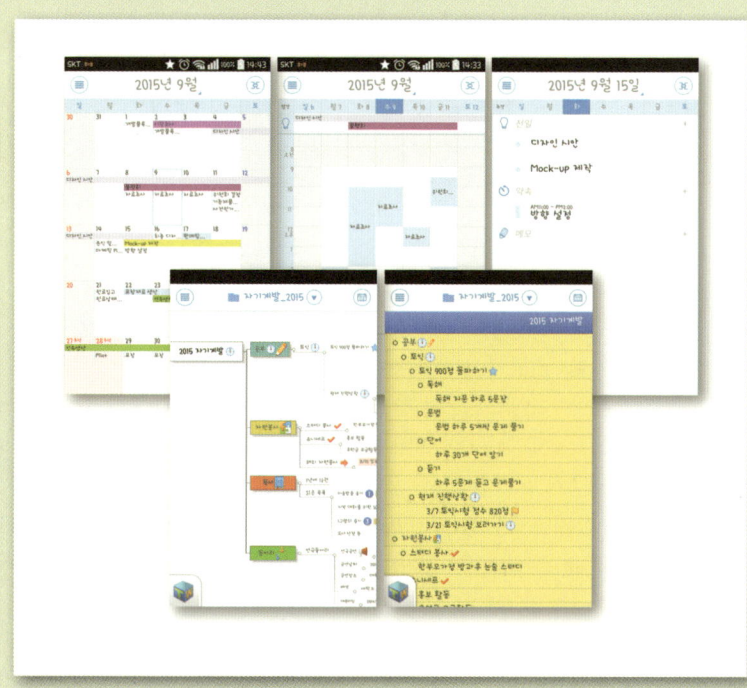

Chapter ❹

시각적 사고 테크닉

생각의 구조화

지금까지 수차례에 걸쳐 프로젝트란 '일정과 목표가 있는 모든 일'임을 강조했다.

프로젝트는 목표와 일정이 명확하기 때문에 어느 단계에선가 문제가 발생하기 마련이다. 이를 해결하기 위해 필요한 것이 바로 창의적 아이디어 발상 능력 또는 문제 해결 능력이다. 이미 주어진 상황을 있는 그대로 받아들이기만 하는 것이 아니라 이를 토대로 더 발전적이고 고차원적인 어떤 아이디어를 만들어 내는 것이 바로 창의적 발상이고, 창의적 문제 해결 능력이다.

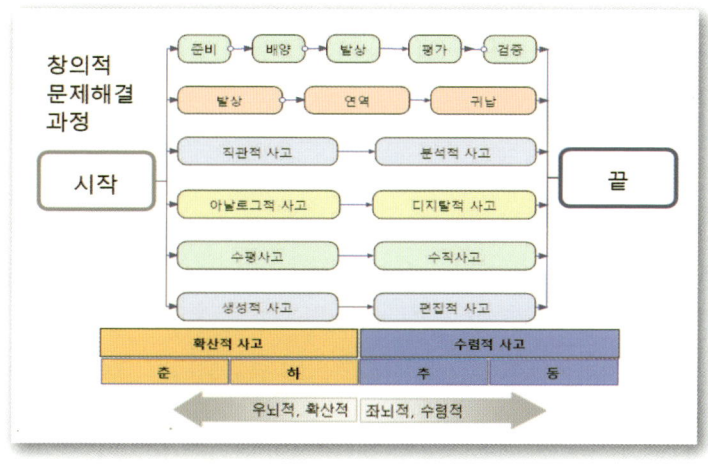

지금까지 창의적 문제 해결 프로세스에 대해 많은 연구가 이루어져 왔다. 그동안의 연구를 통해 밝혀진 다양한 개념을 정리하면 다음 그림과 같다.

이 그림을 통해 발상과 관련된 여러 가지 개념의 상호관계성을 살펴보면 시작과 끝이라는 틀 속에서 확산과 수렴이라는 기본원리를 활용하고 있다는 사실을 알 수 있다. 인간은 어떤 상황을 여러 개의 관점에서 동시에 생각할 수 있는 축복받은 능력을 갖고 있지만, 때로는 이 능력 때문에 불행을 자초하게 된다.

문제가 무엇인지 아는 것이 문제를 해결하는 가장 중요한 관건이다. 마찬가지로 어떤 대상을 구조화하고 분석하는 사고능력을 갖추는 것이 곧 일 잘하는 사람이 되는 지름길이다.

주방용 가전제품 회사에서 발생한 두 가지 상황을 통해 확산과 수렴의 속성을 알아보자.

첫 번째는 신규 사업으로 헬스기구를 생산하기로 결정하고, 새로운 판매 루트를 기획하는 상황이다. 두 번째는 서울/경기 지역에서 발굴된 10개의 업체 가운데 1개의 총판을 선택해야 하는 상황이다. 다양한 아이디어가 필요한 전자의 경우에는 확산적 사고기법이 필요하며, 여러 가지 선택을 통해 생각을 좁혀 나가야 하는 후자의 경우에는 수렴적 사고기법이 필요하다.

확산기법은 주어진 정보로부터 새로운 아이디어를 이끌어 내는 데 사용한다. 이처럼 주어진 정보로부터 새로운 아이디어를 끌어내는 것을 연상이라고 한다. 연상을 통해 나올 수 있는 새로운 아이디어는 처음의 아이디어와 반대거나, 유사하거나, 발전된 형태 등 세 가지 중의 하나다. 예를 들어 '배'라는 아이디어에 대해 자유롭게 연상을 해보자. 배의 반대 개념으로는 비행기를, 유사 개념으로는 공기부양선을, 발전된 개념으로는 잠수함을 생각해 낼 수 있을 것이다.

수렴기법은 확산적 사고를 사용하여 만들어진 아이디어를 선택하고 정리하기 위한 기법이다. 문제 해결 과정에서 발상의 다음 단계에 주로 사용한다.

수렴기법도 여러 가지가 있다. 예를 들어 화투 한 장 한 장이 각각 한 개씩의 아이디어라 하고, 이를 잘 섞은 다음 분류를 한다고 가정해 보자. 이때 만일 각각의 그림을 보면서 피나 단, 광과 같은 동질성으로 분류한다면 이는 공간적 수렴(또는 개념적 수렴)을 하는 것이다. 반면에 각각의 그림이 상징하는 시간의 개념 즉 1월, 2월, 3월 등으로 분류한다면 이는 계열적 수렴을 하는 것이 된다. 이제 ThinkWise를 활용하여 확산과 수렴적 사고로부터 창의적 아이디어를 이끌어 내는 방법을 살펴보자.

수많은 아이디어와 사건, 정보, 객체 등을 시각화할 때 필연적으로 거치는 과정이 그들의 상호 관계성을 분석하여 구조화하는 작업이다. 관계적 사고의 프레임을 이해하는 것은 맵핑이라는 시각적 사고를 위해 매우 중요한 요소가 된다.

예를 들어 가족이나 친구 등 주변의 사람을 1) 떠올려 보고 2) 목록으로 적어보자. 그런 다음 그들 모두를 어떤 기준을 가지고 3) 분류하여 계층구조적으로 표현해 보자.

1)의 단계에서는 한 사람 한 사람이 머릿속에 기억되어 있다는 사실만이 중요하다. 2)의 단계에서는 많은 사람이 어떤 순서로 기억된다는 것이 중요하다. 하지만 3)의 단계에서는 한 사람 한 사람이 어떤 상관관계로 서로 연결되어 존재한다는 것을 인식할 수 있게 된다.

정보의 상호 관계성은 크게 트리 구조와 네트워크 구조로 표현된다. 트리 구조는 계층 구조라고도 하는데, 일반적인 조직도 또는 가계도가 트리 구조의 좋은 예이다. 반면 네트워크 구조에서는 구성하는 모든 요소가 동등한 입장에서 서로 자유롭게 연결될 수 있다. 전 세계 비행기 노선 또는 통신망의 연결

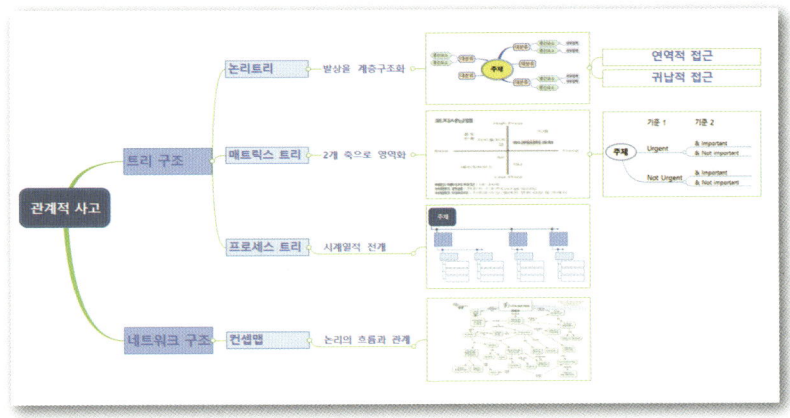

구조가 네트워크 구조의 좋은 예가 된다.

트리 형태로 맵핑하면서 진행할 수 있는 사고방법은 다시 로직 트리 사고, 매트릭스 사고, 프로세스 사고로 구분할 수 있다.

첫째 로직트리 사고는 맵핑을 할 때 정보를 계층과 계열로 분류하고 관계성

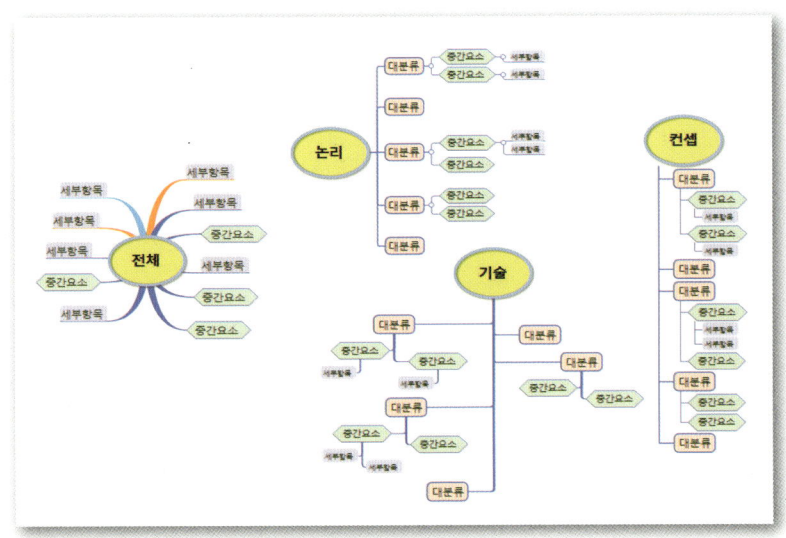

을 분석하는 것이다.

ThinkWise는 무순서 다차원적으로 떠오르는 생각을 쉽고 빠르게 시각화해 줄 뿐만 아니라 문제와 과제, 전략 및 요구사항을 구성하는 세부항목을 계층적으로 구조화하여 직관적인 분석작업이 가능케 해 준다. 이처럼 어떤 문제라도 일단 이를 구성하고 있는 세부 현상, 문제, 요인 등으로 구조적으로 분해해 나가면 최하위 레벨에서 원하는 답을 찾게 된다. 즉, 세부적인 부분에 대한 논리적 분석과 판단이 자연스럽게 단계적으로 이루어지면서 동시에 전체에 대한 분석과 이해가 가능해진다. 이처럼 문제 해결 능력은 문제를 논리적으로 분해하는 능력과 직결된다.

로직 트리, 매트릭스 트리, 프로세스 트리 등의 세 가지 방법 모두 수많은 정보를 계층과 계열이라는 관점에서 체계적으로 분류하는 것을 핵심으로 하며, 계열과 계층의 건전성이야말로 맵핑의 생명과도 같다. 아래의 그림은 계층과 계열이 비합리적으로 분류된 경우와 합리적으로 분류된 경우를 보여 준다. 계층과 계열이 잘 구조화된 맵은 창의적인 사고의 기초임을 명심하자.

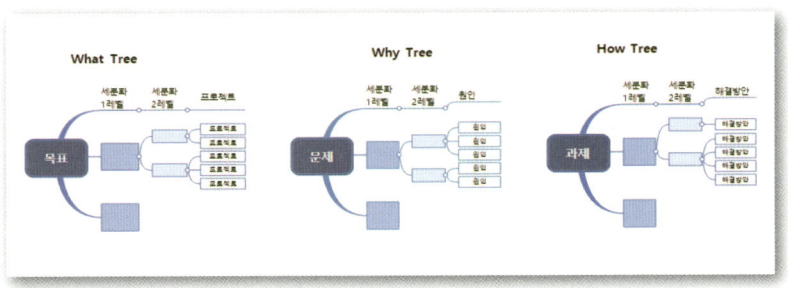

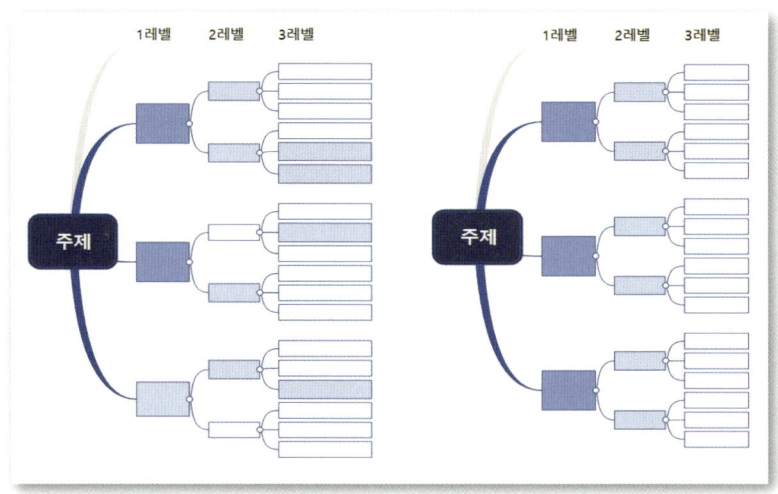

두 번째는 매트릭스 사고이다. 매트릭스 사고는 두 개의 축으로 4개의 영역을 만들고 정보를 분류하여 관계성을 분석하는 것이다. 예를 들어 해야 할 일의 목록을 만들고 이를 긴급도와 중요도의 두 개의 축으로 분류하고자 한다. 두 개의 기준을 X와 Y축으로 생각하면 1)급하고 중요한 영역 2)급하지만 중요하지 않은 영역 3)급하지 않지만 중요한 영역 4)급하지도 않고 중요하지도 않은 영역이 만들어진다.

이를 다음과 같은 맵핑으로 표현할 수 있다. 그다음 단계는 할 일을 각각의 카테고리로 이동하여 분류해 가는 것이다.

만일 분류의 축이 하나 더 늘어 내부/외부로 추가 분류를 해야 한다면 하위 가지에 새로운 분류 기준을 넣기만 하면 된다.

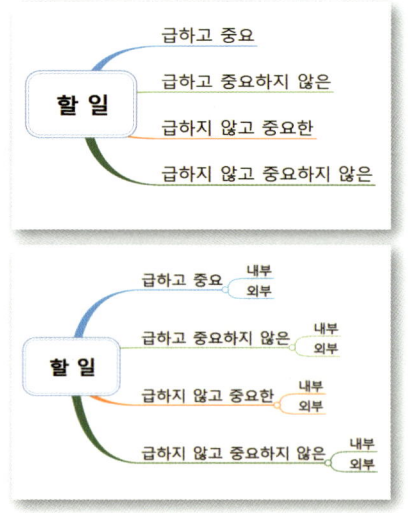

세 번째는 프로세스 트리 사고이다. 프로세스 트리란 어떤 일을 구성하고 있는 세부항목을 진행 순서를 감안하여 시계열적으로 일목요연하게 풀어 놓은 그림을 말한다. 일을 구성하고 있는 항목을 구조화하고 분석하는 능력과 함께 일이 진행될 과정을 프로세스 트리로 표현하는 능력은 계열적인 수렴적 사고로서, 프로젝트 능력의 중요한 요소이다.

ThinkWise는 무순서 다 차원적으로 떠오르는 생각을 쉽고 빠르게 시각적으로 구조화하고, 이를 시간과 순서 개념이 내포된 프로세스 트리 형태로 자동으로 전환해 주며, 각각의 세부 항목에 대해 구체적인 일정을 설정하여 일정 계획표를 자동으로 만들어 주는 기능을 제공한다.

어떤 문제나 목표에 대해 남들이 막연하게 생각만 하고 있는 동안, ThinkWise 사용자들은 일과 생각을 구조화하고 분석하여 프로세스 트리를 작성함으로써 이미 목표 달성과 문제 해결과정의 반 이상을 해낸 것과 같다.

나머지 반은 계획대로 실행하는 것이다. 그리고 이러한 훈련을 거듭하여 습관화되는 과정에서 어느새 프로젝트 개념을 토대로 일 잘하는 사람이 되어 있을 것이다.

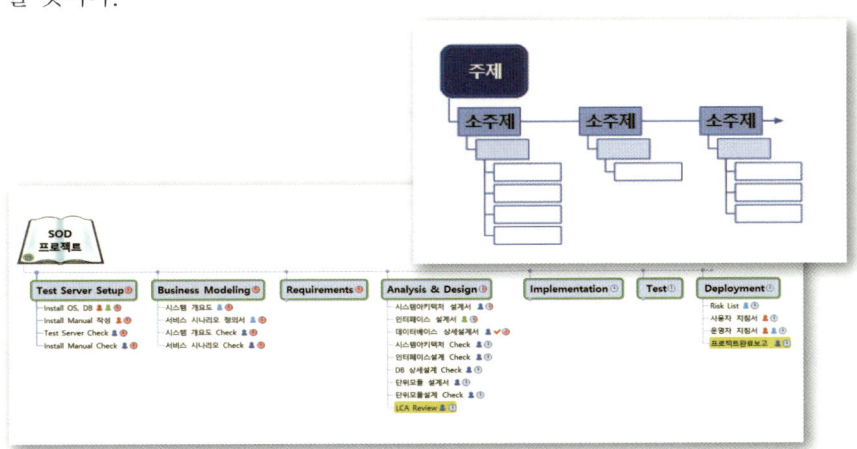

ThinkWise로 구현되는 연역적 사고와 귀납적 사고

설명에 앞서 '연역'과 '귀납'의 뜻부터 다시 한번 정리해 보자.

먼저 '연역'과 '귀납' 두 사람에게 각각 거울에 비친 자신의 얼굴을 그리게 해 보자. 연역은 먼저 자신의 얼굴 윤곽을 전체적으로 스케치한 다음 조금씩 세부적으로 묘사해 나간다. 반면 귀납은 제일 먼저 눈에 띄는 부분 또는 중요하다고 생각하는 부분, 예를 들어 눈과 코를 상세히 그리고 점차 다른 부분을 채워 나간다.

쉽게 말해서 연역법은 전체적인 윤곽에서 세부적으로 접근해 나가는 방식이고 귀납법은 부분을 통해 전체로 향해 나가는 방식이다. 그렇다면 언뜻 연역적 사고에는 ThinkWise가 맞는 것 같은데, 귀납적인 사고에는 어떻게 적용할 수 있을까? 다시 '연역'과 '귀납' 두 사람을 통해 연역적 사고와 귀납적 사고의 차이를 살펴보자.

1. 연역과 귀납 두 사람이 태국여행 계획을 세운다. 연역은 들르고 싶은 지역의 순서를 먼저 정하고, 지역별 구경거리를 검토한다. 반면에 귀납은 태국에서 가장 유명한 것들을 먼저 조사하여 목록을 만든 뒤 지역별 이동 순서를 결정한다.

2. 살 집을 설계한다. 연역은 집의 전체적인 스타일과 주요 공간을 배치한 다음 세부적인 사항을 결정한다. 반면에 귀납은 자신이 중요하게 생각하는 순서에 따라 주방을 먼저 설계한 다음 거실을 설계하고, 주방과 거실 사이를 설계하고 이렇게 점차 확대해 나가면서 전체를 완성한다.

예를 들어 하와이 단체여행을 위한 기획회의를 한다고 하자. 육하원칙처럼, 이미 알고 있는 분류기준을 사용하여 대분류부터 해 놓고 top down 방식으로 세부항목을 채워 나간다면, 이것은 연역적 접근이다. 반대로 KJ법처럼 상상에서 시작해서 무조건 아이디어를 적고 대/중/소 분류를 찾아가는 접근을 한다면 귀납이 된다.

경력이 오래되었거나 여러 가지 경험이 있는 사람이라면 연역적 접근을 우선으로 할 것이다. 하지만 이런 경우에는 새로운 아이디어를 떠올리기 어렵다는 것이 문제다. 반대로 어떤 일을 한 번도 해본 적이 없는 사람 혹은 아무도 해보지 않은 일을 하는 경우에는 오히려 상상력을 토대로 생각을 차츰 확장하면서 동시에 계층 계열화를 완성하는 귀납적 방식으로 전체를 그려 낼 수 있다.

이처럼 연역과 귀납은 상황에 따라 장단점이 있는데, 사람도 체질적으로 어느 한쪽 성향이 강하다. 따라서 우뇌와 좌뇌처럼 상호 보완적인 연역과 귀납을 적절히 선택하고 조합하여 자유자재로 구사하는 방법을 훈련할 필요가 있다.

다음 그림은 연역적 사고에 흔히 사용되는 분류체계이다.

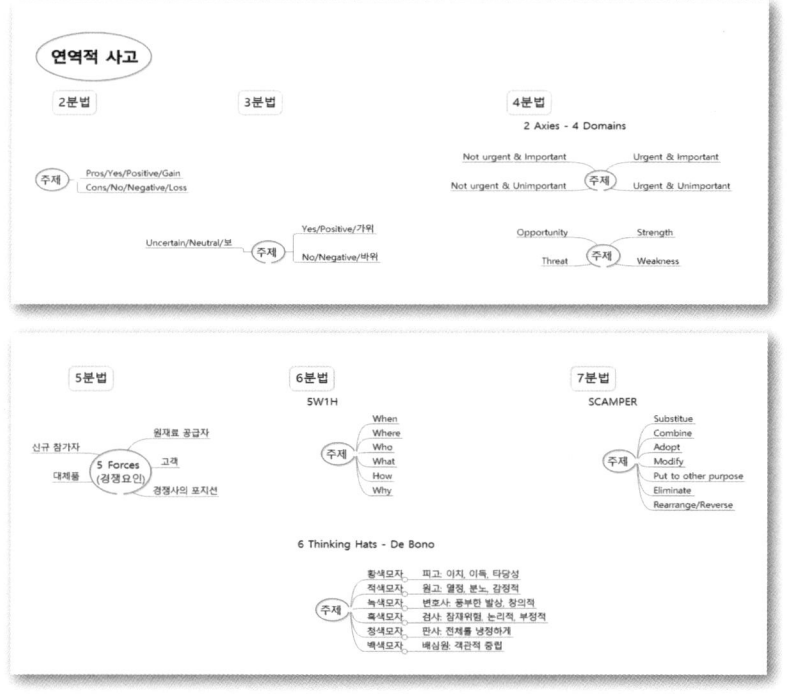

나이가 들면 자연적으로 부족한 부분이 보완되거나 강한 부분이 무뎌져 균형이 잡힌다. 하지만 나이가 든 뒤에 좀 더 일찍 그렇게 되지 못한 것을 아쉬워해도 소용이 없다. 지금부터 조금씩 훈련을 해 나가면 연역과 귀납적 사고도 자유롭게 선택적으로 할 수 있게 될 것이다.

생각의 지문, 프로젝트 맵의 구조화

맵핑이란 곧 생각의 지문이라 할 수 있다. 맵을 들여다보면 작성자의 논리적 창의적 사고력이 한눈에 보이기 때문이다. 다양한 상황, 다양한 목적의 맵핑을 잘하기 위해서는 다양한 두뇌근육을 키워야 한다. 프로젝트에 관한 맵핑을 할 때 다음과 같은 원칙을 이해하고 훈련한다면 프로젝트를 위한 두뇌근육 개발에 큰 도움이 될 것이다.

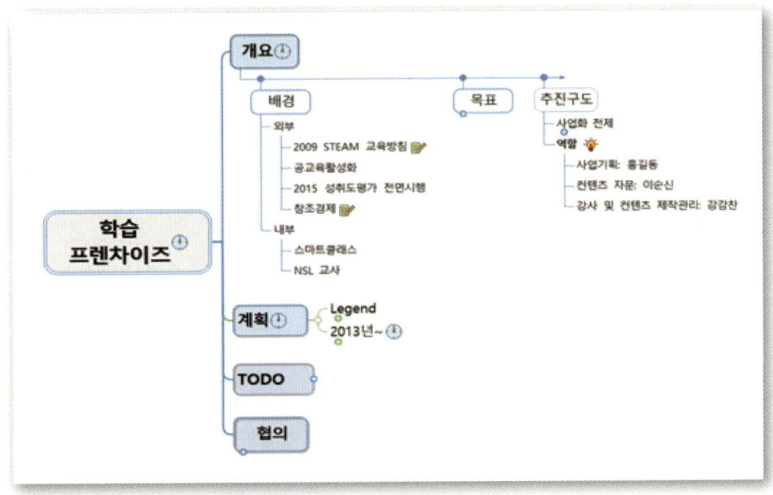

목표와 일정이 명확한 일, 즉 프로젝트를 팀 단위로 하는 데 있어 시각적 맵핑은 아이디어를 도출하고, 공유하고, 소통하는 가장 훌륭한 방법이다. 프로젝트 맵을 구성하는 가지는 그 성격에 따라 크게 카테고리, 콘셉트, 액션, 데이터의 네 종류로 나눌 수 있다.

카테고리 가지는 복잡한 내용을 질서정연하게 제시하기 위해 내용을 분류하는 가지이다. 주로 1레벨 가지가 카테고리가 되며, 분류할 내용이 복잡한 경우 카테고리 가지를 2레벨, 3레벨 등 다단계로 사용할 수 있다. 카테고리 가지에는 외곽선이나 그림을 사용하되 하위 레벨로 갈수록 이미지/색상의 강도를 낮게 한다.

시작은 간단해도 맵이 커져 나가면 어느 순간부터 맵을 보기가 싫어진다. 그것은, '정리 좀 안 될까'라고 묻는 자신의 무의식에게 '능력이 안 되어'라고 의식이 답하기 때문이다.

맵에 내용을 추가하면서 확장해 나갈 때는 반드시 지속적으로 새로운 카테고리를 도입하여 전체를 재정렬하고 구조화해야 한다. 반복적인 구조화 작업을 하지 않으면 점차 복잡해지는 전체 내용의 본질을 계속 장악하기가 어렵다. 재분류를 통해 재구성할 시점을 놓치면 맵의 내용은 논리적 건전성을 잃게 되며, 두뇌는 이러한 맵을 보는 순간 집중력을 잃게 된다.

중요한 사실은, 소프트웨어를 사용한 맵핑의 가장 큰 효과 중 하나를 재구조화를 통해 얻게 된다는 점이다. 이러한 효과는 맵핑을 의미기반 학습에 적용할 때도 나타난다. 이 맵에서 예를 들어 보자.

〈개요〉 가지와 그 형제인 〈계획〉, 〈TODO〉, 〈협의〉는 1레벨 카테고리이다. 〈개요〉의 자식인 〈배경〉, 〈목표〉, 〈추진구도〉는 별도의 2레벨 카테고리이다.

〈배경〉 가지의 하위에 다시 〈내부〉, 〈외부〉라는 추가 카테고리를 도입한 것은 배경을 더 논리적으로 설명하기 위해서이다. 이처럼 레벨을 늘리면 구조는 복잡해지는 반면 논리성이 좋아진다. 이와 같은 트레이드오프에 대한 판단과 선택은 작성자의 몫이다.

콘셉트 가지란 어떤 개념을 적기 위한 가지다. 따라서 콘셉트 가지의 제목은 어떤 직접적인 행동이나 작업을 뜻하는 것이 아니라 '~에 대한 내용' 또는 '내가 ~에 대해 생각하는 것'을 총칭하여 한마디로 떠올릴 수 있는 제목을 가지로 만드는 것이다. 예를 들어 배경, 외부와 같은 가지는 콘셉트 가지가 아니라 논리적 분류를 위해 도입된 카테고리 가지이다. 이 맵에서 〈외부〉, 〈내부〉의 하위 가지는 모두 콘셉트 가지이며, 그 아래 다시 콘셉트 가지를 가질 수 있다.

　카테고리와 콘셉트의 또 한 가지 차이점은 카테고리 레벨을 만들 때는 형제 가지들이 한 세트(mutually exclusive & collectively exhaustive)를 이루어야 하지만 콘셉트 가지는 그렇지 않다는 점이다. 이 맵에서 〈내부〉와 〈외부〉는 〈배경〉의 하위 가지로서 모두 카테고리 가지다.

　여기서 배경을 내부와 외부라는 관점으로 상세 분류한 것이다. 이들 두 가지가 모여 배경의 100퍼센트를 구성한다. 관점을 바꾸어 배경을 '정성적'과 '정량적'이라고 2분화할 수도 있다. 만일 배경을 한국, 미국, 유럽 등 주요 국가별로 재분류하였다면 반드시 '기타'라는 가지가 있어야 100퍼센트가 되는 것이다. 여러 단계로 분류해 들어가면서 이러한 분류 체계상의 오류를 바로잡지 않으면 결국 전체 내용의 논리성이 무너지게 된다.

　드보노의 육색모 사고법과 마찬가지로, 카테고리를 분류할 때 하나도 빠트리지 않기 위해 스스로 고민하는 과정에서 조감적 사고능력이 점차 개발된다. 특히, 동일한 레벨에 카테고리 가지와 콘셉트 가지가 섞이게 되면 적절한 시점에 재구조화를 먼저 하거나 이 부분이 미완성이라는 표시를 해 두어야 한다.

　액션 가지란 카테고리나 콘셉트와 달리 어떤 작업과 행동을 의미하는 가지이다. 따라서 제목 앞과 뒤에 쉼표를 찍고 시작과 종료 시점을 기입한다. 예를 들어 '규정 작성'이라는 가지는 액션 가지이다. 따라서 날짜가 없는 상태로 맵이 확대되어 나가면 여러 가지 형태의 혼란이 발생한다.

　액션 가지를 만들었지만 당장 일정을 생각할 단계가 아니라면 글씨를 붉은색으로 표시하든지 배경색을 칠하든지 해서 눈에 띄게 두어야 한다. 하지만 이렇게 미완성된 가지들이 너무 많아지면 어느 시점에 스스로 판 수렁에 빠지는 상황이 될 수 있다.

　확산적으로 생각하고 ThinkWise로 기록하는 것은 아무나 할 수 있다. 하지만 축구 경기가 진행되면서 감독이 수시로 작전을 바꾸듯, ThinkWise 작성자는 맵이 살아서 움직이듯 커져 나갈 때 재구조화를 통해 맵을 다듬어 나가는 능력을 반드시 키워야 한다.

　데이터는 콘셉트나 액션을 설명하는 가지로 주로 말단 레벨에 위치한다. 예를 들어 〈역할〉 밑에 업무와 사람 이름을 적어 놓은 가지들이 데이터 가지에 해당한다. 〈역할〉이라는 콘셉트 가지를 설명하는 가지인 셈이다.

　본래 〈업무〉를 가지로 적고, 그 아래 사람 이름이 새로운 가지로 적혀 있었던 것을 업무와 사람 이름을 하나의 가지에 통합하여 옮겨 적었다. 그 이유는 현재 시점에서 역할과 담당자에 대해 더 이상 깊이 파고드는 것이 불필요하기 때문이다.

　맵을 잘 만들려면, 항상 100퍼센트 가능한 것은 아니지만, 동일한 레벨에 동일한 종류의 가지를 배치하는 것이 중요하다. 서로 다른 종류의 가지가 같은 레벨에 있게 되면 두뇌는 무의식적으로 혼란을 느낀다. 뿐만 아니라 동일한 종류의 가지라면 표현 서식도 같아야 한다.

　예를 들어 액션 가지라면 가지 제목을 '규정 작성'처럼 액션을 의미하는 단어로 정리해야 한다. 만일 이 가지의 이름을 '규정'이라고만 적었다면 두뇌는 콘셉트 또는 데이터 가지라고 인지할 수도 있다. 즉, 가지를 따라 눈이 흘러가면서 논리구조를 파악하는 것이 힘들어지는 것이다.

　맵핑을 통해 시각화/구조화를 하는 가장 큰 이유는 복잡한 내용을 조감적으로 한눈에 파악하기 위한 것이지, 복잡한 내용을 어지럽게 뱉어 놓는 것이 아니다.

　하지만 자신이 만든 맵이 좌우대칭과 균형이 잘 맞는 미남 미녀의 얼굴인지

배설물인지는 본인이 알기 어렵다. 맵핑으로 브레인스토밍을 해본 사람은 누구나 경험하듯이, 초기의 배설물들이 시간을 들여서 가꾸고 다듬으면 작품이 된다. 결국 맵핑의 실력과 효과는 반복적인 재구조화를 통해 배설물을 작품으로 변형해 나가는 과정과 사고능력인 셈이다.

MECE와 '기타'의 마술

맵핑을 통해 얻어지는 가장 본질적인 효과 중의 하나는 복잡한 정보가 구조화되면서 처음에 상상하지 못했던 고차원적인 분석과 아이디어 도출이 가능해진다는 사실이다. 이때 계층과 계열의 개념이 논리적으로 잘 정리된 맵과 그렇지 못한 맵은 천지차이와 같은 결과를 낳는다.

예를 들어 내가 알고 있는 국가의 이름을 맵으로 정리해 보자. 일단 생각나는 12개 국가의 이름을 적었다. 그리고 대륙명을 기준으로 분류하려고 하는데, 아시아와 유럽밖에 생각나지 않는다.

아래 왼쪽의 맵은 현재 내가 아는 데까지만 분류한 맵이고, 오른쪽은 동일한 상황에서 현재 잘 모르는 대륙을 '기타'라고 분류했다.

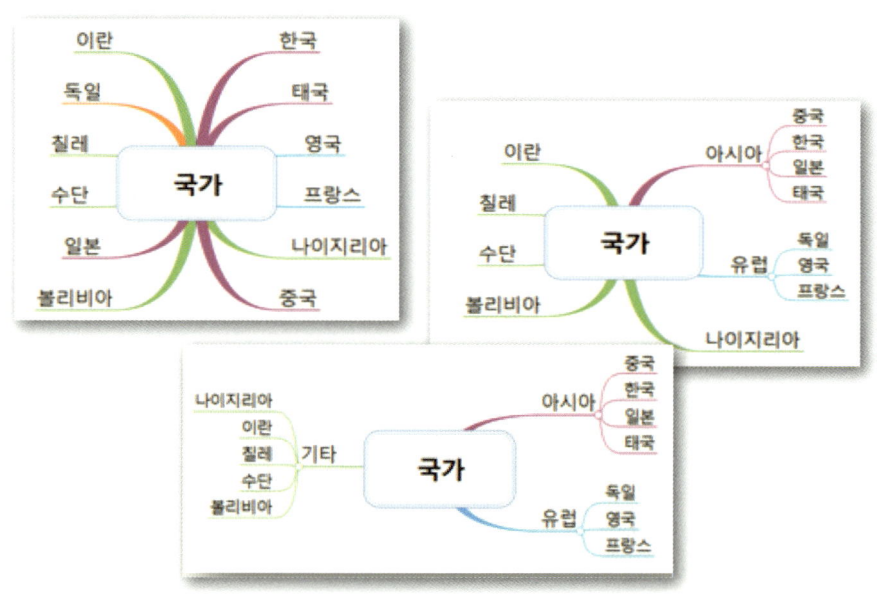

분류 기준을 찾을 때는 '항상!' '중복되는 것도 없고 빠진 것도 없이'라는 MECE(Mutually Exclusive & Collectively Exhaustive) 원칙을 적용해야 한다. 즉, 모든 하위 가지의 내용이 논리적으로 분류될 수 있는 기준의 집합을 찾아야 한다. 그러나 처음부터 모든 분류 기준을 다 생각해 낼 수는 없다. 그래서 대부분 왼쪽 그림처럼 처음에는 기억나는 몇 개의 기준으로 시작해서 점차 기준을 추가해 나가는데, 여기서 잊지 말아야 할 것이 바로 오른쪽 그림처럼 '기타'라는 분류를 포함시키는 것이다.

'기타'는 글자 그대로 현재 알지 못하는 분류 기준을 총칭하는 임시 분류 기준이다. 분류가 어려운 가지를 이곳에 일단 모아 두는 것이다. '기타'가 있고 없음은 나중에 이 맵을 열고 작업을 할 때 다음과 같은 차이를 만든다.

1) 지금까지의 논리적 분류에 더 생각할 것이 남아 있는 '미완성' 상태로 인식할 것인가 아니면 논리적으로 뭔가 부족한 현재 상태가 최선을 다한 결과로 인식할 것인가 하는, 미묘한 그러나 매우 중요한 차이를 만든다.
2) 내용을 분류하는 작업은 1레벨뿐만 아니라 그 하위 레벨에서도 발생할 수 있다. 1레벨에서의 분류가 논리적으로 맞지 않으면 하위 레벨에서 분류하는 것 자체가 어려워질 수 있다.
3) 맵핑의 백미는 시간이 흐르면서 새로운 분류 기준으로 맵을 재구성하는 것이다. 일의 시작 단계에서 사용한 분류 기준이 일의 중간 단계에서는 맞지 않거나 새로운 분류 기준이 필요한 상황이 발생하기도 한다.

이처럼 동일한 내용을 다른 관점에서 재구성하는 과정에서 전체 내용을 조감적으로 이해하는 폭과 깊이가 달라진다. 이것은 마치 설악산을 매번 같은 경로로만 다닌 사람과 여러 경로로 다녀본 사람이 설악산을 이해하는 깊이의 차이와 같다. 초기에 사용한 분류 기준이 비논리적일수록 새로운 관점으로 분류하는 것 자체가 어려워진다.

따라서 맵의 내용을 확산적으로 펼쳐 나가는 것만이 능사가 아니라는 점과 맵핑을 하면서 목적에 부합하는 논리적 분류 기준을 찾아내는 것이 매우 중요한 능력이라는 것을 이해할 수 있어야 한다. 분류 기준(Basic Ordering Information)의 논리성 여부는 고층빌딩의 기초에 해당한다. 어떤 변수가 생겨도 흔들리지 않는 튼튼한 기초를 만드는 방법이 바로 '기타'를 활용하는 것이며, 이것을 나는 '기타의 마술'이라고 부른다.

'기타의 마술'과 관련하여 떠오르는 사람이 한 명 있다. 독일 M사의 자동차 영업사원이었던 그는 M사의 자동차를 이렇게 소개했다.

"저는 세상의 자동차는 두 가지로 구분된다고 생각합니다. 그것은 저희 M사 자동차와 M사 이외의 자동차입니다."

얼마나 멋진 분류인가! 그 역시 '기타'의 마술을 아는 사람이다. 사고구조가 행동을 지배하게 된다는 사실을 명심하자.

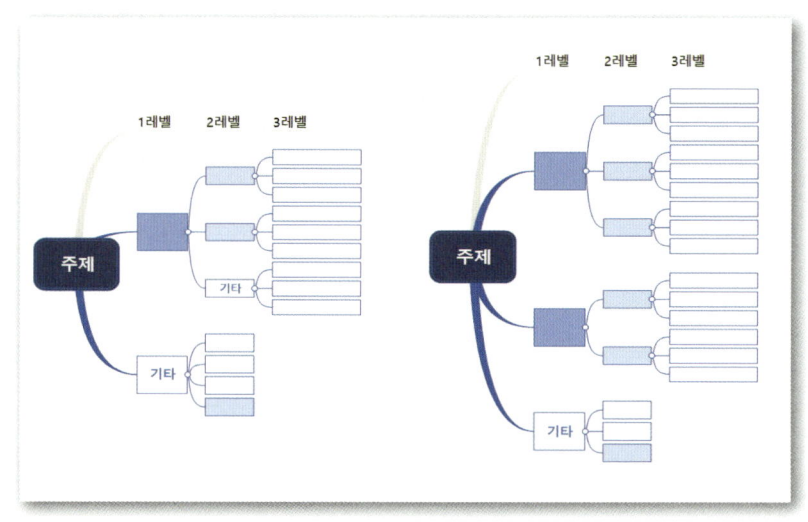

Tip 마음껏 상상의 나래를 펼쳐라, 브레인스토밍

브레인스토밍은 자유연상법을 사용한 확산적 사고기법으로, 주어진 주제에 대한 자유로운 발상을 통해 최대한 많은 아이디어를 도출해내는 데 탁월한 효과를 발휘한다. 브레인스토밍 기법은 ThinkWise와 같은 시각적 맵핑 도구에서 즉각 활용할 수 있는 매우 유용한 방법이다. 제약을 두지 않고 자유스러운 분위기에서 쏟아져 나오는 아이디어를 핵심어로 기록하기만 하면 멋진 브레인스토밍 맵이 만들어지기 때문이다.

브레인스토밍을 창안한 사람은 미국의 한 광고회사 사장이었던 '알렉스 오즈번'이다. 사장이면서 직접 광고 제작을 담당했던 그는, 기존과는 매우 다른 방식으로 광고 카피를 시도했다.

그는 먼저 여러 사람이 모여 아이디어 회의를 할 때면 '회의'라는 격식 때문에 새로운 아이디어가 나오기 어렵다는 데 착안했다. 그리고 여러 분야의 사람을 참석시켜 자유롭게 아이디어를 발상시키는, 당시로서는 매우 파격적인 방법을 시도했다. 그것이 바로 1939년에 실용화된 '브레인스토밍'기법이다. 브레인스토밍이란 '뇌에서 폭풍이 일 듯 아이디어를 소용돌이치게 만든다'는 뜻이다.

브레인스토밍에는 몇 가지 지켜야 할 원칙이 있다.

- 판단을 보류한다.
여러 사람이 이야기하는 아이디어에 대한 판단이나 비평 또는 부정적인 견해를 말하지 않는다. 그래야 다양한 경험과 배경을 가진 참석자들이 확산적으로 아이디어를 내놓는 데 몰두할 수 있게 된다.

- 자유분방
참가자들이 서로 직책/나이 등을 의식하거나 주눅이 들어 자신의 의견을 말하는 것을 주저하게 되면 브레인스토밍은 아무런 효과도 없게 된다. 브레인스토밍의 진행자는 이런 점을 특히 염두에 두고 자유분방한 회의 분위기를 만들기 위해 애를 써야 한다.

- 질보다 양
가능한 한 좋은 아이디어를 내겠다고 깊이 생각하거나 복잡하게 생각하지 않아야 한다. 브레인스토밍의 목표는 직관적으로 떠오르는 아이디어를 가능한 한 많이 수집하는 것이다. 따라서 마치 폭풍이 몰아치듯이 여기저기서 쉬지 않고 나오는 각양각색의 아이디어를 열심히 기록해 나가는 것이 중요하다.

- 결합을 통한 개선
이미 나와 있는 아이디어를 결합하여 새로운 아이디어를 만들려고 시도한다. 이 과정을 통해 처음에는 생각지도 못했던 새로운 아이디어, 더욱더 좋은 아이디어가 나오게 된다.
회의 진행자는 참석자들에게 이와 같은 원칙을 미리 설명해 주어야 한다. 이와 함께 회의를 진행할 때 염두에 두어야 할 요령은 다음과 같다.
- 회의에는 반드시 목적이 있다. 목적에 맞는 주제를 구체적으로 정한다. 주제가 구체적일수록 구체적인 아이디어가 나오게 된다.
- 칠판이나 큰 종이에 참석자들이 얘기하는 아이디어를 핵심어 위주로 적는다.
- 브레인스토밍이 끝나면 각 아이디어를 평가해서 독창적이고 실행 가능한 것 위주로 다시 정리한다.

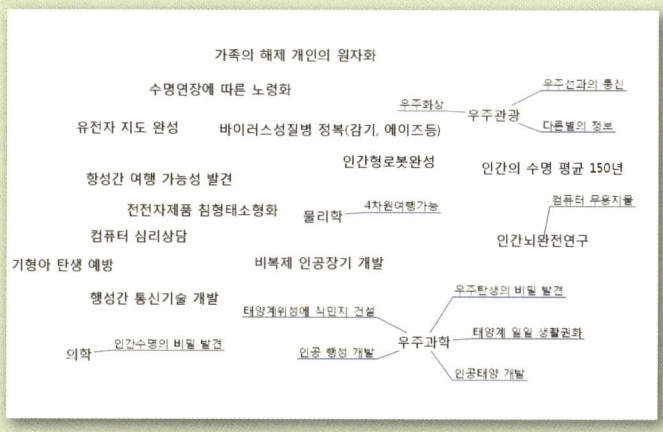

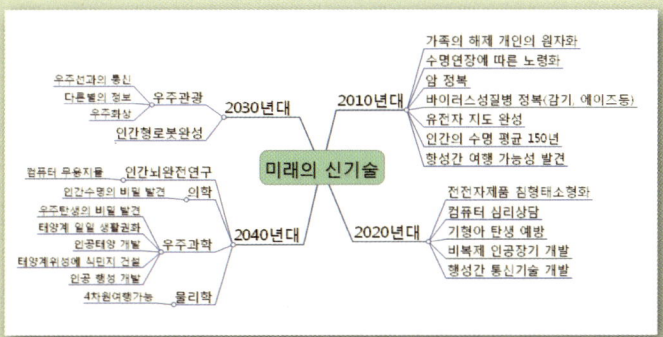

모든 사물에는 속성이 있다, 속성열거법

제품을 개량하거나 개선해야 하는 상황이라면 ThinkWise로 속성열거법을 시도할 것을 권한다. 속성열거법은 브레인스토밍 강제연결법과 함께 트리 구조의 시각적 맵핑도구와 가장 잘 맞는 발상법이다.

속성열거법은 '문제를 작게 할수록 아이디어가 나오기 쉽다'는 것과 '모든 분석 대상에는 속성이 있다'는 것을 토대로 미국의 크로퍼드 교수가 창안한 분석법이다. 어떤 일을 기획할 때 육하원칙이라는 관점에서 차례대로 생각해 나가면 발상이 쉬워지는 것처럼 속성열거법은 분석하려는 대상의 속성을 열거해 놓고 이로부터 개선의 실마리를 찾아 나간다. 또한 사물의 속성을 열거할 때 명사형, 형용사형, 동사형 속성으로 나누어서 브레인스토밍을 하는 것이 특징이다.

명사형 속성이란 눈에 보이는 전체, 전체의 일부, 또는 제작방법 등을 말한다.
형용사형 속성은 대상 사물의 성질과 특성을 표현하는 속성이다.
동사형 속성이란 대상 사물의 기능적 속성을 말한다.

자전거를 예로 들어 보자. 바퀴, 페달, 핸들, 체인, 안장, 몸체, 브레이크 등은 명사적 속성에 해당한다. 형용사적 속성은 빠르다, 언덕에서 힘들다, 여름에 덥다, 위험하다 등이다. 동사적 속성으로는 여러 사람이 탈 수 있다, 짐을 실을 수 있다, 눈길에 미끄러진다 등을 생각할 수 있다.

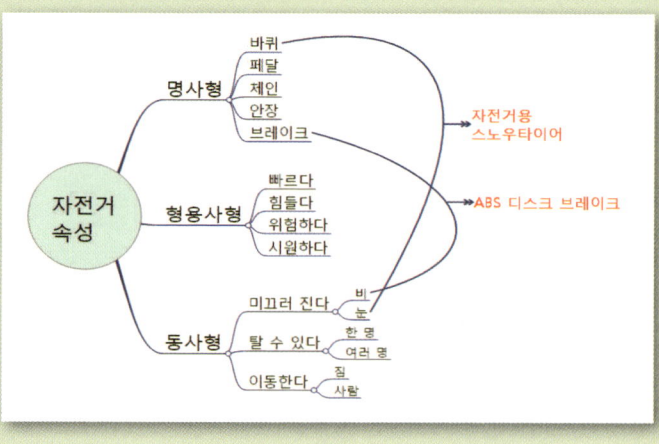

이처럼 자전거의 속성을 열거한 다음 각각의 속성에 대해 새로운 아이디어를 더할 수 있다. 예를 들어 '눈길에서 미끄러지지 않도록 자동차의 스노타이어와 같은 것을 자전거용으로 개발하면 어떨까?' 하는 방식으로 생각을 전개해 나가는 것이다.

속성열거법은 주어진 주제에 대해 자유롭게 연상을 하되, 시작 시점에 속성을 열거하고 속성이라는 관점에서 아이디어를 생성하는 확산적 사고기법인 동시에 강제연상기법인 셈이다.

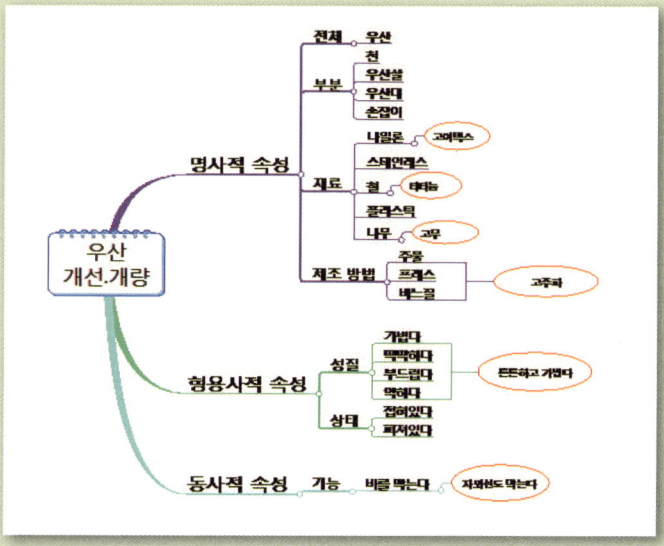

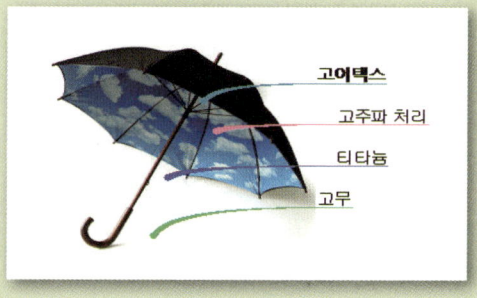

 **아이디어의 징검다리를 활용하라, 강제연결법**

'막상 아이디어를 내려니, 막막하다', '브레인스토밍을 하려고 해도 어디서부터 해야 할지 모르겠다' 이런 경우, ThinkWise에서 강제연결법을 사용하면 쉽게 아이디어 회의를 시작할 수 있다.

강제연결법이 여타의 아이디어 발상법과 차별되는 것은 징검다리를 사용해서 아이디어를 낸다는 점이다. 징검다리는 주어진 과제와 전혀 관계없는 것을 사용한다. 순서는 다음과 같다.

1) 과제가 주어진다.
2) 징검다리를 선택한다. 징검다리로 사용할 단어는 사전이나 신문, 잡지, 시집, 인터넷, 단어집 등 어디에서든 찾을 수 있다.
3) 징검다리에서 나오는 생각들을 정리한다.
4) 징검다리로부터 정리된 생각과 주어진 과제를 강제로 연결시켜 아이디어를 만든다.

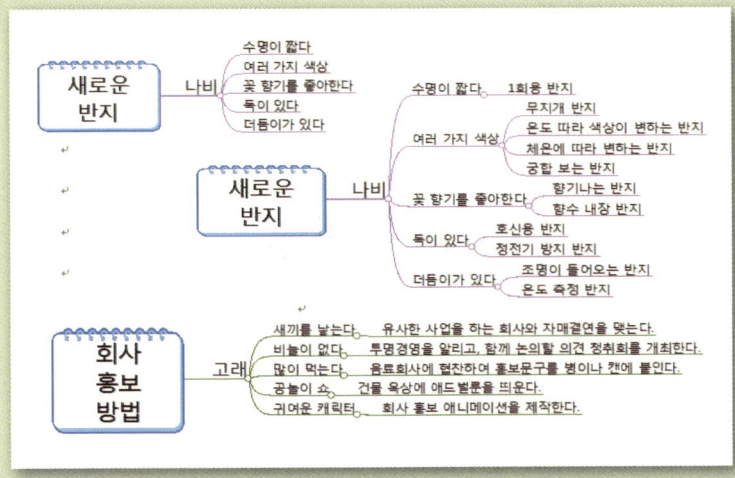

익숙하지만 유용한 도구, SWOT 분석

일반적으로 주어진 상황과 환경을 분석하고 이를 토대로 전략을 만들어 내기 위해 SWOT 분석을 많이 사용한다. SWOT 분석을 하는 절차는 다음과 같다.

1. 내부적인 요인인 강점과 약점을 열거한다.
2. 외부적인 요소인 기회와 위협 요소를 열거한다.
3. (S + O) 주어진 기회와 강점을 활용하는 방안을 생각해 낸다.
4. (S + T) 위협을 강점으로 대처하는 방안을 생각해 낸다.
5. (W + O) 약점을 보완하여 기회를 추구할 방안을 생각해 낸다.
6. (W + T) 위협과 약점의 부정적 결과를 최소화하는 방안을 생각해 낸다.
7. 도출된 각각의 대안을 놓고 실행에 필요한 노력과 기대할 수 있는 효과를 비교하여 최종 선택을 한다.

사람은 동시에 여러 관점에서 생각할 수 있는 훌륭한 능력을 가지고 있지만, 때로는 모든 생각을 빠트리지 않고 균형 있게 하지 못하는 실수를 하기도 한다. SWOT 분석은 여러 가지 관점의 생각을 한 번에 하나씩 하도록 유도함으로써 중복을 피하면서도 빠트리지 않고 생각(MECE, Mutually Exclusive & Collectively Exhaustive)할 수 있게 해 준다.

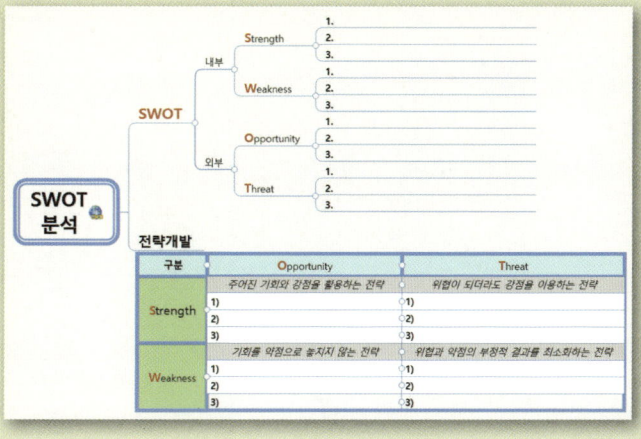

PART 4

프로젝트 마스터

너는 글씨를 써라. 나는 떡을 썰 테니…….

글공부를 마치고 자랑스럽게 집으로 돌아온 한석봉과, 촛불마저 꺼버린 채 아들에게 글씨를 써보게 했던 그 어머니의 이야기는, 너무도 유명해서 여기에 다시 옮길 필요도 없을 것이다. 하지만, 그 이야기에서 한 가지만은 꼭 짚고 넘어갔으면 한다. 조선을 통틀어 최고의 명필로 꼽히는 한석봉이 아무리 어둠 속이라지만 어머니와의 내기에서 진 이유가 무엇일까 하는 것이다.

당시에도 석봉은 이미 경지에 오른 달필이었다. 그만한 경지에 이르렀으니 어머니의 '내기'에 선선히 응했던 것이다. 하지만, 석봉이 미처 모르고 있었던 것이 있었으니 그것은 바로 나무를 보고 숲을 보지 못하는 자신의 '안목'이었다.

석봉의 어머니는 평생 떡장사를 한 분이었다. 하지만 여느 떡장사들과는 달랐다. '한석봉'이라는 명필을 길러 냈을 만큼 '떡'에 대해서는 시작과 끝, 모든 것을 통달하고 있었다. 떡의 길이와 폭은 물론 어디서 시작하고 끝을 맺을지 정확하게 알고 있었기에 어둠 속에서도 흔들림 없이 떡을 균일하게 썰 수 있었다.

반면 한석봉은 글씨 공부는 누구보다 치열하게, 월등하게 했지만 글씨만 알았지, 그러한 글씨들이 모여서 이루어 내는 전체적인 조화를 알지 못했기 때문에 불을 끄자마자 글씨가 삐뚤빼뚤 흔들릴 수밖에 없었던 것이다.

프로젝트의 고수란 바로 한석봉의 어머니처럼 자신이 하고 있는 일의 시작과 끝 지점을 명확히 알고 어떤 지점에 칼날이 들어가야 되는지 순간순간의 판단과 실행이 정확한 사람이다. 즉, 전체와 세부를 자유롭게 넘나들 수 있어야 하는 것이다.

반면에 하수는, 현재 주어진 업무에는 정통할지 모르지만 시작과 끝이 어디인지, 지금 하고 있는 일이 전체의 어디쯤인지도 모른 채 그저 '열심히' 일만 하는 사람이다. 그래서 시간이 흘러 문제가 발생하고 앞길이 깜깜해지는 바로 그 순간 고수와 하수의 차이가 명확하게 드러나게 된다.

이제 석봉의 어머니와 같은 프로젝트 고수들을 만나 보자. 그들은 과연 기획, 프레젠테이션, 회의, 관리와 같은 일상의 업무에서 시각적 사고, 조감적 사고, 창의적 사고를 어떻게 펼쳐 나갈까?

Chapter ❶

프로젝트 마스터 -
기획

지금과 완전히 다른 곳에서 완전히 다른 사람들과 완전히 새로운 일을 하게 된다 하더라도 두려움이 없는 사람, 평범한 일에서도 자신의 관점으로 새로운 가능성과 가치를 찾아내는 사람, 바로 그가 전형적인 프로젝트 마스터이다.

― 정영교

    기획(企劃)은 '일을 꾀하여 계획'하는 것이다. 쉽게 말해 떠오르는 아이디어를 가공하여 실행에 옮길 수 있게 정리하는 것이 바로 기획의 본질이며, 필요하다고 생각되는 것은 무엇이든 기획의 대상이 될 수 있다.
    기획의 첫 단계는 문제를 파악하고 목표를 설정하는 것이다. 앞서 언급한 대로 우리의 두뇌는 일단 목표를 설정하면 의식하지 못하는 순간에도 끊임없이 그 목표를 달성하기 위해 24시간 작동하는 슈퍼컴퓨터와 같다. 우리는 각자의 슈퍼컴퓨터에 작업지시를 내리고 목표를 일관되게 유지하는 방법만 터득하면 된다.
    아인슈타인이 "나는 이미지로 생각하고 글로 표현할 뿐이다"라고 했듯이 두뇌와 소통하는 가장 효율적인 방법은 이미지를 활용하는 것이다. 글로 정리한 수십 장의 업무 내용은 기억하지 못해도 한 장의 그림을 기억하는 것은 쉽기 때문이다. 예를 들어 나이아가라 폭포로 여행을 떠난다고 가정해 보자. 나이

아가라 폭포의 웅장하고 아름다운 모습, 그리고 폭포 여행 후 즐겼던 주변 여행지와 맛집을 보여 주는 몇 장의 사진만 있어도 우리의 뇌는 24시간 내내 '나이아가라 폭포 여행'을 기억하고 생각할 수 있게 될 것이다.

목표를 시각화하여 두뇌에게 전달하는 과정을 요약하면 다음과 같다.

- 목표 달성을 상징하는 이미지 또는 핵심어를 찾아 중심 제목에 넣는다.
- 중심 제목에 시작과 완료 시점을 작은 글자로 기입한다.
- 목표가 달성된 상태를 상징하는 세부적인 이미지 또는 핵심어를 1레벨에 5개 정도 입력한다.
- 1레벨에 기록한 '성공을 상징하는 핵심어' 각각에 대해 이를 구성하는 구체적인 요소들을 2레벨에 적는다.

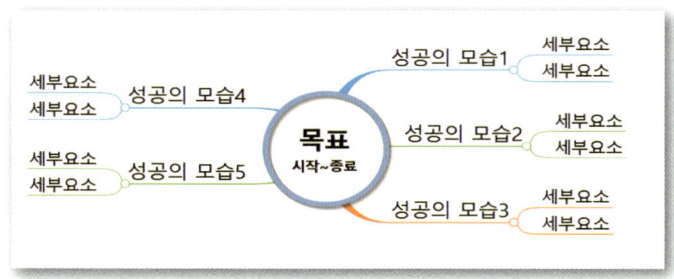

프로젝트를 수행하면서 겪는 공통적인 어려움은 목표지점이 다가올수록 시간에 쫓기게 된다는 것이다. 프로젝트를 기획할 때 일의 전체적인 윤곽을 좀 더 쉽게 파악하려면 해야 할 일들을 시간의 역순으로 생각하고 배치할 필요가 있다. 강북에서만 보던 남산을 강남에서 바라보듯, 관점에 변화를 주면 다음과 같은 효과를 얻을 수 있다.

- 일의 세밀한 선후 관계를 직관적으로 파악할 수 있다.
- 처음에 막연히 생각했던 것보다 훨씬 많은 구체적인 작업항목을 발견할

수 있다.
- 지금 당장 시작하지 않으면 안 되는 항목을 발견하게 된다.
- 불확실성을 사전에 줄일 수 있게 된다.

막연한 목표로부터 '오늘' '지금' '해야 할 일'을 찾아내는 과정을 반복하면 무엇보다도 '일의 전체를 파악하는 조감적 사고'에 큰 도움이 된다. 목표 달성을 위해 일정과 순서에 따라 하나씩 행동으로 옮겨야 할 것들이 명확히 보이게 되는 것이다. 이제 고수들의 실제 사례를 만나 보자.

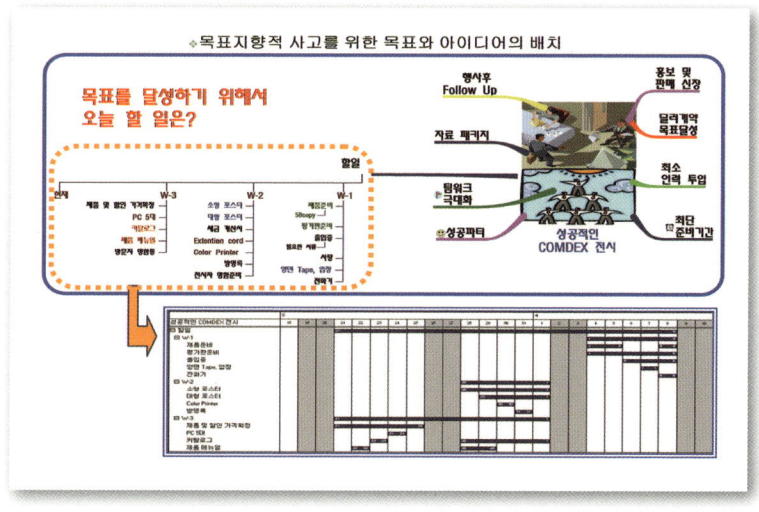

| 사례 1 | 대전 정림사회복지관 구장완 관장

사회복지활동의 숨은 기획도구

사회복지사가 어떤 사람들인지 잘 알고 계시죠? 가난하고 어려운 분들, 도움이 필요한 분들을 현장에서 돕는 사람들이죠.

사회복지 일을 하다 보면, 답답한 경우가 많습니다. 예산은 적은데 할 일은 많죠. 특히 바로 해결해야 할 일들이 참 많습니다. 그러다 보니 같이 일하는 사람들과 함께 아이디어를 모아야 되는 경우가 많습니다. 그럴 때마다 '이 문제를 어떻게 하면 좀 쉽게 해결할 수 있을까' 하는 고민이 많았습니다.

10여 년 전쯤, 이런 고민을 풀 수 있는 훌륭한 길이 있다는 얘기를 듣고 ThinkWise 서울지역 교육장을 찾았습니다. 당시에 배운 것은 ThinkWise 5.0 홈버전이었는데, 아쉽게도 처음 교육을 받고 나서는 바로 현장에서 활용을 하지는 못했습니다. 당시만 해도 고민은 컸지만 절심함이 좀 덜했거든요. 그러다 생각지 못한 큰 어려움이 찾아왔을 때 비로소 '아! 이런 도구가 있었지!' 하면서 다시 ThinkWise를 떠올렸고, 다시 만나게 되었습니다.

제가 ThinkWise를 활용하는 방법은 어찌 보면 참 단순합니다. 주로 '내가 지금 하고 있는 일'을 정리할 때 많이 이용하고, 때로는 함께 일하는 직원들에게 화를 냈을 경우 '내가 도대체 왜 화를 내었을까?' 이런 내용을 정리해 보기도 합니다. 갑작스럽게 해야 될 프로젝트가 생길 때도 바로 ThinkWise를 열어서 정리를 하기 시작합니다.

사실 책상에 앉아 이런저런 메모를 할 때도 있지만 대부분의 경우에

ThinkWise를 열어 제목을 입력하고, 그냥 생각나는 대로 낙서하듯이 여러 가지 내용을 입력합니다. 그런 다음 다시 살펴보면서 추가를 하기도 하고, 제거를 하기도 하고, 범주화시키기도 하면서 마음을 정리합니다.

두 번째로 ThinkWise를 많이 활용하는 것은 우리가 만나는 수많은 사람들을 교육시키거나 회의를 할 때입니다. 특히 사회복지 업무는 현장에서 이루어지는 일들이 많은데, ThinkWise를 활용하면 그 자리에서 바로 회의도 하고 기획도 하고 무언가 아이디어를 만들어 낼 수도 있기 때문에 매우 유용합니다.

ThinkWise는 기존의 워드프로세서하고는 그 차원이 다릅니다. 어떠한 틀에 맞추어서 문서를 작성하는 단순 S/W가 아니기 때문입니다. ThinkWise는 마치 백지 상태에서 어떤 그림을 그리거나 낙서를 하듯이 편안하게 쓰다 보면 어느새 생각이 정리되고 확장되어 나가는 놀라운 힘을 가지고 있습니다.

보고서나 기획안을 잘 쓰는 제일 좋은 방법은 특정 형식을 만들어 놓고 채워 나가는 방식보다는 그냥 있는 그대로, 생각나는 대로 수많은 내용을 일단 모두 적어 보는 것이 아닐까 생각합니다. 그리고 ThinkWise를 열어 놓은 상태에서 이렇게 무작위로 떠오른 여러 생각과 내용들을 하나씩 차례로 정리해 나가면 저절로 훌륭한 보고서와 기획안이 되는 것이죠.

그리고 매일 업무를 시작할 때 ThinkWise를 열어 놓고 '오늘은 무슨 일을 할까?' 혹은 '오늘 만날 사람은 누구인가?' 그리고 '오늘 나는 일을 잘했는가?' 등의 여러 가지를 잡아서 머릿속의 생각을 하나씩 정리해 보면 그날 해야 될 업무가 일목요연하게 정리될 것입니다.

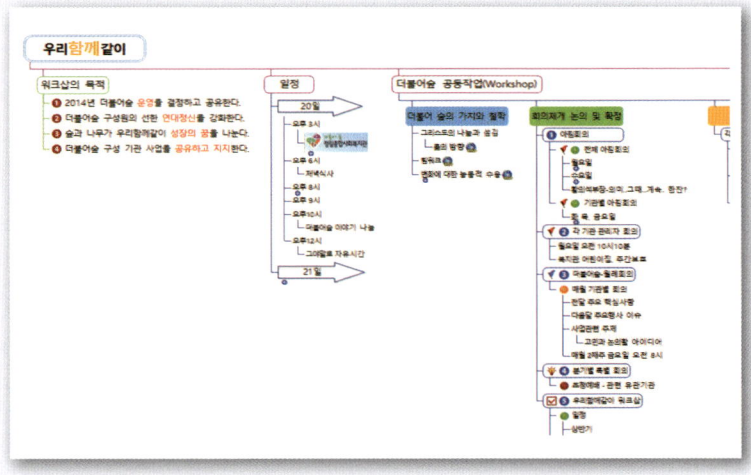

　저는 특히 생각이 많은 분, 일이 많은 분, 누군가와 생각을 나누고 싶은 분들이라면 일단 ThinkWise를 써보라고 권하고 싶습니다. 이렇게 생각해 보면, 결국은 대한민국에서 직장생활을 하는 분들 모두에게 필요한 셈이네요.

　사회복지 업무를 하다 보면 저도 몰래 자원의 한계를 느낄 때가 많습니다. 이렇게 한정된 자원을 어떻게 하면 더 많이 확보하고, 다양하게 활용할 수 있을지 고민이 많을 수밖에 없죠. 하지만 ThinkWise 덕분에 이런 고민도 많이 줄었습니다. 따라서 저와 같이 다른 사람을 돕는 일을 하는 분들, 즉 사회복지를 하는 사람들에게 ThinkWise는 굉장히 혁신적일 뿐만 아니라 새로운 아이디어를 떠올릴 수 있게 해 주고, 사랑의 마음을 두루 나눌 수 있게 해 주는 훌륭한 도구입니다.

　그런 점에서 특히 사회복지 업무를 하는 분들이 ThinkWise를 만난다는 것은 단순히 새로운 어떤 '도구'를 만나는 것이 아니라 생각이 더욱 자연스러워지고 자발성에 기초하여 일을 할 수 있는 그런 계기와 경험을 만나는 것이라 할 수 있습니다.

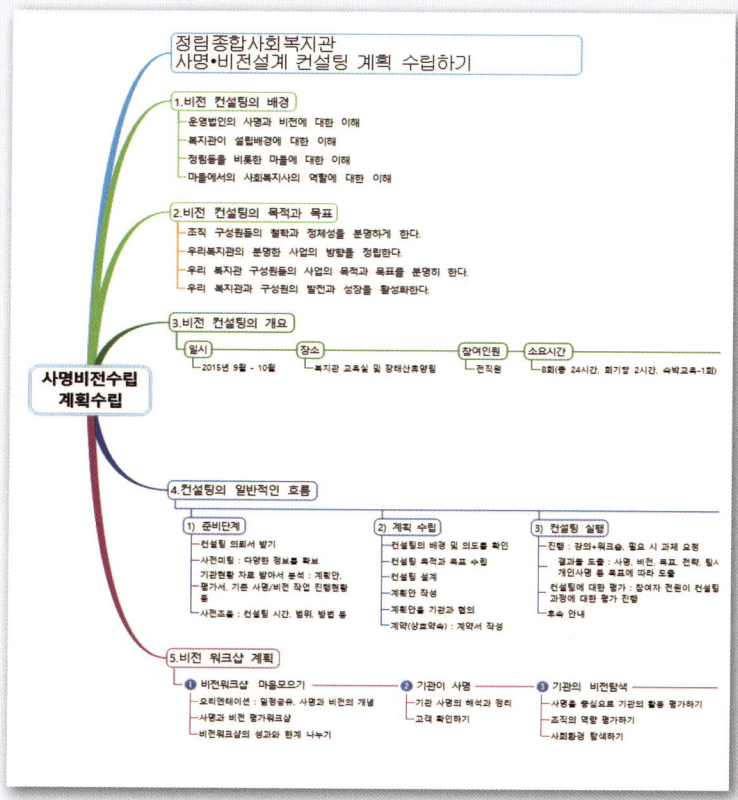

| 사례 2 | 글로리아 아카데미 교장 김형섭

강력한 교육기획 솔루션

  ThinkWise 맵핑 프로그램이 대한민국에 처음 소개된 것은 1940년이었습니다. 당시 고등학교 교사였던 저는 초창기부터 이 프로그램을 애용해 왔습니다. 최근에는 협업으로 콜라보레이션을 할 수 있는 ThinkWise 기능이 안정화되었고, 플래너 기능까지 탑재되어 기능이 더욱 강력해졌습니다. 덕분에 저는 3개월 이상 개교 준비에 매달리고 있는 스태프들과 더불어 교과 과정이나 입학한 학생들의 매일 일정 등을 플래너와 협업 기능을 통해 매일 정리해 나가고 있습니다.

  물론, 저는 워낙 오랫동안 써온 프로그램이라 편하게 사용하고 있지만 주변에는 아직 잘 모르는 사람도 많고, 사용이 어렵다는 사람들도 있습니다. 하지만 저는 반드시 학생들이 익숙해져야 할 강력한 프로그램으로 ThinkWise를 소개하고 있습니다.

  저의 경우에는 특히 새로운 기획을 할 때 ThinkWise를 많이 활용하고 있습니다.

하이퍼링크 활용으로 생생한 자료 제공

  우리 학교에서는 고등학교 가운데 처음으로 항공조종사 과정을 개설할 예정입니다. 항공조종사라면 당연히 하늘을 나는 일은 물론 하늘에 대한 모든 것을 알아야 합니다. 뿐만 아니라 취업을 생각한다면 공항에 대해서도 꼭 알아 두어야 할 것입니다. 따라서 이런 모든 것과 관련된 아이디어를 하나하나

모을 수밖에 없는데, 이렇게 자료들을 모을 때는 하이퍼링크 기능을 활용합니다.

예를 들어 '비행'은 낮에는 육안으로 가능하지만 깜깜한 밤에는 어렵습니다. 따라서 '계기 비행'이라는 것을 반드시 하게 되어 있는데, 이때 조종사들이 앉는 카핏(조종석) 역시 매우 중요합니다. 항공기 계기판은 굉장히 복잡합니다. 여기에 시각적으로 익숙해지느냐 익숙해지지 않느냐 하는 것은 학생들의 미래에 엄청난 영향을 주게 됩니다.

이렇게 만들어진 자료들은 수업만이 아니라 학생들하고 토의나 토론을 하는 데 있어서도 대단히 중요합니다. ThinkWise의 특징을 수업이라는 관점에서 보면, 학습목표를 제시했을 때 한 화면에서 벗어나면 안 됩니다. 바로 이것을 해결해 주는 것이 하이퍼링크의 기능입니다. 보조적인 설명을 하기 위해 하이퍼링크로 잠시 다른 공간에 갔다가 다시 맵핑 화면으로 돌아올 수 있기 때문입니다.

라이트 형제 이야기를 예로 들어 볼까요?

수업 시간에 라이트 형제를 주제로 학생들과 같이 이야기하고자 할 때 빔 프로젝터나 대형 TV를 통해 ThinkWise 화면을 열어 놓고 여러 가지 기사나 위키피디아 등의 내용을 하이퍼링크로 연결해 놓으면 한 번의 클릭으로 연결된 자료를 모두 볼 수 있습니다.

협업을 통한 회의와 자료 공유 가능

학생들을 3년 동안 가르치기 위해서는 선생님들 사이에 수많은 이야기가 오갈 수밖에 없습니다. 학습시간표는 물론 수업 시작 시간, 점심시간, 쉬는 시간 등도 마찬가지입니다. 하루의 수업량이나 국제조리학과에 대한 개념, 조리 시간, 교과목에 대한 이해, 교과운영을 하는 방법 등 여러 가지 사항들에 대해 회의를 할 수밖에 없습니다. 따라서 각 개인이 스스로 아이디어를 모으는 것도 중요하지만 전체적으로 어떻게 의견을 모으는가 하는 것도 중요합니다.

과거에는 이렇게 모인 의견을 한 사람이 서기를 맡아 타이핑을 쳐서 화면으로 보여줬습니다. 이 때문에 서기를 제외한 나머지 사람들은 손도 움직일 필요가 없이 앉아만 있게 되는 경우가 많았습니다. 어떻게 하면 이런 과정을 좀 더 고급스럽게 바꿀 수 있을까 고민을 했는데, 다행스럽게도 ThinkWise의 협업 기능 덕분에 전 교직원이 회의와 자료 공유가 가능해졌습니다.

마인드맵핑의 세계로 들어오는 계기가 되기를

'마인드맵'이라는 아날로그 맵을 처음 만났을 때가 기억납니다. 학생들 몇 명이 학교 수업시간에 배운 내용을 마인드맵으로 그리고 있었는데, 그 사실을 모르는 선생님께서 학생들이 낙서를 하는 줄 알고 혼을 내셨죠. 그런데 이제는 전교생이 ThinkWise 맵을 쓰는 학교가 100개나 된다고 합니다. 또 이렇게 배운 학생이 사회로 나가서 자신의 업무에 ThinkWise를 도입하고 있다는 이야기도 들립니다.

독자적인 기술로 개발된 대한민국 디지털 맵핑 기술인 ThinkWise를 대한민국 사람의 1퍼센트만 제대로 사용해도 우리나라는 지금보다 훨씬 더 멋진 나라가 될 수 있을 것이라 믿습니다. 작은 기회지만, 이런 기회를 통해 더욱 많은 분들이 디지털 마인드 맵핑의 세계로 들어왔으면 합니다.

| 사례 3 | 홍천 비전교회 윤기봉 목사

목회 활동을 도와주는 평생 친구

ThinkWise를 사용하는 목회자의 한 사람으로 저 자신을 소개할 수 있어서 정말 기쁩니다. ThinkWise를 사용한 지 5년 정도밖에 안 된 새내기지만, 지난 5년 동안 거의 매일 목회활동을 위한 연구자료 수집과 정리, 위문행사 기획, 성경학습 등 많은 분야에서 사용해 왔습니다.

저는 아주 우연한 계기로, ThinkWise를 만났습니다. 정보통신부에서는 1년에 한 번씩 외부 강사를 초청해서 IT기기나 디지털기기에 대해 의견을 나누고 배우는 시간을 가지곤 합니다. 그런데 5년 전 바로 이 시간에 한 강사가 강연

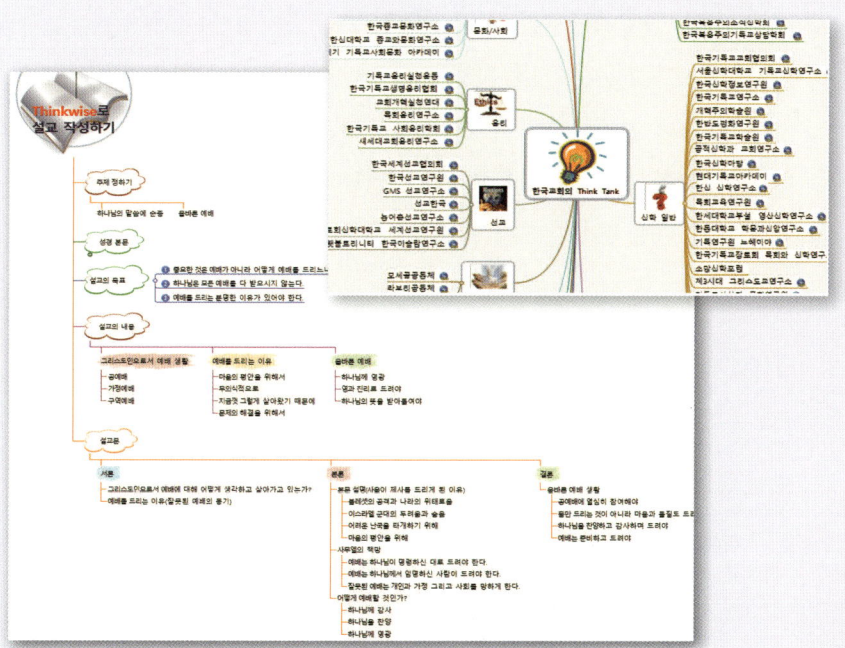

중에 ThinkWise 프로그램에 대해 이야기를 해 주셨습니다. 20~30분 정도 프로그램 소개를 들으면서 신기함과 함께 정말 그런 프로그램이 있다면 내 삶에 굉장히 큰 도움이 될 것이라는 생각이 들었습니다. 그래서 강의가 끝난 다음 여기저기 알아보다 2009년에 처음으로 ThinkWise를 구입해서 사용하기 시작했습니다.

그날 이후 저는 매일 하는 새벽기도와 매주 하는 설교, 성경공부와 여러 가지 행정적인 업무를 모두 ThinkWise로 처리하고 있습니다. 사실 예전에는 새로운 계획을 많이 만들어 내지 못했는데, ThinkWise를 사용하면서부터 나도 몰래 새롭고 창의적인 생각들이 많이 나온 덕에 진행하는 행사들마다 더욱 알차게 기획되고 진행되었습니다.

제가 ThinkWise를 통해서 얻은 가장 큰 효과는 흔히 말하는 기발하고 창의적인 생각들을 머릿속에서부터 가져오는 기능입니다. '내 안에 이런 생각이 있었구나' '내가 이런 생각도 다하네?' '이런 좋은 생각을 왜 전에는 하지 못했을까?' 하면서 스스로 놀라기도 합니다. 물론 정보의 시각화라는 측면에서, 정보를 정리할 때도 굉장히 유용합니다. 자주 가는 인터넷 사이트는 일반적으로 '즐겨찾기'에 등록하고 관리하는데, 이것을 ThinkWise로 정리하면 전혀 다른 새로운 관리 효과를 경험할 수 있습니다.

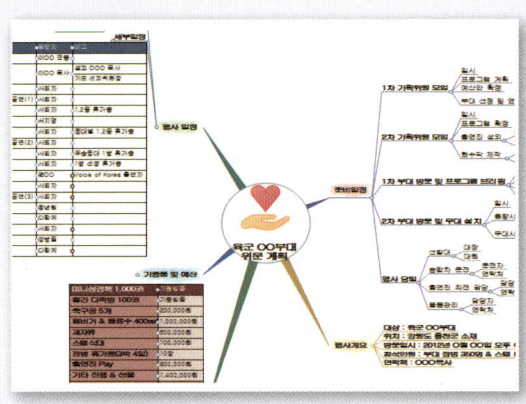

성경공부 관련 기획도 마찬가지입니다.

옛말에 '좋은 친구는 늘 곁에 두고 싶고, 스스로 좋은 친구가 되고자 하는 욕심이 생긴다'고 했습니다. 그동안 수많은 컴퓨터 프로그램들을 사용해 봤고, 개중에는 제가 하는 일에 큰 도움이 되는 프로그램들도 적지 않지만 ThinkWise를 만나면서 평생 함께할 친구, 좋은 비서를 얻은 것처럼 뿌듯했습니다.

어떤 면에서 ThinkWise를 만난 것이 저의 삶에서 가장 큰 행복 중의 하나라고 생각합니다.

| 사례 4 | 배움아카데미 조석중 대표

엄청난 성장을 부르는 마법 같은 도구

저는 전라북도 전주에 있는 배움 아카데미의 대표로서 변화와 실행, 동기부여 강의를 전문적으로 하고 있습니다. 이와 더불어 전라북도 지방의 공무원교육원, 지방행정연수원 등의 관공서와 지방자치단체 등에 교육프로그램 등을 기획하고 공급하고 있습니다.

평소 저는 책을 읽거나 교육을 진행하면서 얻게 된 다양한 정보들을 정리하고, 이렇게 정리된 정보들을 제대로 활용하고 싶다는 생각을 많이 하고 있었는데, 지난 2010년 한 지인의 소개로 ThinkWise 프로그램을 만나고는 그만 푹 빠지고 말았습니다.

ThinkWise 프로그램을 쓰면서 얻은 가장 큰 수확은 책을 읽거나 교육을 받을 때, 혹은 그때그때 떠오른 생각들을 시간과 공간에 구애받지 않고 스마트폰이나 PC로 즉시 정리할 수 있다는 것입니다. 또 그렇게 정리된 정보들을 우리 직원이나 다른 분들에게 전달할 경우, 한눈에 알아보기 쉬운 마인드맵의 형태로 보여지기 때문에 매우 쉽게 이해할 수 있습니다. 최근에는 스마트폰이나 아이패드로 다양하게 정리된 것들을 공유할 수 있는 협업 네트워크가 구축되어 실시간으로 정보와 회의를 공유할 수 있게 되었습니다. 게다가 함께 일하는 사람들의 스케줄까지 함께 공유할 수 있는 플래너 기능까지 탑재되었으니 더 이상 바라는 게 없을 정도입니다.

외근 중이거나 이동 중일 때는 특별한 메모도구가 없기 때문에 강의계획서나 순간적으로 떠오르는 생각들을 정리하는 데 어려움이 많았습니다. 하지만 그 문제도 Mobile ThinkWise를 활용하면서 싹 사라지게 되었습니다.

먼저 ThinkWise로 들어가서 DropBox에 파일들을 정리해 놓습니다. 그리고 플래너를 통해 저의 일정을 확인합니다. 일정은 주별, 일별로 나누어서 정리를 합니다. 특히 강의계획서는 ThinkWise와 플래너의 도움을 많이 받고 있습니다.

PC는 물론 스마트폰으로 강의계획서를 작성하기도 하고, 작성된 강의계획서를 다시 보면서 정리를 하기도 합니다. 그리고 기획 중인 강의에 대한 아이디어가 떠오르면 바로 그 내용을 입력합니다. 예를 들어 길을 걸어가거나 차를 마시다가 아이디어가 떠오르는 대로 기록하고, 사무실에 돌아와서 완벽한 강의계획서로 다시 구성을 하곤 합니다.

아래 맵은 2014년 1월 강의 내용으로 첫째 시간, 둘째 시간, 셋째 시간, 준비물 등 그때그때 생각이 날 때마다 이렇게 정리를 해 두곤 했습니다.

그리고 책을 읽고 난 뒤, 혹은 교육을 듣고 난 뒤 교육후기 등을 정리할 때도 마찬가지입니다.

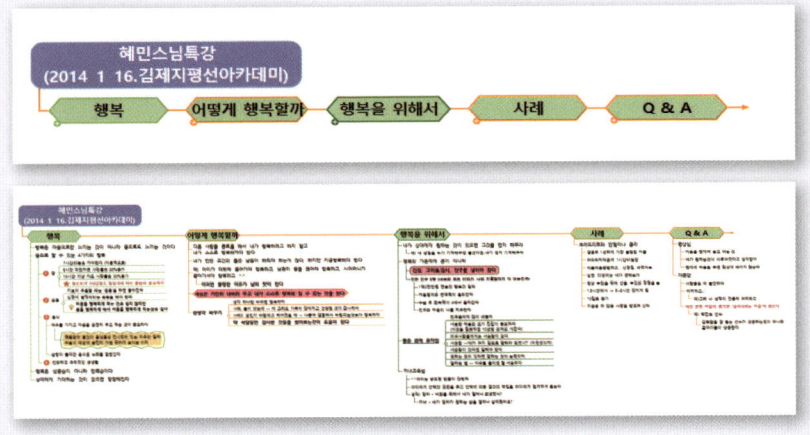

ThinkWise를 한마디로 정의하자면, 개인 및 조직의 지식경영과 학습경영에 있어서 엄청난 성장과 성과를 주는 마법과 같은 도구라 할 수 있습니다. 저는 ThinkWise를 사용하면서부터 눈에 띄는 성과를 많이 내고 있습니다. 많은 분들이 ThinkWise를 통해 각자의 분야에서 저와 같은 많은 성과를 거두었으면 좋겠습니다.

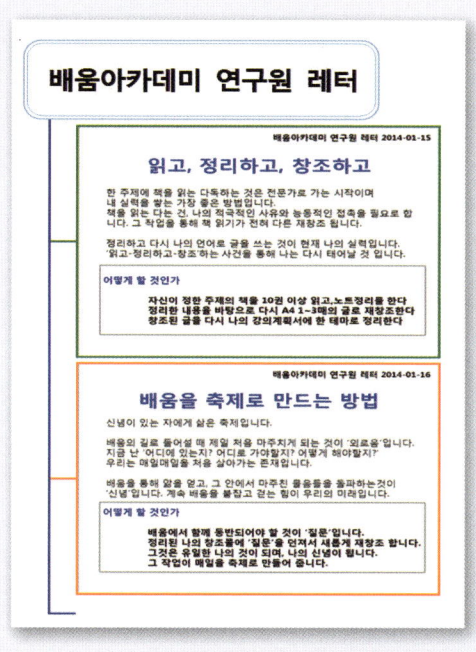

| 사례 5 | 강남 the밝은안과 김성일 원장

목표와 방향성을 갖춘 철학적 프로그램

　수술을 하는 의사로서 실수가 있어서는 안 되기 때문에 정확하게 수술하는 방법을 어떻게 하면 체계화시킬 수 있을까 하는 연구를 많이 했습니다. 그런데 이런 연구를 하다 보니까 프로그래밍이 필요해지더군요. 그런데 저는 한 번도 프로그래밍을 배운 적이 없었습니다.

　그때 프로그래밍을 위한 새로운 지식을 습득하기 위해 VisualBasic과 Excel 등도 공부했습니다. 이렇게 공부를 하다 보니, 프로그래밍에는 설계가 중요하다는 것을 깨달았습니다. 그리고 설계를 하기 위해서는 머릿속에 들어 있는 개념을 그림으로 펼쳐서 논리적으로 배치해야 하는데, 바로 이때 마인드맵 프로그램인 ThinkWise가 매우 훌륭한 도움이 되어 주었습니다.

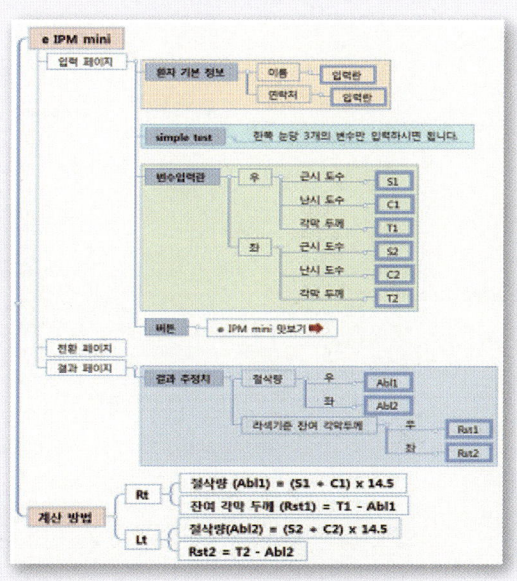

철학과 방향성을 갖춘 프로그램

이런 뛰어난 기능뿐 아니라 제가 ThinkWise를 좋아하는 또 다른 이유가 있습니다. 그것은 바로 이 프로그램에는 개발자의 혼이 실려 있다는 것입니다. 성공을 하겠다거나 돈을 벌겠다는 상투적인 CEO의 마인드가 아니라 ThinkWise의 개발자는 방향성이 있고, 목표가 있고 수많은 아이디어를 발산하고 수렴합니다. 그래서 언젠가 저는 이 프로그램의 개발자를 만나 보고 이렇게 말씀을 드렸습니다.

"ThinkWise는 우리나라를 바꾸고, 이 세계도 바꿀 것입니다. 저도 동참하고 싶습니다."

다시 한번 강조하자면, ThinkWise가 여타의 소프트웨어와 다른 점은 바로 프로그램을 만든 분의 철학과 방향성이 있다는 점입니다.

아이디어를 발산하라

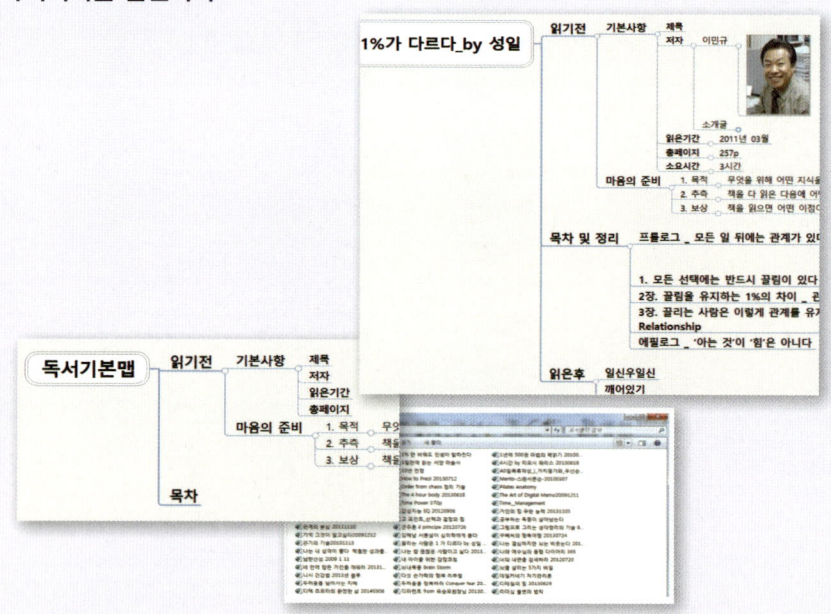

ThinkWise의 우수성을 알게 된 후, 수많은 사람들에게 이 프로그램을 소개하고 알려줬지만 그중에서도 특히 저는 우리 꿈나무들, 그리고 그 아이들에게 큰 영향력을 미치는 선생님들이 빠른 시간 내에 ThinkWise를 습득해야 한다고 생각합니다.

이와 더불어 초중고 학생들은 물론 대학생, 성인들도 노트 정리를 이걸로 했으면 좋겠습니다.

우리는 보는 수많은 책에는 저마다 목차가 있습니다. 그 목차를 ThinkWise로 정리해서 목차들끼리 배치하는 연습만 해도 1단계는 넘어간다고 생각합니다.

제 경우에는 밑줄을 그으면서 책을 읽는데, 이렇게 발견한 좋은 문장들을 목차 밑에다 배치해 두면, 나중에 독후감을 쓸 필요도 없고, 목차만 봐도 책 한 권을 다시 보는 것 같은 효과를 볼 수도 있습니다. 나중에 다른 책을 읽으면서 거기에 또 내용을 붙이는 식으로 계속해 나가면 어느새 ThinkWise에 익숙해지고 ThinkWise와 같은 사고방식 체계를 얻을 수 있지 않을까요?

"아이디어를 발산하라!" 말은 쉽지만 실제로 하는 것은 어려울 수 있습니다.

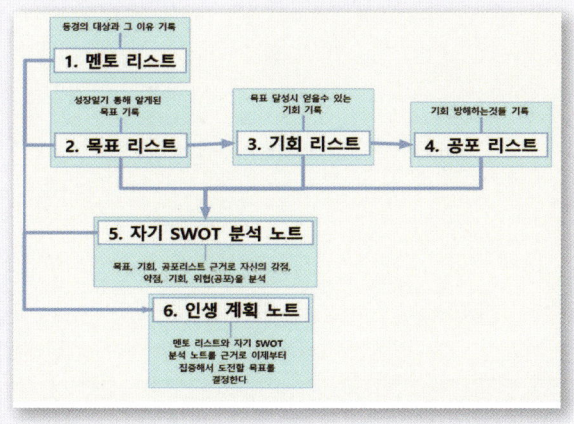

하지만 책에 있는 내용을 가지 형태로 재배치하는 훈련만 하더라도 아이디어 발산 훈련으로 충분하지 않을까 싶습니다.

  저는 개인적으로 참 부족한 사람입니다. 하지만 ThinkWise라는 좋은 도구의 활용법을 알게 된 덕분에 특허까지 받게 되었습니다. 고마운 일입니다. 만일 저처럼 부족한 사람이 아닌 다른 분이라면 ThinkWise를 활용해서 더욱 활짝 꽃을 피울 수 있을 것이라 믿습니다. 그런 의미에서 더욱더 많은 분들이 ThinkWise를 자유자재로 사용하게 되는 날이 오기를 기원합니다.

| 사례 6 | (주)이젠미디어출판사 이영희 팀장

'분량'이 아니라 '직관적인 힘'으로 설득하라

제가 맡은 업무는 외부 저자 발굴과 콘텐츠 개발 진행, 저자 및 출판사 총괄 관리 등 다양합니다. 이처럼 다양한 업무를 처리하는 데 있어서 절대적인 도움을 주는 것이 바로 ThinkWise 프로그램입니다. 사실 저뿐만 우리 출판사는 전 직원이 하루 종일 ThinkWise를 열어 놓고, 이를 통해 새로운 원고 개발과 진행에 따른 기본적인 자료조사, 시장조사를 진행합니다. 그리고 이를 바탕으로 원고 집필 방향을 설정, 수정 편집하는 거죠.

아래 맵은 새로운 콘셉트의 강좌를 인터넷에서 찾아낸 다음 저자와 연락해서 새로운 책을 기획하는 과정을 나타낸 것입니다.

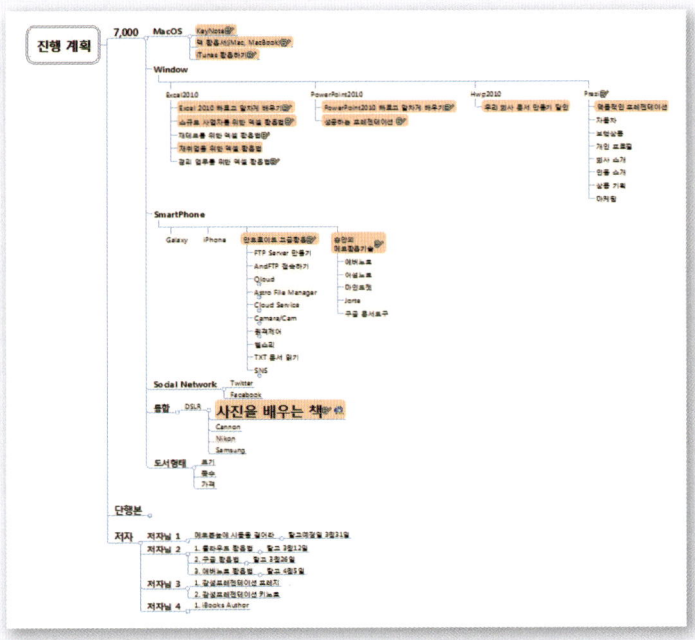

먼저 저자를 발굴, 섭외하고 미팅을 진행합니다. 그런 다음 콘텐츠의 기획을 수립하고 차례를 구성합니다. 이런 형태로 출간 계획을 관리하면서 외부 자료는 하이퍼링크와 화면 캡처, 스크랩 기능을 활용하여 조사합니다. 즉 ThinkWise를 이용하여 기획 단계부터 최종 출력 직전까지 모든 업무를 관리하고 있습니다.

모든 기획은 누군가를 '설득'하고자 하는 목적을 가지고 있습니다. 따라서 기획서는 얼마나 많은 내용을 담았는가 하는 '분량'이 아니라 한눈에 보이는 직관적인 힘이 더 강한 설득력을 가지고 있습니다. 우리는 앞으로도 모든 책의 기획 관련 업무를 ThinkWise로 할 것이며, 다른 기획자에게도 이를 꼭 권하고 싶습니다.

| 사례 7 | GA Korea 정화식 차장

체계적인 영업교육이 가능해져

대부분의 사람들이 정보화 시대를 처음 체감한 것은 컴퓨터와 PC통신이 온 세상을 주름잡던 1996년이었을 겁니다. 우리나라에는 발매되지 않아 구하기 힘들었던 유명가수의 앨범이나 MP3음원을 누구나 PC통신 동호회에서 다운받아서 들을 수 있게 되었고, 엄청난 양의 백과사전이 한 장짜리 CD에 몽땅 들어간다는 사실에 경악했던 때입니다. 이와 더불어 PC통신에 가입해야만 접속할 수 있었던 인터넷과 그로 인한 정보의 교류가 조심스럽게 진행되고 있었습니다.

당시 저는 생명보험사에 막 입사한 신입사원이었습니다. 당시 저는 신입사원을 위한 교육에서 그 어떤 과목보다도 '정보수집 및 활용방법'이란 시간을 가장 기대하고 있었습니다. 하지만 강사는 그 무렵 막 시작된 신문PDF 서비스를 이용, 기사를 복사하여 스크랩하라는 식으로 강의를 진행했습니다. 강사의 문제라기보다는 그 당시의 한계였습니다. 물론 저의 기대에는 턱없이 미치지 못했습니다.

이후 현장 총무 업무와 e-비즈니스부, CRM부를 거쳐 영업교육부에 이르렀을 때, 저는 업무방식에 변화가 필요하다는 것을 느꼈습니다.

기업교육 분야 중에서 영업교육은 수많은 교육대상과 다양한 목적에 따라 방대한 교육자료를 기획, 취합하고 정리하는 작업의 연속이었습니다. 더욱이 교육 과정 설계나 기획에서 끝나는 것이 아니라 과정을 운영한 다음 그 결과를 신속하게 현장까지 피드백해야 하기 때문에 신속 정확한 기획은 물론 관련 자료나 정보를 체계적으로 정리하는 방법이 필요했습니다.

이때 운명적으로 만난 것이 바로 ThinkWise입니다.

마인드맵이란 생각정리 기법은 예전부터 알고 있었지만, 저는 그저 할 일 없이 여유가 많은 사람들이나 하는 비효율적인 작업이라 치부하고 있었습니다. 그런데 막상 ThinkWise를 내 업무에 적용해 보니까 세상에 이처럼 좋은 도구가 없다는 생각과 확신이 들기 시작했습니다.

저는 교육과정 기획과 운영 전반에 걸쳐 다음과 같은 순서에 따라 ThinkWise를 활용합니다.

1단계는 과정설계입니다.

1. 전국의 교육대상자들과 전화 인터뷰를 통해 주제에 대한 의견을 청취합니다.
2. 청취한 내용을 ThinkWise에 그대로 정리합니다.
   - 이때 중요한 것은 인터뷰이의 표현을 축약하지 말고, 그대로 살려서 적어야 한다는 것입니다. 그래야 인터뷰이의 감정이나 표현의 디테일한 느낌까지 잊지 않을 수 있습니다.
   - 일반적으로 워드나 PPT로 축약해서 정리하다가 디테일을 놓치는 오류를 범합니다.
   - ThinkWise는 일단 다 써놓고 숨겨 놓았다가 필요할 때마다 확장해서 열어 보면 됩니다.
3. 씽크와이즈로 교육개요를 정리합니다.
4. 또한 과정 준비, 과정 진행, 과정 결과 Flow도 정리합니다.
5. 가능하면 목표 일정도 정리합니다.
6. 과정과 관련한 동영상, 자료, 강의안 등을 링크하여 정리합니다.

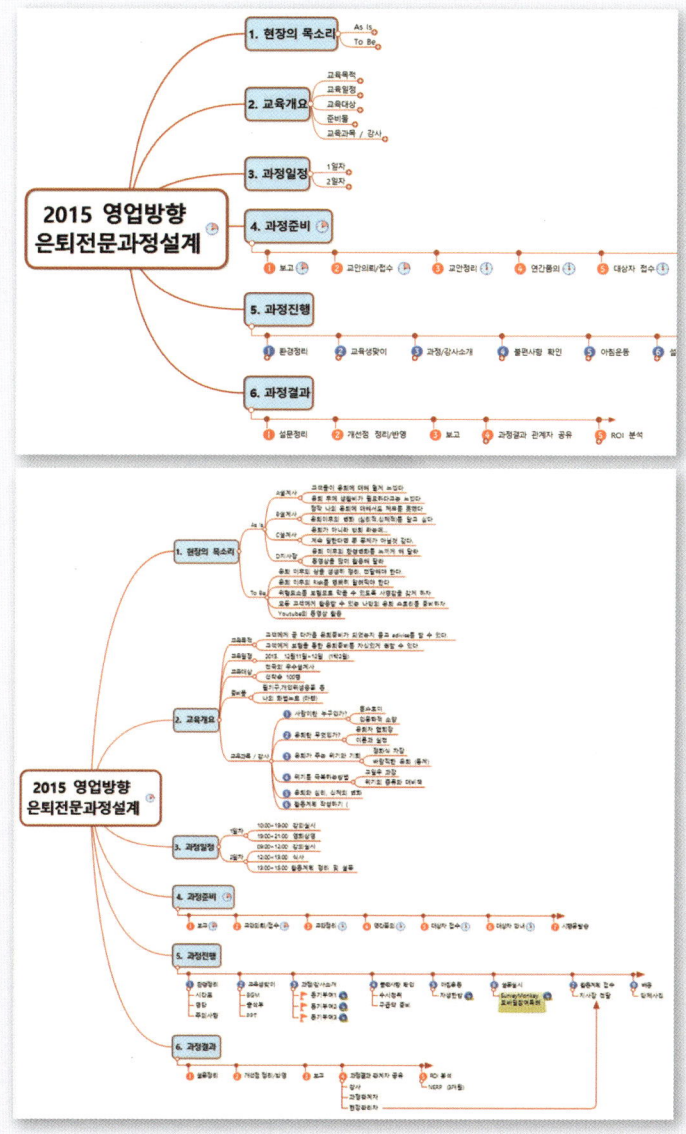

2단계는 과정PPT/강의PPT 작성: PPT로 변환하고 수정합니다.
3단계는 과정진행 활용: ThinkWise를 띄워 놓고 클릭해서 바로 진행합니다.

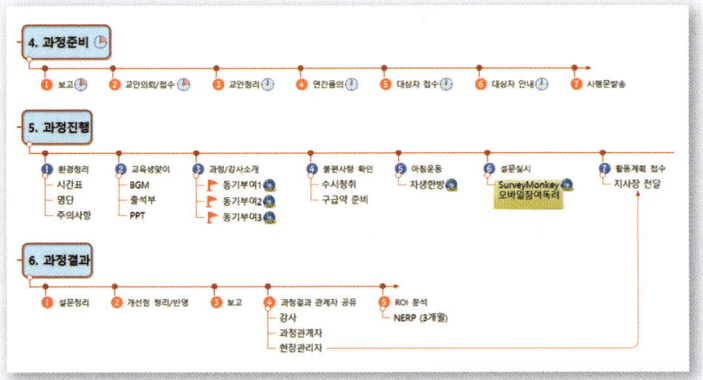

    ThinkWise는 특히 기획 업무 시 MECE(Mutually Exclusive and Collectively Exhaustive)에 충실하게 즉, 중복 없고 누락 없이 아이디어를 발상하고 정리하는 데 도움을 줍니다. 또한 회의나 과정 등의 기록을 남기는 역할(히스토리북)이 탁월합니다. 그래서 때로는 저의 다양한 취미생활을 기록하는 데 활용하기도 합니다.

    요즘은 연로하신 아버지의 자서전을 쓰는 데 활용하고 있습니다. 아버지께서 기억을 더듬어 이런저런 이야기를 하실 때는 정리하는 데 어려움이 있습니다. 하지만, ThinkWise를 활용하면 일단 말씀하시는 대로 입력한 뒤 나중에 연대기적으로 정리할 수 있기 때문에 편리합니다.

    아내는 부업에 대한 기획과 실천은 물론 집안 일과 관련한 기록에도 ThinkWise를 활용하고 있습니다.

    요즘 제 나름으로는 열공 중인 초등학교 6학년 딸은 공부에 ThinkWise를 활용한 결과 평소 취약했던 사회과목이 재미있어졌다고 합니다. 앞으로 중학교에서는 사계절 학습법을 더욱더 활용할 예정입니다.

    이처럼 ThinkWise는 우리 가족 모두가 행복을 계획하고 실천하는 삶의 동반자가 아닐까 싶다.

Chapter ❷

프로젝트 마스터 – 회의

목적에 따라 회의의 유형도 여러 가지가 있다. 그러나 회의 역시 목표가 정해져 있고, 시작과 끝이 있는 한 개의 프로젝트로 보면 모든 것이 간단해진다.

회의는 명확한 목표와 주어진 시간(또는 절차)을 제시하는 것으로 시작하고, 진행은 참석자의 사고능력을 일관된 방향으로 집결하여 의미 있는 결과를 만들어 내도록 하는 것이다. 이를 위해 진행자에게 필요한 역량은 회의 흐름과 깊이의 균형을 잡아 주는 것이다. 참석자들이 주제에 집중하고 풍부한 의견을 내도록 하는 기본 요령은 첫째, 알고자 하는 것의 테두리를 제시하여 '빈 곳을 채우려는 두뇌의 속성'이 발동하게 유도하는 것이며 둘째, 장황하게 설명한 내용을 핵심어로 요약하는 과정을 모두에게 보여 줌으로써 참석자가 자신의 의견을 가능한 한 논리적이고 함축된 형태로 표현하도록 유도하는 것이다.

ThinkWise를 회의에 활용할 경우, 준비와 진행 과정에서 시각적 맵핑을 사용함으로써 참석자들의 아이디어 도출이 원활하게 이루어지고, 회의 종료와 함께 회의록이 자동으로 만들어지게 된다. 이외에도 다음과 같은 효과를 얻게 되는데, 이를 통해 회의 시간과 횟수가 평균 30퍼센트 정도 줄어드는 것으로 나타났다.

1. 참가자 전원이 스크린에 집중하여 의견을 같이 조율하기 때문에 진행자의 능력이 다소 부족한 경우에도 훌륭한 회의 결과를 얻을 수 있다.
2. 모두가 전체 내용을 시각적으로 파악하고 있기 때문에 주제에서 벗어난 내용이 나오거나 한 사람의 말이 너무 길어지는 것을 사전에 예방하고 통제하기가 쉽다.
3. 참석자의 의견이 핵심어로 요약되어 맵에 추가될 것임을 모두가 알고 있다. 따라서 자신의 의견을 전체 맥락 속에서 가능한 한 논리적으로 요약해서 표현하려는 노력을 하게 된다.

이제 고수들의 이야기를 들어 보자.

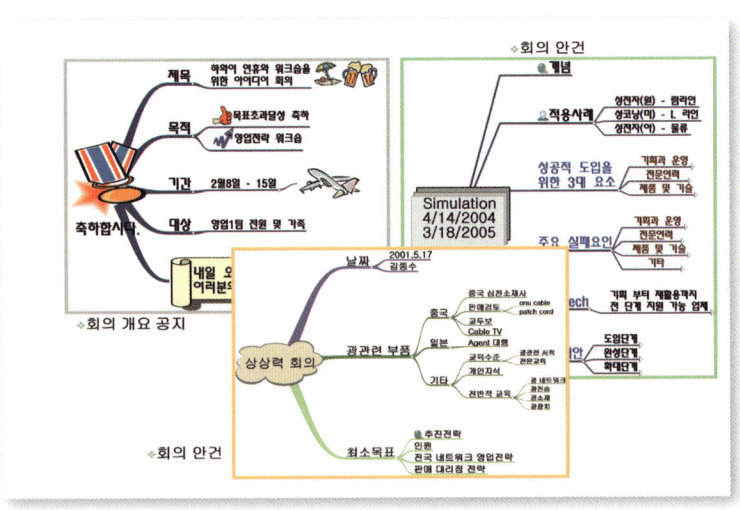

| 사례 1 | 익명으로 자료실에 올림

1페이지짜리 보고서에 모든 것을 담다

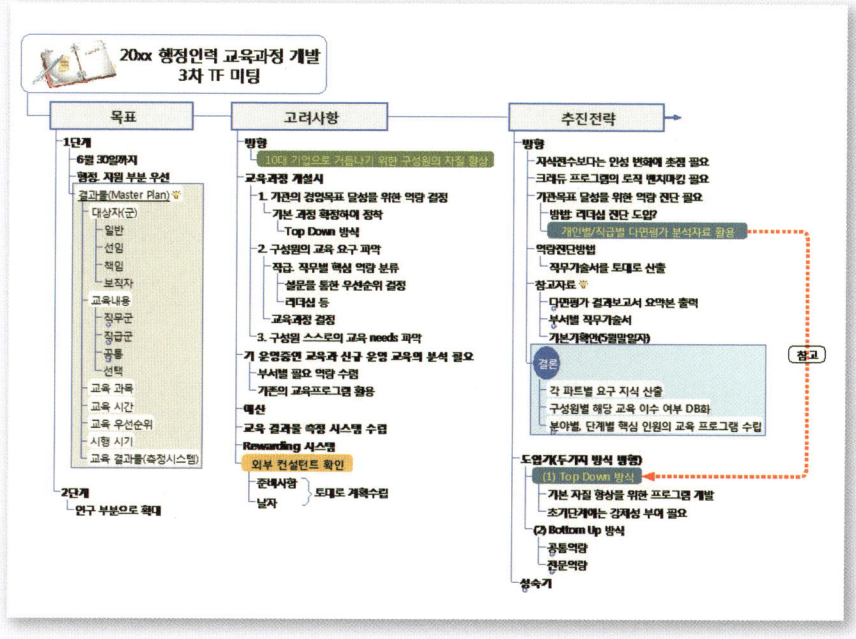

제가 맡은 업무는 우리 직원들을 대상으로 직원 직무교육을 진행하는 것입니다.

최근 우리 회사는 10대 기업으로 거듭나기 위해 회사 전체 구성원의 자질을 향상시키는 행성인력 교육과정 개발 관련 회의를 열었습니다. 이번이 세 번째 회의였는데, 실제 교육을 수행할 시기와 교육 진행에서의 고려사항, 그리고 추진전략 등에 대한 심층적인 이야기를 나누었습니다.

그리고 3시간여의 긴 회의 끝에 내려진 결론은, ThinkWise를 활용해서 입체적으로 정리했습니다. 단 1페이지로 정리된 보고서는….

- 회의 전체 내용이 한눈에 보일 수 있도록 정리되었고,
- 교육과정에 필요한 고려사항을 명확하게 파악할 수 있게 해 주었으며,
- 추진전략을 쉽게 수립할 수 있도록 해 주었습니다.

ThinkWise를 활용해서 회의를 진행한 덕분에 관련 내용을 모든 참여자가 공유할 수 있어서 회의 집중도가 높았고, 결론을 빨리 도출할 수 있어서 회의 진행 시간을 예전보다 절반 이상 줄일 수 있었습니다.

| 사례 2 | GIL컨설팅 그룹 강봉원 대표

앞서가는 컨설팅의 비결

지난 2000년 성균관대학교 학내 벤처로 출발한 '컨설팅그룹 GIL'은 경영혁신과 품질혁신, 제조원가율 계산, 기업의 인재육성 프로그램 등에 대한 컨설팅 업무를 수행하고 있습니다. 주요 고객으로는 삼성전자와 포스코, CJ 등의 대기업을 비롯해 한국마사회, 한국광해관리공단과 같은 공기업 그리고 네페스나 일진글로벌 등의 중소기업에 이르기까지 다양합니다.

이처럼 교육이나 컨설팅을 하기 위해 가장 먼저 하는 일은 고객들의 요구에 적합한 맞춤형 제안서를 작성하는 일입니다. 그런데, 이 제안서를 쓰는 일이 생각보다 만만치가 않습니다. 그래서 예전에는 제안서의 틀을 몇 가지 만들어 놓고 상황에 따라 그 가운데 하나를 골라 이리저리 맞춰서 제안서를 작성해 왔습니다.

하지만 그렇게 작성된 제안서는 작성하는 우리는 물론 고객들의 입장에서도 썩 만족스럽지가 않았습니다. 그래서 늘 '제안서를 어떻게 써야 고객들이 만족할 수 있을까?' 하는 것이 큰 고민이었습니다. 그러다 우연한 기회에 ThinkWise 프로그램을 만났는데, 첫눈에 반할 만큼 만족스러웠습니다.

특히 고객들에게 전달하고자 하는 생각을 만들어 내고, 그렇게 만들어진 생각을 확장시키고 정리하는 데 아주 효과적이었습니다. 그래서 요즘은 제안서 하나를 작성하는 데 대부분 하루 안에 마무리가 됩니다.

제가 워낙 ThinkWise를 좋아하고 자주 사용하다 보니 우리 회사 직원들도 모두 ThinkWise를 사용하고 있습니다. 이제는 모든 주간 업무일지를 ThinkWise로 작성하여 공유하고 있기 때문에 조금 과장해서 말하자면 ThinkWise가 없으면 업무가 불가능할 정도입니다.

ThinkWise는 참으로 많은 기능을 갖추고 있지만, 그중에서도 특히 여러 사람에게 권하고 싶은 기능이 바로 '협업' 기능입니다. 협업은 서로 다른 장소에서 근무하는 사람들이 공간에 구애받지 않고 같은 화면을 보면서 함께 아이디어를 만들고 확산시키고 정리할 수 있는 놀라운 기능입니다. 심지어 다른 공간만이 아니라 다른 시간대에 있는 사람도 언제든지 회의 결과를 보면서 자신의 의견과 각종 정보를 첨삭할 수 있기 때문에 업무효율성이 매우 크게 증진될 수 있습니다.

이 때문에 저는 컨설턴트를 비롯한 모든 우리 회사 직원들이 지금보다 더 많이 ThinkWise의 기능들을 배우고 활용할 수 있기를 기대하고 있습니다. 그것이 곧 업무 능력의 향상으로 이어지리라 믿고 있기 때문입니다.

저는 초등학교 4학년과 중학교 1학년인 아이가 둘 있습니다. 그중에 큰아이는 초등학교 4학년 때부터 ThinkWise를 사용하도록 권했습니다. 주로 활용하는 분야는 독서록입니다.

초등학생 자녀를 둔 부모님이라면 아이들 독서록을 보다가 당황한 경험이 많이 있을 것입니다. 아이가 분명히 책을 읽기는 읽은 것 같은데, 독서록을 보면 도대체 무슨 책을 어떻게 읽은 것인지 알 수 없는 경우가 많습니다. 아직 어린 초등학생들은 자기가 느끼고 생각하는 것을 차근차근 정리하는 능력이 떨어지기 때문입니다.

우리 아이도 마찬가지였습니다. 그런데 그 녀석에게 ThinkWise 화면을 열어서 큰 제목으로 '등장인물', '줄거리', '소감' 이렇게 3가지 가지를 만들어 주고, "여기에 네가 읽은 책의 등장인물이 누구인지, 줄거리는 처음에 어떻게 시작해서 중간에는 어떤 일이 있었고 마지막에는 어떻게 마무리가 되는지 써봐. 그리고 마지막으로 이 책을 읽은 소감은 어떤지 쓰도록 해." 했더니 아이가 독서록을 쓰는 방식이 달라지기 시작했습니다. 즉 ThinkWise를 이용하여 마인드맵 형태로 독서록을 쓰도록 하면 자신이 읽은 책을 차근차근 정리해서 쓰는 버릇이 길러지고, 이렇게 독서의 힘이 길러지면 다음에 또 다른 책을 읽거나 중간고사나 기말고사를 과목별로 정리할 때도 반영이 됩니다.

당연히 우리 큰애도 중간고사 및 기말고사 과목 정리는 ThinkWise로 하고 있고, 초등학교 4학년인 둘째도 이제 ThinkWise로 독서록을 작성하기 시작했습니다.

ThinkWise는 이처럼 직장인뿐만 아니라 학생들의 과목 정리와 독서록 작성에도 탁월한 힘을 발휘합니다. 간혹 직장인들 가운데 ThinkWise를 실제로 어떤 분야에 활용할 수 있을까 의문을 품는 사람들이 있는데, 사실상 직장인들의 경우에는 거의 모든 분야에서 ThinkWise를 활용할 수 있습니다.

어떤 것을 기획하거나 제안서를 쓸 때는 물론 대면 토론과 화상 회의, 회사 워크숍, 단체 여행이나 출장 등에도 두루 활용할 수 있고, 모든 프로젝트를 끝내고 최종 보고서를 작성할 때도 뛰어난 능력을 보여줍니다.

저는 지금껏 참으로 많은 Tool을 사용해보았습니다. 파워포인트도 써봤고 엑셀도 써봤습니다. 하지만 감히 단언컨대 ThinkWise만큼 큰 효과를 본 도구는 없었습니다.

| 사례 3 | 익명으로 자료실에 올림

회의 시간은 짧아지고 효율은 높아졌어요

  회의가 있을 때면 대부분의 참석자들이 노트를 열어 놓고 회의 내용을 나름대로 정리하고, 자기가 말해야 할 부분들도 따로 정리해서 발표합니다. 이렇게 회의 내용도 기록해야 하고, 자신이 말할 내용도 생각해야 하니까 회의가 산만해지거나 다른 방향으로 흘러갈 때가 많습니다. 따라서 진행자가 능숙하게 발표 내용들을 정리하면서 끌고 가지 않으면 회의는 길어질 수밖에 없고, 자칫하다가는 회의를 위한 회의를 또다시 해야 하는 상황이 발생하게 됩니다. 게다가 각자가 정리한 회의 기록이 실제 협의된 내용과 다를 때도 있기 때문에 다음 회의에서 논란이 일어나는 경우도 종종 있습니다.

  어떻게 하면 빠른 시간 내에 꼭 필요한 얘기들만 나눌 수는 없을까 하면서 여러 가지 방법을 시도해 보던 중 한 지인으로부터 ThinkWise를 소개받았습니다. 처음 접해 본 ThinkWise의 기능은 정말 기대 이상이었습니다. 이제 저는 거의 모든 회의 때마다 ThinkWise가 설치된 노트북과 빔 프로젝트를 준비해서 진행합니다.

1. 회의 시작 전에 오늘의 주요 안건들을 표시해 둡니다.
2. 회의가 시작되면 쏟아지는 내용들을 핵심어 위주로 나열합니다.
3. 나열된 내용 중 관련성 있는 것들은 묶어서 정리합니다.
4. 결정된 사항을 기호로 표시하여 눈에 띄게 합니다.
5. 불필요한 내용들을 지우고, 연계가 필요한 부분들은 관계연결선을 이용

하여 연결합니다.

6. 회의 종료 후 워드프로세서 변환 기능을 이용하여 단번에 보고서를 만듭니다.

이렇게 진행을 하게 되니까 불필요한 말은 하지 않게 되었고, 모든 참석자가 집중을 하게 되니까 회의가 빨리 마무리되었습니다. 또한 전체적인 내용을 쉽게 파악하게 되었고, 누가 어떤 일을 해야 할지 역할분담도 쉽게 할 수 있게 되었습니다. 더욱이 회의 종료와 동시에 보고서를 자동으로 만들 수 있기 때문에 보고서를 만들기 위한 별도의 시간을 낼 필요도 없어졌습니다.

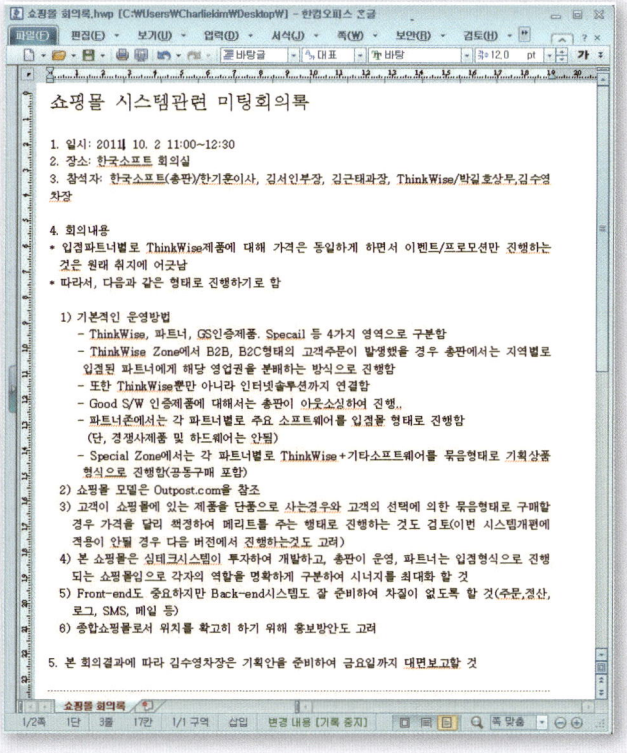

| 사례 4 | 연변 과학기술대학교 상경학부 조원상 교수

쓰면 쓸수록 놀라운 마인드매퍼의 힘

    같은 과의 한 교수님이 ThinkWise 프로그램인 마인드매퍼(Mindmapper)를 사용하는 걸 처음 보았을 때는 '초등학생이나 중고등학생이 사용하는 프로그램' 정도로 생각했습니다. 하지만 교수님께 소개를 받고 막상 프로그램을 사용하면서 그 파워에 날마다 놀라고 있습니다.

    평양과기대의 프로젝트 코디네이터로 일하는 저는 늘 회의와 함께 삽니다. 그런데, 특별한 프로젝트를 론칭하기 위한 브레인스토밍 회의를 할 때마다 느끼는 것은 Mindmapper의 힘이 정말 대단하다는 것입니다. 먼저 제 컴퓨터를 빔 프로젝터에 연결한 뒤 참석자들이 각자 생각하는 걸 특별한 격식 없이 자유롭게 발표하도록 합니다. 저는 회의 주재자로서 마인드매퍼를 열어 놓고 다양한 생각들을 정리합니다. 이렇게 한 바퀴, 두 바퀴 돌아가면 다양한 사람들의 아이디어가 차츰 구조를 잡아가기 시작합니다.

    예전에 아무런 도구도 없이 그냥 브레인스토밍을 할 때는 회의가 끝난 뒤 다양한 아이디어들을 정리하는 것이 여간 어렵지 않았는데, 마인드매퍼를 활용하는 지금은 회의가 끝나는 순간 다양한 아이디어들이 구조와 함께 정리가 되니까 정말 놀라울 지경입니다. 또 참석자들 역시 자신들이 낸 아이디어가 점차 구조를 잡아가다가 회의가 끝날 때에는 큰 그림의 구조로 드러나는 것을 보면서 성취감에 젖게 됩니다. 이제 마인드매퍼 없이 회의를 진행한다는 것은 있을 수 없는 일입니다.

사례 5 | 익명으로 자료실에 올림

회의시간을 반 이상 줄여 줍니다

모 그룹 임원이 사용하는 것을 보고 괜찮겠다 싶어서 나도 ThinkWise를 사용해보기로 마음을 먹었습니다. 그리고 처음 ThinkWise를 접한 순간 나도 모르게 외마디 비명을 질렀습니다.

"너 왜 이제야 나왔니!"

특히 ThinkWise는 회의를 진행할 때나 회의록을 작성할 때, 기획을 할 때 자신의 진가를 발휘합니다.

회의를 진행할 때는 먼저 ThinkWise의 중간에 있는 타이틀('Title')에 회의 주제를 적어 놓습니다. 그리고 몇 가지 안건들을 첫째 가지에 기록하고, 그에 따른 의견들을 하위 가지로 붙여 넣습니다. 여기까지만 보면 ThinkWise 역시 그저 문서 작성 툴에 불과한 것처럼 보입니다. 하지만 가지를 그루핑해서 이동해가며 주제에 따른 하부 가지로 붙여 넣고, 그에 따른 추가사항을 붙여 나가다 보면 빠진 부분이 한눈에 들어옵니다. 이 때문에 참석자들은 자연스럽게 빠진 내용에 대한 의견을 내놓게 됩니다.

보통 몇 시간씩 걸리던 회의가 창의적인 아이디어 발표, 빠진 사항 없는 꼼꼼한 진행, 군더더기 없는 일목요연한 내용 정리 덕분에 이제는 30분도 안 걸립니다. 회의록을 따로 정리할 필요도 없습니다. 문서 변환 버튼만 누르면 워드나 파워포인트로 변환되고, 필요한 파일을 첨부해서 메일로도 보낼 수 있기 때문에 정말 엄청나게 시간이 절약됩니다. 또 웹 페이지로 문서를 저장하면 회의 내용을 전 사원이 공유할 수도 있습니다.

ThinkWise를 사용해보신 분들은 누구나 고개를 끄덕거릴 것입니다.

우리 회사는 하루 세 번 이상 회의를 하는데, 이제는 ThinkWise 없이 회의를 할 수가 없습니다. 직원들은 회의를 통해 정해진 자신의 업무 일정을 각자의 pc로 정리하면서 진행하고, 회의를 통한 결정사항은 대형 맵으로 출력해서 사내에 붙여 놓습니다.

때때로 회의 결과를 PT 형태로 보고할 때는 하위 가지들을 감아 올려 회의 안건을 먼저 보여 드린 다음 감아 내리기를 해서 안건에 따른 의견들을 차례로 보여 드리면서 설명을 합니다. 이럴 때면 제가 PT를 하면서도 정말 정리가 잘되었다는 느낌이 듭니다. 뿐만 아니라 다른 업체들과 미팅을 할 때도 ThinkWise를 열어 놓고 회의를 하면 우쭐한 마음이 들곤 합니다.

사용법도 생각보다 참 쉽습니다. 게다가 국내 기술로 만들어졌다니 정말 대단한 소프트웨어입니다. 이렇게 훌륭한 소프트웨어를 만들어 주신 분들께 힘찬 박수를 보냅니다.

Chapter ❸

프로젝트 마스터 –
프레젠테이션

    영업을 비즈니스의 꽃이라고 한다면, 프레젠테이션은 업무활동의 꽃이다. 그리고 시작과 끝이 있고 주어진 시간과 목표가 있다는 점에서 프레젠테이션 역시 프로젝트와 본질적으로 동일한 속성을 갖는다.

    프레젠테이션은 내용의 기획과 자료 제작 그리고 발표라는 세 단계의 작업으로 이루어지는데, 특히 중요한 부분은 발표할 내용과 흐름에 대한 기획이다. 기획 능력은 종합적인 사고력, 즉 창의력과 논리적인 사고능력을 요구하기 때문에 이것을 배우려면 어쩌면 논술학원이라도 가야 할지 모른다.

    저자는 1989년 샌프란시스코 경전철 보수기지 건설 프로젝트와 관련하여 이 분야의 전문가로 구성된 컨소시엄에 시뮬레이션 엔지니어로 참여한 적이 있다. 당시 우리는 샌프란시스코 시를 상대로 1시간짜리 프레젠테이션을 하기 위해 13명의 분야별 최고의 전문가들이 모여서 약 3개월 동안 준비작업을 하고, 총 5회에 걸쳐 최종 리허설을 실시했다.

    발표를 총괄한 팀 리더가 '최종 발표'라고 하는 한 개의 소실점을 향해 준비를 갖춰 나가는 과정은 마치 오케스트라의 지휘자가 예행연습을 하는 것과 조금도 다를 바가 없었다. 가장 놀랐던 것은 분야별 베테랑들이 너무나 진지하게 예행연습에 참여했다는 점이다. 이처럼 철저한 준비는 최종 발표장에서 설득력과 파괴력을 갖춘 발표로 이어졌다.

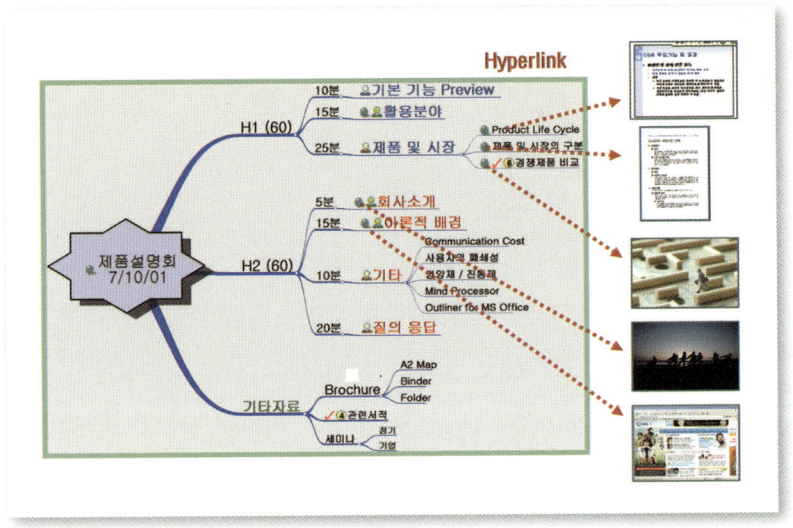

프레젠테이션을 기획한다는 것은 자신의 메시지를 전달할 시나리오를 구상하는 것이며, 발표의 목적, 내용과 성격, 청중의 입장 등 각각의 상황에 따른 전략이 필요하다. 예를 들어, 많은 사람이 이미 알고 있는 내용을 발표하는 경우라면 실증적인 사례 위주로 차별화하는 전략이 효과적이며, 아주 전문적인 내용이라면 구체적이고 논리적인 설명이 중요한 전략이 된다. 발표 내용이 많을수록 시나리오의 역할은 더 중요해진다. 시나리오는 프레젠테이션 제작과 발표에서 전체의 흐름과 강약을 유지하는 골격이 되기 때문이다.

기획 맵이 완성되면 슬라이드로 자동 변환을 한 다음 배경 서식과 디자인을 지정하거나 추가적인 치장 작업을 하면 된다. 그러나 화려한 포장보다 내용의 구성과 흐름이 더 중요하다는 사실을 잊지 말고 기획의 완성도에 더 많은 시간을 투자하자.

다음은 ThinkWise를 사용하여 프레젠테이션을 기획하는 방법이다.

- 발표할 내용의 제목을 맵의 제목으로 적는다.
- 발표에 포함시키고 싶은 아이디어를 떠오르는 대로 맵에 기록한다.
- 기승전결에 해당하는 1레벨 가지를 만들고 지금까지 나온 아이디어를 해당 제목 아래 분류한다.
- 전체 내용에서 차지하는 상대적 비중을 고려하여 1레벨 가지 각각의 예상 발표 시간을 적는다.
- 1레벨 가지 한 개는 시나리오 흐름상 한 단락 또는 파워포인트 한 페이지에 해당한다고 보면 된다.
- 각 가지에서 필요한 설명을 노트로 적는다.
- 각 가지와 관련된 파일이 있을 경우 하이퍼링크 기능을 사용하여 가지에 연결한다.
- 시각적 효과를 위해 가지 내용과 부합하는 클립아트를 다양한 위치와 크기로 맵에 추가한다.

ThinkWise로 프레젠테이션을 하는 방법은 세 가지가 있으며, 화면을 클릭할 때마다 자동으로 표시하는 내용이 달라진다.

- 텍스트 발표: 맵의 전체 목차를 텍스트 형식으로 보여 준 다음, 1레벨의 가지를 중심으로 한 번에 하나씩 하위 가지 내용을 순차적으로 화면에 표시한다.
- 맵 발표: 텍스트 발표와 동일한 순서로 진행된다. 단, 화면에 나타나는 것이 텍스트가 아니라 맵의 형태라는 것이 차이점이다. 각각의 슬라이드 화

면에 음성메모 등을 추가하면 더욱 효과적인 프레젠테이션을 할 수 있다.
- 개요 발표: 맵에 포함된 모든 가지를 한 화면에 표시하고 개요 창을 연다. 개요 창에서 사용자가 선택한 가지를 중심으로 맵이 재배치되고, 선택되지 않은 가지는 흐리게 표시된다.

발표 기능을 사용하지 않고 맵을 직접 조작하면서 프레젠테이션을 할 때는 다음의 원칙을 따른다.
- 맵이 큰 경우 상위 1, 2레벨 가지만 표시하여 전체 구조를 한 화면에서 볼 수 있도록 한다.
- 1레벨 가지의 순서에 따라 발표할 전체 내용을 간략하게 소개한다.
- 1레벨 가지를 한 개씩 설명할 때 하위 내용을 펼치고 마치면 접어 올린다.
- 청중의 반응과 시간을 감안하여 연결된 파일(파워포인트 슬라이드, 엑셀 문서, 동영상, 등)의 사용 여부를 순간적으로 결정한다. 숙달이 되면 편안한 마음으로 발표의 속도를 자유자재로 조절할 수 있다.
- 연결된 파일에 대한 설명이 끝나면 맵으로 다시 돌아와 다음 가지를 진행한다.

| 사례 1 | 예산명지병원 원장 유승모

강의록 만드는 작업이 즐거움이 되었어요

우연한 자리에서

　의사협회 보험이사로 활동하면서 보건복지부가 후원한 의료 관련 MBA 과정을 공부하던 때였습니다. 강의실에서 키 크고 멋지게 생긴 젊은 친구가 노트북을 켜놓고 무엇인가를 열심히 정리하는 모습을 보게 되었습니다. 정말 사람이 궁금하면 참지 못하는가 봅니다. 저는 그것이 무엇인지 조용히 물어보았고 그는 친절하게 대답을 해 주었습니다. 그것이 바로 ThinkWise였습니다.

　그의 설명을 들으면서 저는 신세계를 만난 듯 멍해졌습니다. 딴에는 참 열심히 살면서 여러 가지를 많이 알고 있다고 자부해 왔는데, ThinkWise를 만나는 순간 제가 모르는 놀라운 세계가 있다는 걸 알게 되었기 때문입니다.

　1주일이 지나 다음 강의 시간이었습니다. 강의실에 도착해서 자리에 앉는데, 지난 번 그 친구가 내 옆자리에 앉으면서 "이거 한번 사용해 보세요" 하면서 ThinkWise 프로그램이 장착된 32기가 USB를 내밀었습니다. 1주일 전만 해도 나와는 아무런 인연이 없던 젊은 친구가 '신세계'가 담긴 프로그램을 선물해 준 것입니다.

내 수족이 되기까지

　저는 1998년부터 의사들을 대상으로 강의를 해 왔습니다. 강의를 하는 사람이라면 누구나 알겠지만 한번 새로운 강의록을 만들려면 자료를 수집하고, 그것을 PPT 파일로 전환하고, 순서를 정리하고…. 참으로 힘든 작업이 반복됩니다. 그런데 ThinkWise를 사용하고부터는 강의록 만드는 작업이 즐거움으로 바뀌었습니다. 평면적 사고와 지식을 시각화하고 조감적으로 변하게 하는 일대 혁신을 가져왔기 때문입니다.

저는 스스로 창조자라도 된 듯한 착각에 빠질 정도로 설득력 있는 강의록을 만들게 되었습니다. 또한 선생님들이나 직원들의 이해도 빨라졌습니다. 지금 와서 생각해 보면, 그동안 저는 평면적인 강의록으로 밋밋한 강의만 진행해 왔습니다. 괜히 제 강의를 들었던 선생님들에게 죄스러운 마음이 듭니다.

다양한 활용

이제는 강의뿐만 아니라 직원들과의 회의, 업무 기획과 관리 등 병원경영 전반에 다양하게 ThinkWise를 활용하고 있습니다. 개인적으로는 특히 독서 활동에 유용하게 사용합니다.

우리 병원에서는 2015년 11월 3일부터 새로운 사업을 시작하게 되었는데, 사업 초기부터 같이 사업을 하는 분들에게 ThinkWise 사용법부터 자기 관리에 활용하는 법까지 교육을 실시했습니다. 이 덕분에 아이디어 도출과 소통에 탁월한 효과를 보고 있습니다.

다음은 의료행위의 주체에 관한 생각을 일목요연하게 정리한 맵입니다.

지식활동에서 폭넓고 깊은 사고를 통해 생산성을 올리고자 하는 모든 이에게 절실하게 필요한 것이 바로 시각적이고 조감적인 사고를 가능케 하는 도구라고 생각합니다. 저는 제가 좋아하고 잘되기를 바라는 모든 이에게 자비를 들여 프로그램을 사서 나누어 주고 있습니다. 제 생각이 틀리지 않다고 확신합니다. 따라서 성공과 혁신을 원하는 주위 분들에 대한 제 ThinkWise 전도는 계속될 것입니다.

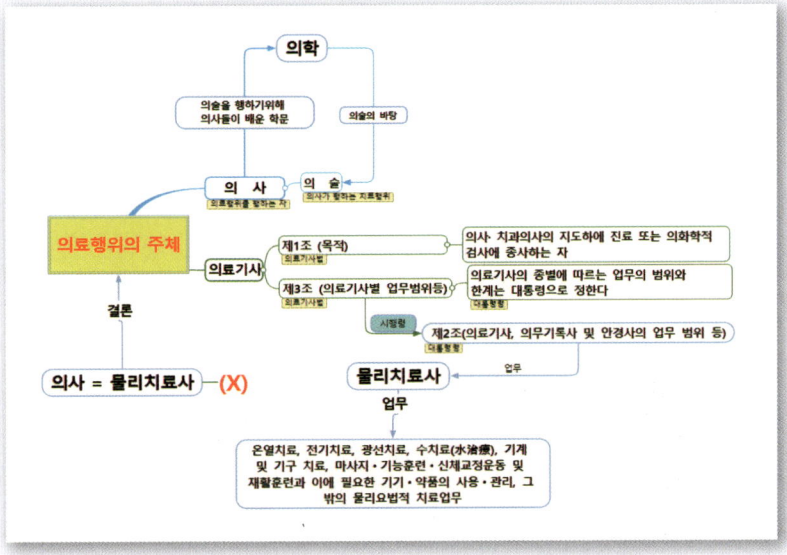

| 사례 2 | 창원시청 진해보건소 박평문 주무관

업무 연찬 발표

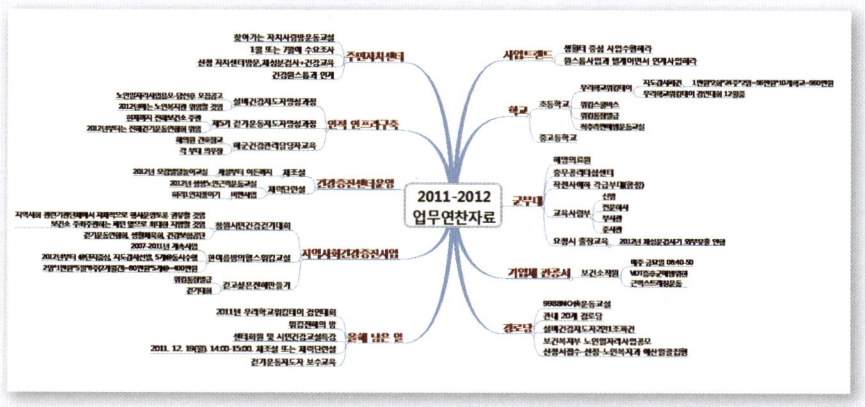

우리 센터에는 매년 모든 직원이 한자리에 모여 각자의 업무 내용을 설명하는 '업무연찬회'라는 독특한 행사가 있습니다. 이 행사는 현재 진행하고 있는 업무 정보를 동료들과 함께 공유함으로써 부서 간 업무 현황을 쉽게 파악할 수 있게 해줍니다. 덕분에 업무 협조가 원활하게 진행됩니다.

센터에서 '시민건강강좌'를 담당하고 있는 저는 민·군·관 등의 기관단체를 대상으로 각종 운동과 금연/절주, 비만, 스트레스 등에 대한 강의와 함께 센터 운영, 방학 행사 기획 등 많은 업무를 동시에 진행하고 있습니다. 그러다 보니 이처럼 다양한 업무를 한눈에 정리하여 연찬회에서 발표할 방법이 필요했습니다. 이제는 ThinkWise 덕분에 업무의 특성과 대상을 각각의 가지로 구분하고 가지별로 내용을 배분/정리함으로써 업무 내용이 한눈에 보이도록 정리할 수 있게 되었습니다.

이렇게 만들어진 업무 맵을 단 한 장으로 정리하여 중복되거나 빠진 것이 없나 확인한 다음 출력해서 직장 상사와 동료들에게 배포합니다. 당연히, 모두들 한눈에 보기 편하다고 입을 모으곤 합니다. 그리고 이렇게 정리한 업무 맵에 하이퍼링크 기능을 활용하여 관련된 서류들이 있는 폴더를 연결해 두면 실무에 바로 활용할 수 있어 정말 편리합니다.

업무는 물론 현재 집필하고 있는 건강 관련 책에도 ThinkWise를 많이 활용하고 있습니다.

먼저 주제의 목차를 잡아놓고, 그 목차 안에 내용을 채운 다음 한글로 변환시키면 초고가 바로 완성되기 때문에 예전과는 비교할 수 없을 정도로 빠르고 편하게 탈고를 할 수 있습니다.

그동안 제가 ThinkWise를 사용하며 느낀 장점들은 다음과 같습니다.

- 업무 내용을 빠짐없이 정리하고 관리할 수 있다.
- 업무현황을 한눈에 파악할 수 있기 때문에 그에 맞춰 업무량과 강도를 조절할 수 있다.
- 직장상사나 다른 동료들에게 현재 진행 중인 나의 업무를 알려주기 쉽다.
- 업무연찬회에서 발표한 맵을 실제 업무에 바로 적용할 수 있다.

이처럼 ThinkWise를 활용한 후 근무평가 성적도 훨씬 좋아졌습니다.

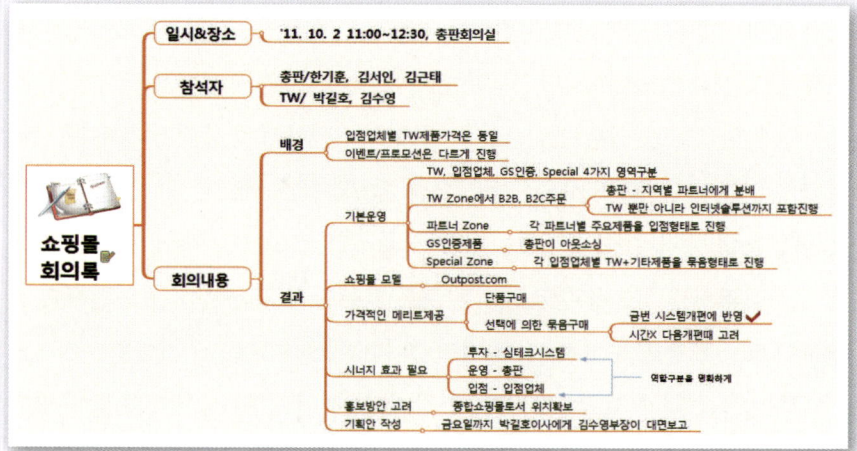

| 사례 3 | 한국도로공사연구소 남궁성 박사

회의와 프레젠테이션의 진화

ThinkWise의 전신인 Thinkmap을 접한 것은 지난 1999년이었지만, 그 뿌리라 할 수 있는 '마인드맵'의 존재를 처음 알게 된 것은 사람들이 인터넷이 무엇인지도 사람들이 잘 모르던 시절, 유일한 컴퓨터 통신 수단이었던 하이텔과 천리안을 통해서였습니다. 사실 그때는 마인드맵 프로그램을 접하고 체득하려면 상당한 끈기와 노력이 필요했기 때문에 실제 프로그램을 접하지는 못했고 그러한 프로그램이 있다는 사실만을 알게 된 정도였습니다.

그러다 1999년에 마침내 Thinkmap을 접하고 '바로 이거였구나!' 하면서 호기심과 함께 프로그램을 실제로 사용하기 시작했습니다. 보고서나 프레젠테이션 목차를 잡아 보는 등 제 나름대로 업무에 적용해 보았던 것이죠. 그러나 처음의 호기심이 차츰 흐려지니까 오히려 프로그램을 사용하는 것이 귀찮기만 하고, 그냥 워드로 치거나 종이에 생각나는 대로 적었다가 정리하는 것이 쉬웠습니다. 그래서 한동안 쓰지도 않으면서 지우지도 않은 채, 그저 그런 프로그램으로 제 PC에 남아 있었습니다.

그러던 어느 날, 약 일주일 정도 통계 연수를 가게 되었습니다. 연수 기간 동안 강의 내용을 노트에 필기했다 나중에 정리하는 것도 귀찮고, 워드로 치자니 모든 강의 내용을 빠른 시간 안에 일목요연하게 받아 적는 것도 힘들어 다시 Thinkmap을 이용하게 되었습니다.

1주일 내내 노트북을 책상 위에 올려 놓고, 하루 8시간씩 Thinkmap으로 강의 내용을 정리해 나갔습니다. 그렇게 1주일이 지나고 보니, 그 효과는 정말 기대 이상이었습니다. 강사의 한마디 한마디가 연결되었고, 강의 내용을 거의 빠뜨리지 않고 정리해서 숙지할 수 있게 되었습니다. 잘 정리된 맵을 보면, 거의 3시간의 강의 분량이 머릿속에 생생하게 그려졌으며 그것을 파악하는 시간도 10분 정도면 충분했습니다. 또한 맵을 보면 어디를 더 보충해야 하고, 무엇을 놓쳤는지도 쉽게 알 수 있었습니다.

무엇보다 큰 수확은 이를 통해 일주일 동안 하루 8시간씩 마인드맵을 그려 보는 연습을 하게 되었다는 것입니다. 필요할 때만 가끔 사용하는 정도를 기준으로 본다면, 약 반년 이상의 분량을 연습한 셈입니다.

만일 이 글을 보시는 분이 이제 막 ThinkWise를 통해 마인드맵에 입문하고자 하는 분이라면, 이런 말씀을 드리고 싶습니다.

중요한 것은 '연습'입니다. 처음에는 호기심 반 설렘 반으로 몇 번 사용을 해 볼 수는 있지만, 이렇게 해서는 오래갈 수 없습니다. 그저 몇 번 프로그램을 사용하는 정도로는 진정한 마인드매퍼가 될 수 없을 뿐만 아니라 진정한 효과 또한 체험할 수 없습니다. 저 역시 그때의 경험이 없었더라면 마인드맵은 가끔 심심하고 시간 많을 때 사용해 보는 도구에 지나지 않았을 것입니다.

제 경험에 비춰 볼 때, 아무 생각 말고 한 달 정도 가급적 주변의 일상을 포함하여(심지어는 일기까지) 본인의 업무에 마인드맵을 무작정 적용시켜 본다면 분명 원하는 효과를 얻을 수 있으리라 확신합니다.

물론, 어느 정도의 연습량이 반드시 필요하다는 것을 다시 한번 강조합니다. 지겨움과 때때로 느껴지는 번거로움, 그리고 익숙한 과거의 필기방식으로 회귀하고자 하는 강한 욕구 등을 벗어나기 위해서는 어느 정도의 연습기간이 반드시 필요합니다.

저는 ThinkWise를 업무회의 때나 연구 기획, 연구보고서 목차 및 목차별 내용 구상, 스케줄 작성 등에 두루 활용하고 있습니다.

ThinkWise를 처음 업무회의에 적용했을 때의 기억이 지금도 생생합니다.

마인드맵을 전혀 모르는 사람들과 회의를 하면서 하얀 칠판에 빔 프로젝트로 ThinkWise를 띄워 놓고 회의 내용을 정리하거나 주제별로 의견을 모아 마인드맵을 그려 나갔습니다. 사실 저도 처음 해보는 시도였지만, 사람들의 반응은 기대 이상이었습니다. 회의의 결론이 명확해지고, 그 결론에 이르기까지의 과정을 마인드맵을 통해 공유함으로써 오류나 빠진 부분들을 챙길 수 있었습니다. 모두들 도대체 무슨 프로그램인지는 모르겠지만 정말 효과적인 것 같다고 말하더군요. 특히 맵을 워드나 파워포인트로 변환하는 기능을 보고는 그 효용성에 확신을 갖는 느낌이었습니다.

예전에는 프레젠테이션 목차를 잡는 정도로만 쓰다가 지금은 프레젠테이션 발표문을 구상하는 데도 쓰고 있는데, 그 덕분에 프레젠테이션 시간을 거의 정확하게 지킬 수 있게 되었습니다. PT 경험이 있는 분이라면 다 아시겠지만, 발표시간을 정확하게 지키려면 제법 숙달이 되어야만 가능합니다. 그런데 저는 시간만 정확하게 지키는 것이 아니라 강조해야 할 핵심 내용까지 정확하게 전달할 수 있었습니다. 말할 내용을 핵심만 적어 놓고 발표 중 힐끔힐끔 보면서 살을 붙여 얘기하는 것이 아니라 발표할 내용을 맵으로 그려놓고 하니까 사족 없이 필요한 내용만을 간결하게 얘기할 수 있게 되더군요. 듣는 사람도 핵심을 잘 쫓아갈 수 있었다면서 발표가 좋았다고 평했습니다.

아마도 이 글을 읽으시는 분들은 마인드맵을 사용하는 분이거나 특별한 관심을 가지고 있는 분들일 것입니다. 따라서 제 글을 상품 광고로 느끼실 분은 없을 것입니다. 좋은 것을 두루 나누자는 마음으로 몇 자 적어 보았습니다. 진정한 마인드매퍼 의지를 향해 모두의 건투를 빕니다.

| 사례 4 | 성균관대학교 이정준 교수

탁월한 논문 지도 및 관리 도구

저는 문학작품을 읽고 나서 '이 작품을 가지고 어떤 논문을 쓸 수 있을까?' 하면서 특정한 주제를 찾을 때 ThinkWis를 많이 활용합니다. 그렇게 주제를 찾은 후에는 '어떤 소주제가 이 주제 안에 포함될 수 있을까?'를 생각하고 기록하는 데에도 ThinkWise를 활용합니다.

그런 다음, 그렇게 찾아낸 요소들에 해당하는 내용을 지속적으로 확장시켜 나갑니다. 그렇게 완성된 논문의 내용만을 가지고 다시 한번 ThinkWise로 주제와 소주제를 정리합니다. 이 과정에서 잘못 자리 잡은 단락을 발견할 수 있습니다. 이처럼 ThinkWise는 논리성을 재구성하는 데 큰 도움이 되고 있고, 이외에도 여러 가지 도움을 주고 있습니다.

이제 실제로 제가 ThinkWise를 가지고 만든 마인드맵 자료를 소개하겠습니다. 우선 ThinkWise를 열고 '논문 쓰기'라는 세미나 제목을 넣은 뒤, '이 수업에서 내가 할 수 있는 일이 무엇일까' 하고 생각해봅니다. 그런 다음 '논문 쓰기'에 대해 무엇을 설명할 수 있을지 생각합니다. 만일 학생들에게 '학술성에 대해서 먼저 이야기를 해야겠다'라고 결론이 내려지면 '학술성'이 무엇인지 정리를 해봅니다. 그러면 내용의 학술성, 형식의 학술성 등등의 소주제가 나오게 됩니다.

특히 학술성에서 가장 중요한 것은 학술행위를 하는 것입니다. 그래서 다시 '학술행위란 무엇인가'라는 것을 큰 주제로 정하고 학술행위란 무엇인가를 설명합니다. 그리고 학생들 각자의 관심 영역을 정한 뒤 그 영역에서 어떠한 것을 연구하고 언급할 수 있는지에 대해 이야기합니다.

우선 A라는 학생이 대상이 될 경우에는, ThinkWise를 열어 놓고 나머지 학생들이 모두 함께 A학생을 위해 소주제를 찾고 토론하는 시간을 갖습니다. 이 때 '논문 쓰기'와 관련된 여러 읽을 거리들을 맵 가지에 하이퍼링크로 연결하여 학생들에게 제공합니다.

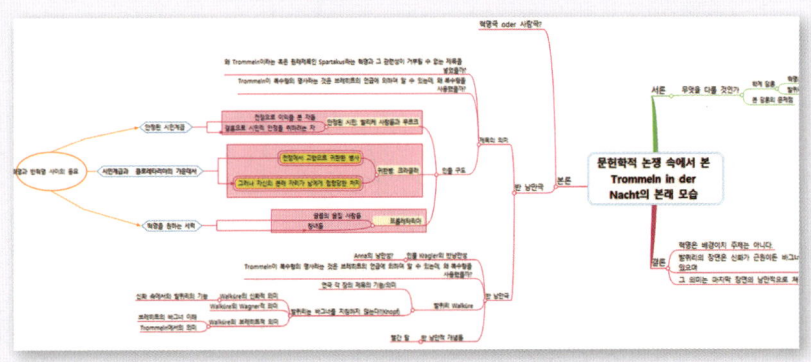

이렇게 작성한 맵을 활용하여 한 학기 수업을 어떻게 진행할 것인지 진행도를 만들 수 있습니다. 이렇게 만들어두면 내가 어떠한 순서로 수업을 진행할지 학생들에게 미리 알려주고, 약속된 시간에 약속된 내용을 강의할 수 있습

니다. 이뿐만 아니라 세미나로 발표를 시키고 토론도 할 수 있는 좋은 도구로 ThinkWise를 적극 활용하고 있습니다.

사실 학생들이 많이 쓰는 파워포인트 프로그램은 프레젠테이션 내용을 보기 좋게 디자인할 수도 있고, 이외에도 여러 가지 장점이 있습니다. 하지만 표제어 중심으로 구성되어 있고, 슬라이드가 자꾸 넘어가기 때문에 어떤 대상에 대해 설명을 하다가 다른 부분과 연관을 지으려고 하면 다시 이전 슬라이드로 이동해야 하는 등의 여러 가지 불편함을 가지고 있습니다.

그러나 ThinkWise는 세부적인 것을 설명할 때도 항상 전체의 구도를 함께 볼 수 있기 때문에 전체 속에서의 구체적인 사례 등을 순간순간에 발표할 수 있다는 점에서, 그 이해의 폭과 깊이가 훨씬 우수하다고 할 수 있습니다.

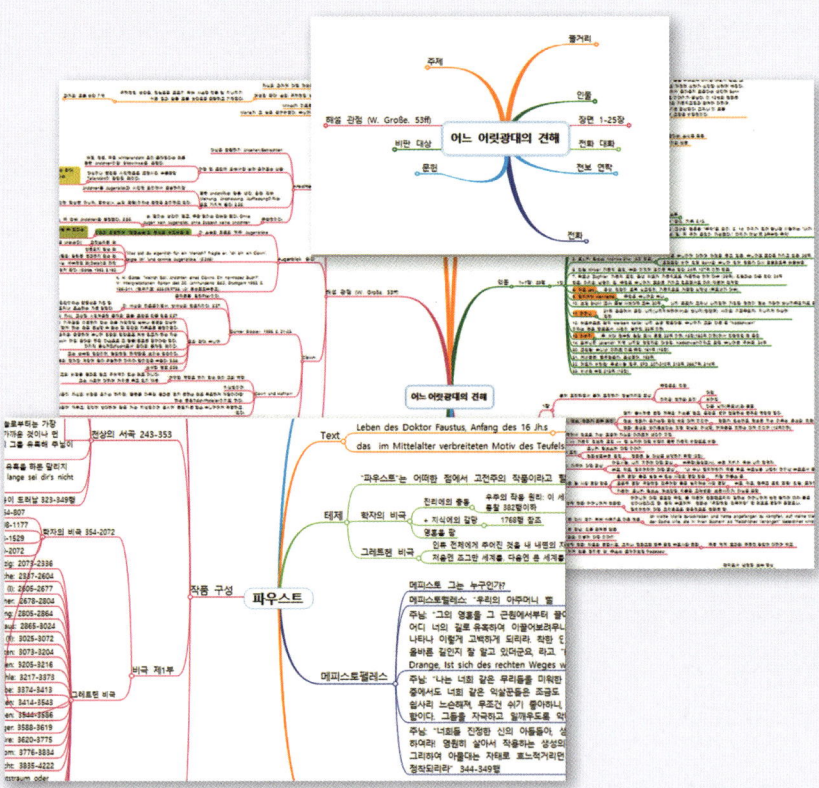

> ### Tip 중요한 것과 급한 것
>
> 할 일은 많고 시간은 늘 부족하다. 결국 해야 할 일의 순서를 현명하게 선택하는 것이 능력이다.
>
> 일을 '중요도'와 '급한 정도'라는 두 개의 관점으로 분류하면 중요하고 급한 일, 중요한데 급하지 않은 일, 중요하지 않은데 급한 일, 그리고 중요하지도 않고 급하지도 않은 일 등의 네 가지가 된다. 이 가운데 특히 중요하지만 급하지 않은 일을 방치해 두면 반드시 중요하고 급한 일이 되어 눈앞에 나타난다. 성공한 사람은 최소한 30퍼센트의 시간을 급하지 않지만 중요한 일에 투자한다는 점을 생각해 보자.
>
> 중요함의 여부는 사실 '목표'가 있을 때 비로소 상대적 판단이 가능해진다. 급함의 여부도 마찬가지로 일정이 있어야 판단이 가능하다. 즉, 목표와 일정이 있어야 비로소 중요한 것과 급한 것을 구분하는 의미가 있다. 따라서 중요함과 급함을 기준으로 일의 우선순위를 다이내믹하게 관리하는 것은 목표와 일정을 갖는 프로젝트에서 가장 중요한 역량이 된다.
>
> 담배꽁초를 찾아 헤매는 만년 노숙자나 걸인의 행동은 우리로서는 이해하기 어렵다. 그 이유는 그들의 머릿속에 있는 목표의 계층구조와 우선순위를 이해할 수 없기 때문이다. 하지만 그들에게도 분명 나름의 급함과 중요함의 우선순위가 있다는 것을 잊지 말자.

Chapter ❹

프로젝트 마스터 –
관리

프로젝트 고수들의 마지막 성공방정식은 '관리' 역량이다.

누차 강조한 대로 프로젝트란 '목표와 일정이 있는 모든 일'이며, 관리란 '계획대로 진행하기 위해 측정, 평가, 조정하는 것'을 말한다. 따라서 '프로젝트를 관리한다'라는 말은 곧 목표를 달성하기 위해 비용, 품질, 자원과 같은 세부적인 관리 기준을 세우고 이를 측정, 평가, 조정하는 활동을 뜻한다.

예를 들어 보자. 어느 중장비 제조업체가 신제품 마케팅을 위해 중국 현지의 판매대리점 사장 100명을 한국으로 초빙하여 특별행사를 하고자 한다. 이 프로젝트의 목표는 '신제품 마케팅을 위한 현지 판매망 결속'이다. 이 회사는 북경에서 인천으로 오는 전세 비행기를 띄우고, 폐교를 빌려 중장비의 현란한 도열식과 부대행사를 계획하고 있다.

그런데 만일 행사 일정을 6개월 후로 연기한다면 비용은 물론 품질과 자원을 전면 재검토하게 될 것이다. 또는 목표를 200명으로 확대한다면 비용과 품질, 자원, 일정 등을 전면 재검토해야 할 것이다. 또한 목표와 일정이 그대로 유지되는 상태라 할지라도 갑작스런 폭우로 폐교 사용에 문제가 예상된다면 이 역시 비용과 품질, 자원 계획을 조정하거나 문제 해결을 해야 한다. 그 결과에 따라 일정 또는 목표까지 변경하는 상황이 될 수도 있다. 목표와 일정,

그리고 비용, 품질, 자원과 같은 관리 요소는 이처럼 계층구조적으로 연결되어 있으며, 상호 반응한다.

성공적인 프로젝트 수행을 위해서는 많은 항목들을 계량화하여 관리해야 하지만, 그중 가장 중요하면서도 어려운 것을 든다면, 팀 단위 목표관리와 정보관리라고 하겠다. 이제 온라인 협업으로 프로젝트를 쉽게 관리할 수 있는 방법을 살펴보자.

계층구조적 목표관리

배의 선장이나 비행기의 기장은 한 명이어야 한다. 조직의 우두머리가 둘이라면 일관된 방향으로 쉼 없이 나아가기 힘들다. 모든 조직은 한 명의 리더를 중심으로 비전과 목적을 달성하기 위해 목표와 전략을 세우고 다양한 프로젝트를 수행하는 피라미드 구조를 갖는다.

모든 조직은 팀 단위 프로젝트를 수행한다. 이때 성패를 좌우하는 가장 중요한 요소는 바로 계층구조적인 목표 관리이다. 이를 위해서는 첨단 솔루션과 시스템을 사용한 물리적 협업과 소통 그 이상의 커뮤니케이션, 즉 함께 힘을 합쳐서 일을 해 나가기 위해 일의 본질을 화학적으로 공유하는 커뮤니케이션이 필요하다. 이러한 커뮤니케이션은 우리 몸의 '경락'에 비유할 수 있다.

그동안 막연하게만 여겨졌던 경락의 존재가 최근 과학적으로 밝혀졌다. 혈관계와 림프계 외에 '기'의 흐름을 관장하는 경락의 역할을 이해할 때 비로소 인체의 각종 증상에 대해 더욱 효과적인 치료가 가능하다. 조직도 마찬가지다. 눈에 보이지 않는 '기'와 같은 목표의식이 원활하게 공유될 때 진정한 협업이 이루어진다.

프로젝트 구성원이 일의 본질을 공감한다는 것은 '내가 왜 이 일을 하고 있는가'에 대해 각자의 위치에서 서로 소리 없이 공명한다는 뜻이다. 이와 같은 공명이 가능하려면 목표 설정과 관리에 필요한 다양한 상태정보가 계층구조적으로 분해되어 일관되게 제시되어야 한다.

오케스트라의 연주자는 각자 자신의 악보와 지휘자의 지휘봉을 동시에 본다. 전체 목표를 일관되게 인지하고 공감한다는 것은 구성원의 머릿속에 '지휘자'를 두고 있는 것과 같고, 프로젝트 과정에서 날마다 수행하는 나의 업무는 '악보'와도 같은 것이다.

예를 들어 전체 3,000명이 근무하는 연구소에 7개의 영역별 연구부서가 있다고 하자. 각 연구부서는 평균 20개의 팀으로 이루어져 있고, 각 팀은 저마다 여러 개의 프로젝트를 동시에 수행하고 있다. 그러나 실제 현장에서는 각 계층에서 추구하는 목표가 수직적으로 내려오거나 수평적인 차원에서 유기적으로 공유되고 탄력적으로 조정되지 못한다. 그 결과는 전체적인 경쟁력의 문제로 나타난다. 이처럼 구성원의 목표가 공유되지 않는 연구소의 책임자라면 다음과 같은 고민을 피할 수 없다.

올해는 전체 예산을 어느 분야에 어떻게 배분할 것인가? 전체 인력과 장비는 어떻게 조정할 것인가? 현재 내부의 상대적 선도역량은 무엇인가? 올해의 목표는 어떻게 정의할 것인가?

시각적 맵핑과 온라인 협업을 활용하면 팀의 모든 구성원이 각자 자신의 역할을 프로젝트라는 관점에서 이해하고, 목표를 유기적으로 인식하고 관리하는 것이 쉬워진다. 기장은 기장의 역할을 해야 하고 항해사는 항해사의 역할을 해야 하듯, 프로젝트에서는 모든 구성원이 전체 속의 일부로서 각자 자신의 역할을 하는 것만이 모두가 이기는 길이다. 간단한 얘기지만 이것이 현실에서 어려운 이유는 목표가 계층구조적으로 분할되어 공유되어야 하는 팀 단위 프로젝트 개념에 취약하고 이를 지원하는 마땅한 도구가 없었기 때문이다.

온라인 협업을 하면서 시각적으로 표현된 구조체를 반복해서 보는 과정에서 두뇌는 전체를 한 개의 개념적 덩어리로 인지하고 몰입하게 된다. 즉, 시스템의 기능이나 제공하는 콘텐츠는 동일해도 제시하는 방법에 따라 두뇌의 반응은 다음과 같이 완전히 달라진다는 점을 활용하는 것이다.

- 팀 전체 목표에 대한 인지력 증가.
- 팀 플레이를 고려한 우선순위 결정과 행동 유도.
- 현재와 미래에 대한 적극적 문제 인지 태도.
- 아이디어 도출을 위한 적극적 태도.
- 업무의 유기적 연결성 이해.
- 남을 배려하는 태도.

효율적인 정보관리와 공유

단 한 개의 프로젝트라도 그 규모에 따라 수십, 수백 종의 문서를 작성하고 공유하게 될 수도 있다. 복잡한 정보를 효율적으로 관리하고 공유하는 능력은 프로젝트 수행 결과에 치명적인 영향을 미친다.

MS윈도우가 지금까지 기본적으로 제공해 온 '탐색기'의 개념은 개인 PC 또는 서버에 있는 폴더라는 물리적인 공간에 파일을 보관하는 것이다.

그러나 파일의 수가 많아질수록 문서 간의 논리적 상관관계를 관리하거나 정보를 공유하고 재활용하는 것이 한계에 도달한다. 이러한 문제를 해결하는 방법으로 검색이라는 기능을 사용하지만, 근본적으로 시각적 맵핑과 협업을 활용하는 것이 더 나은 방법이다. 즉 모든 자료를 물리적인 폴더가 아니라 논리적인 의미를 기반으로 구조화하고 파일, 인터넷 주소 혹은 이메일을 연결 또는 첨부해 두고 필요할 때 맵에서 바로 시각적으로 접근하는 것이다 이렇게 대시보드 역할을 해 주는 맵 덕분에 프로젝트별 자료 취합과 관리, 공유가 획기적으로 개선될 수 있다.

몇 년 전만 해도 모르는 지역에서 길을 찾을 때는 '전국도로망 지도책'을 펴고 해당 페이지를 찾아 들어갔다. 하지만 지금은 스마트폰에서 대한민국 전체를 조감적으로 보면서 손가락으로 확대해 들어간다. 폴더에 보관하는 것과 시각적 맵핑의 차이가 바로 이와 같다.

이처럼 논리적 상관관계를 토대로 정리한 자료를 클라우드나 서버에 저장하면, 한 개의 맵을 통해 프로젝트의 모든 구성원이 필요한 자료를 자유롭게 추가하고 공유하는 것이 가능하다. 뿐만 아니라 프로젝트의 로드맵인 WBS 맵에 자료를 연결하여 프로젝트를 진행한다면 프로젝트가 종료되는 순간 지금까지 진행해 온 모든 일의 절차와 관련 정보가 한 개의 맵에 고스란히 보관된다. 훗날 이와 관련된 정보를 검색하고 재활용하고자 할 때를 위해 가장 효과적인 형태로 지식과 정보를 캡슐화할 수 있는 것이다.

이제 고수들의 스토리를 만나 보자.

| 사례 1 | 건설기술사 박용태

건설현장 관리를 위한 나만의 비밀무기

안녕하세요. 건설조직관리 분야의 매니저 박용태입니다. 여러 곳으로 분산된 건설현장에서의 감리업무와 발주처 간의 원활한 의사소통, 업무진척상황 파악과 보고등의 업무를 ThinkWise 협업을 통해 성공적으로 이끌어 가는 사례를 소개하고자 합니다.

현장에서 협업을 적용하면서 기대되는 효과에 대해서 말씀드리겠습니다.

현장관리를 하실 때 협업을 적용하게 되면, 첫 번째, 실시간 현상을 너무나 명확하게 깨달을 수 있다는 것입니다.

전체 조직의 우선순위를 알게 되다 보니 개개인이 해야 되는 일과 조직 전체가 해야 될 일을 조직원 모두가 느끼게 된다는 장점이 있습니다. 그러다 보니 발주자가 원하는 시기에 적절한 보고를 할 수 있고, 발주자가 원하는 자료를 적시 적절하게 제공하다 보니 발주자와 감리단 및 시공사 상호간의 신뢰가 구축되어 보다 효율적인 현장 관리업무가 진행될 수 있다고 생각합니다. 지금부터 저희 현장에 실시되었던 협업의 사례에 대하여 화면을 통해 소개해 드리도록 하겠습니다.

ThinkWise 활용, 조감적 효과

우선, 저는 위 화면에 보시는 것처럼 현장에서 발주처 보고서나 회의자료를 한 장으로 작성합니다. 전체적인 화면에서 회의의 내용과 날짜를 적고, 프로젝트의 순서는 사업개요, 사업 추진 경과, 공사 실시 현황으로 작성합니다. 그리고 관련된 현장 사진을 첨부하고, 이렇게 작성한 마인드맵을 A3 용지에 출력하여 발주자에게 한 장씩 배부합니다. 이 자료 덕분에 한번도 이 내용을 접해보지 않은 사람들까지 현장의 업무를 바로 확인될 수 있게 됩니다.

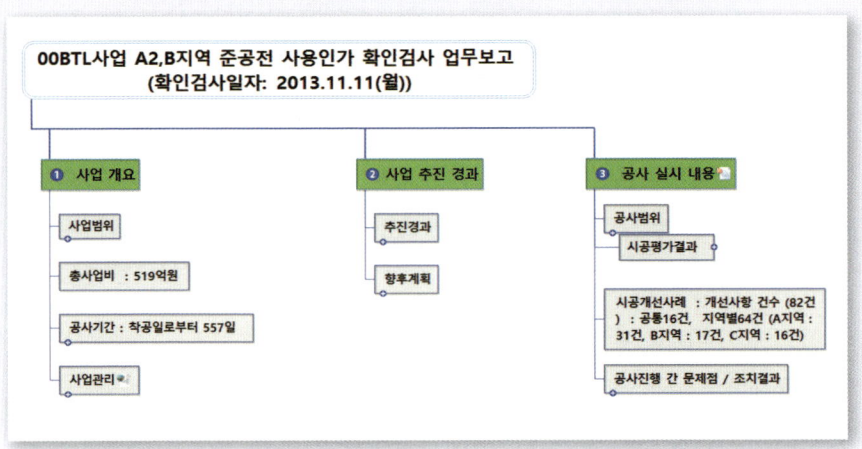

하이퍼링크 활용

또 ThinkWise에는 하이퍼링크 기능도 있습니다. 저는 이 자료에 기존에 만들었던 자료를 연결시킵니다. 즉 기존에 작성했던 보고서를 ThinkWise와 연계하여 업무 스케줄과 현황을 보고함으로써, 다시 자료를 만들 필요가 없습니다.

파워포인트뿐만 아니라 PDF, JPG, 한글 파일 등 모든 자료가

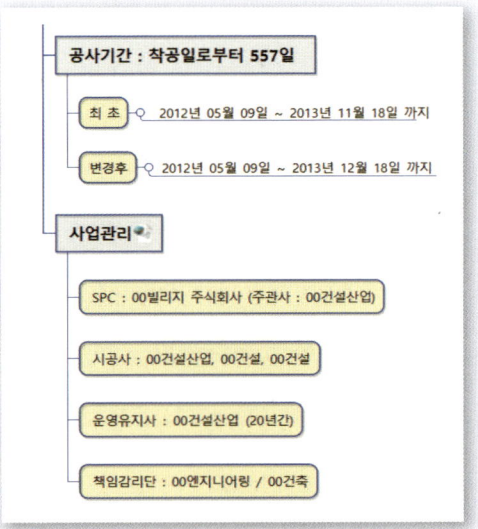

하이퍼링크 기능으로 연계되므로 기존 보고서로 보고를 받고자 하는 사람이나 회의에 참석 예정인 사람들이 모두 함께 그 자료를 공유하고 활용함에 따라서 보다 효율성을 높일 수 있게 됩니다.

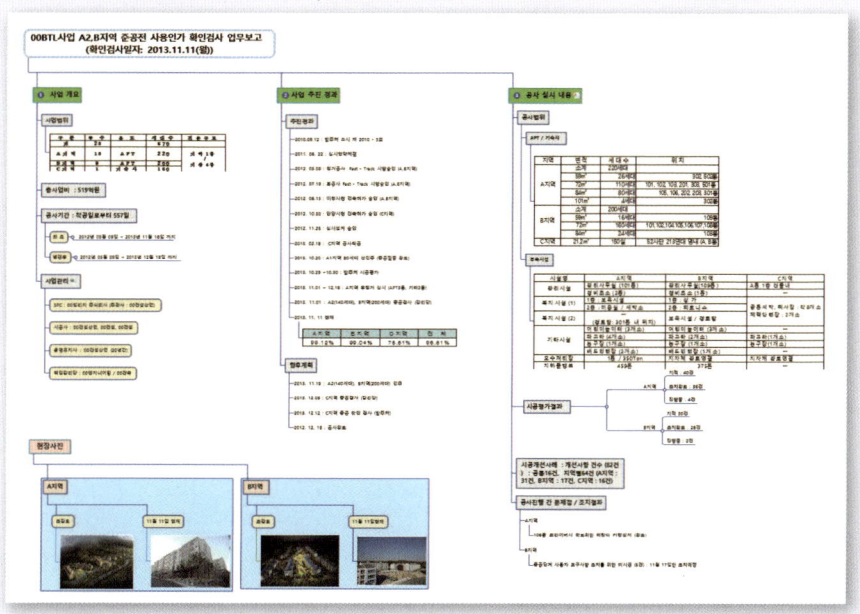

또 하나, 우리 현장에서는 ThinkWise의 협업 기능을 적극 활용하고 있습니다. 협업을 통해 개인이 맡고 있는 역할을 명확하게 인식하고, 작업 진행상황을 실시간으로 관리함에 따라서 한 사람 한 사람이 하고 있는 일과 작업 전체의 상황을 시각화하게 됩니다. 이에 따라 지금 내가 무엇을 하고 있는지, 그 일이 얼마나 중요한지를 깨닫게 하면서 전체적인 일의 목적을 인지할 수 있게 됩니다. 그러다 보면 한 사람이 다수의 현장을 입체감 있게 관리할 수 있습니다.

사실 지금까지는 기존의 다른 프로그램으로도 충분히 내가 하고 있는 업무에 적용할 수 있다고 생각해 왔습니다. 하지만 ThinkWise를 사용해 보니 업무 능력이 몇 배 이상 향상되었습니다. 처음에는 저 역시 힘들었지만 조직관리나 개인업무에 ThinkWise를 적용해 보니 상당히 많은 도움이 되었고, 우리 현장 감리단의 업무 능력 향상에도 큰 효과가 있었습니다.

| 사례 2 | 외국계 S/W회사 수석 컨설턴트 이동국

컨설팅업무, 이력관리 및 자기계발

저는 1990년대 말부터 지금까지 20여 년간 컨설턴트 서비스에 몸을 담고 있으며, ThinkWise와 같은 마인드맵 도구를 업무에 적극 활용하고 있습니다.

주로 외국계 회사에 근무하다 보니 외국인 매니저들을 많이 만나게 됩니다. 이럴 때는 언어적인 차이가 있을 수 있는데, 저는 제 자신의 히스토리와 지위, 프로젝트 경력 등을 마인드맵 한 장으로 정리해서 해외에 있는 매니저에게 보내고, 전화 컨퍼런스나 비디오 컨퍼런스를 통해 저를 소개하는 기초 자료로 활용하곤 합니다.

또한 저는 ThinkWise를 자기 관리에도 활용하고 있습니다. 일반적으로 6개

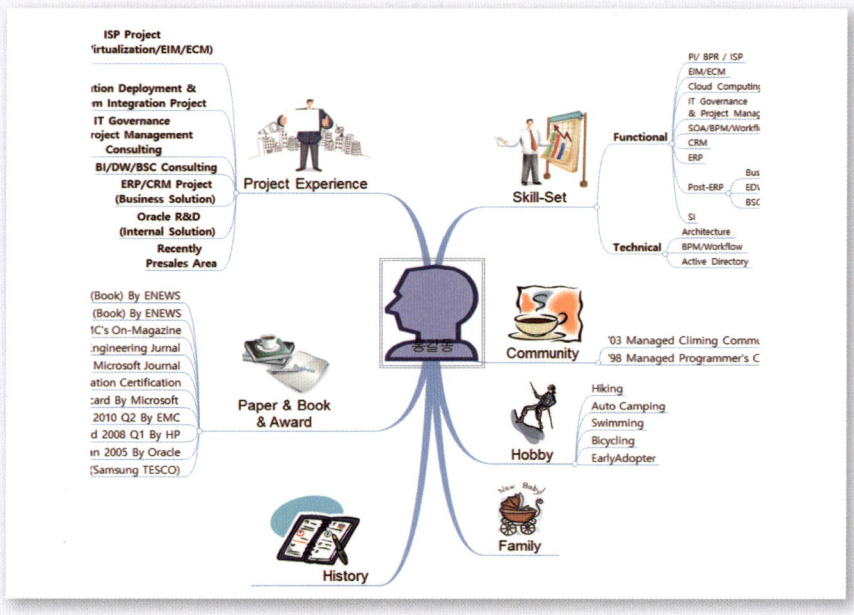

월이나 1년에 한 번씩 자기관리를 위해 이력서를 다시 쓰라고들 하는데, 저는 ThinkWise 마인드맵으로 6개월에 한번씩 제 이력서를 새로 작성합니다. 그 과정에서 그동안 제가 어떤 것을 공부했는지, 어떤 노력을 했으며 실제로 달성했는지 파악할 수 있고, 그것을 기반으로 어떤 것을 더 공부해야 하는지 알 수 있었습니다.

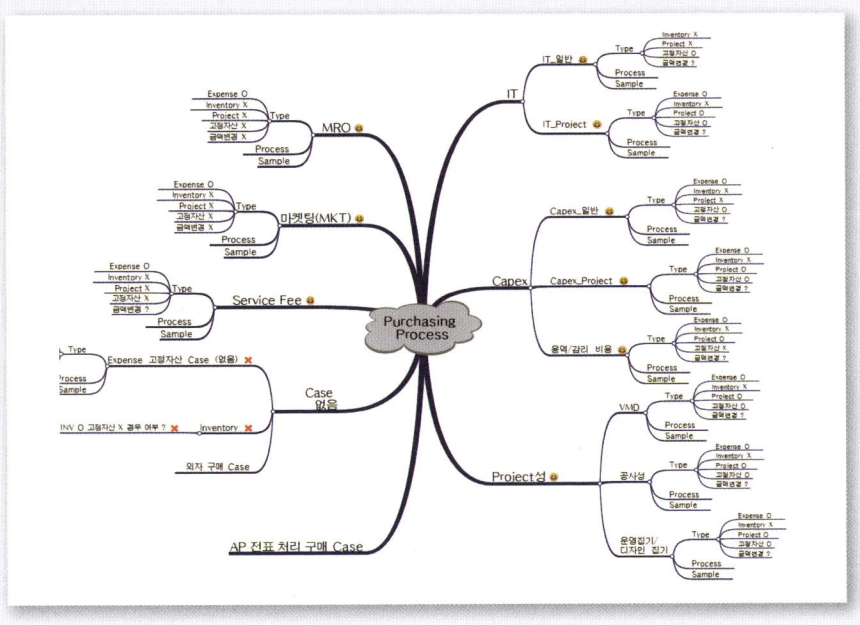

우리 회사에서 ThinkWise를 두 번째로 많이 활용하는 것이 제안서를 작성할 때입니다. RFP 등을 통해서 들어온 고객의 요청사항을 정리하여 제안서를 작성하는데, 제일 먼저 하는 일이 목차를 만드는 것입니다. 그러면서 고객의 요구가 빠짐없이 목차에 담겨 있는지 크로스체크를 하고, 관련된 작업을 팀원들에게 할당하는데, ThinkWise를 활용하면 아주 효과적입니다.

제가 진행하는 프로젝트는 여러 가지 타입이 있습니다. 첫째 타입은 제가 오라클에서 맡았던 비즈니스 컨설팅과 같은 경우입니다. 한마디로 BPR(비즈니스 프로세스 리엔지니어링) 즉, 기존의 업무 프로세스를 효과적으로 개선하는 작업입니다.

일단 현재의 프로세스를 마인드맵에 정리하고, 향후 이러한 프로세스들이 어떻게 효율적으로 적용되고 있는가를 다시 마인드맵으로 정리하면서 목표를 수렴화시키는 작업을 하는 데도 활용합니다.

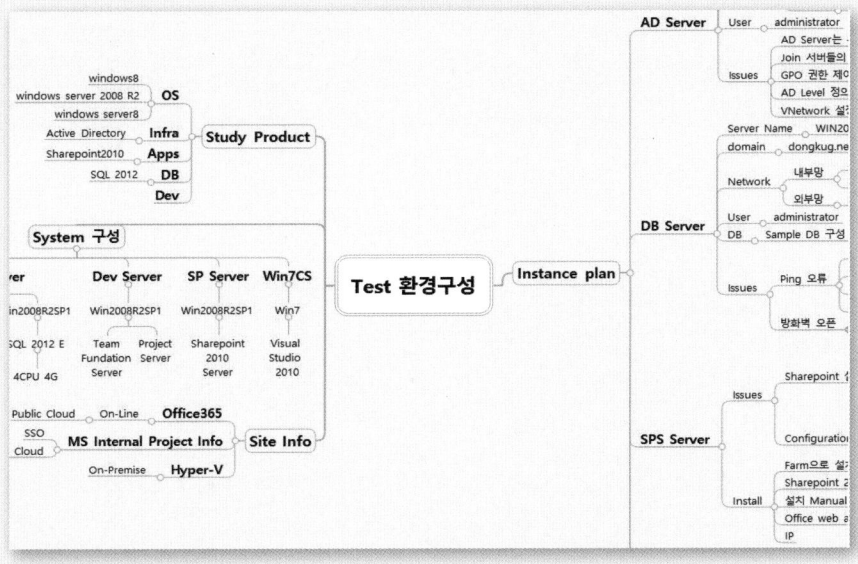

저의 취미활동 중 하나는 그룹사 가계도를 만드는 것입니다. 정주영 회장의 형제가 어떻게 되는지, 그 형제가 만든 계열사는 어떻게 되는지 등등을 차근차근 그루핑해 보면 거의 대부분이 우리가 알고 있는 회사들이 됩니다.

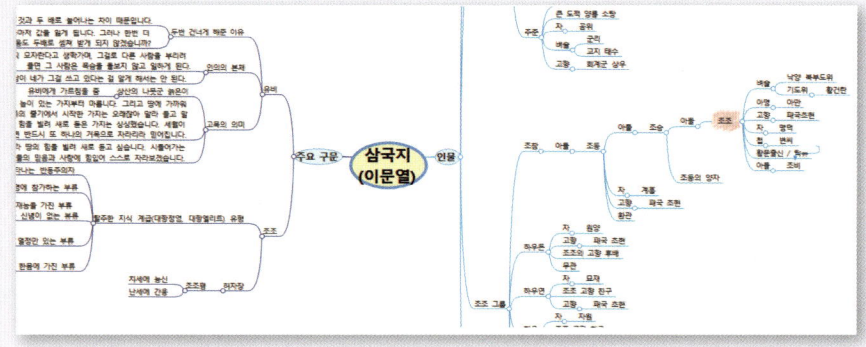

　이때 ThinkWise의 '연결' 기술을 가지고 결혼 관계도를 파악해 보면 또 다른 재미가 있습니다. 위 맵은 삼국지를 읽으면서 가계도를 다시 정리한 것입니다.

　처음에는 등장인물 중심으로 정리를 하다 보니, 유비와 친한 유비그룹이 있고, 손권과 친한 손권그룹 또는 조조와 친한 조조그룹 등으로 나뉘어집니다. 이렇게 그루핑을 하다 보니 도둑들도 하나의 그룹으로 만들어지게 됩니다.

　책을 읽으면서 찾은 좋은 문구들은 왼쪽에 정리를 했습니다.

| 사례 3 | 익명으로 자료실에 올림

ThinkWise는 우리 교회 업무의 전략적 중심

교회에서는 일하는 사람이 많지 않아서 한 사람에게 서로 다른 성격의 여러 가지 업무가 한꺼번에 주어지곤 하는데, 이런 업무들은 각각 성격이 다르면서 서로 연결되어 있습니다. 예를 들자면 결혼식 관련 업무와 회계 업무, 행사 관련 업무가 서로 연결되어 있는 것 등입니다.

이처럼 다양하게 연결되어 있는 업무를 실수 없이 정확하게 처리하기 위해 우리 교회에서는 ThinkWise를 도입했습니다.

처음에는 ThinkWise를 회의 기록이나 발상을 요약하기 좋은 도구로 받아들였습니다. 그러면서 '인드맵'라는 개념을 가진 소프트웨어를 어떻게 우리 업무와 연결시킬 것인지 많은 고민을 했습니다. 결국 우리는 하나의 조직 속에서 서로 통용되는 일련의 표준화된 프로세스로 적용하는 것을 기본 원칙으로, 서로 다른 업무를 관리하고 타 부서와 소통하는 방법을 찾게 되었습니다. 이를 요약하면 다음과 같습니다.

- 폴더와 파일은 ThinkWise에서 제공해 주는 샘플 맵을 활용한다.
- 서버에 있는 공유 폴더를 활용하여 하나의 맵 파일을 여러 사람이 이용할 수 있도록 한다.
- ThinkWise를 통해 필요한 정보에 쉽게 접근할 수 있으면서 효율적인 이용이 가능하도록 한다.

그간 우리 교회에서 ThinkWise를 활용한 효과는 대략 다음과 같습니다.

- 중첩되는 많은 부분의 일들을 효과적으로 정리하게 되었다.
- 전체를 보며 작은 단위까지 세부적으로 나누어 파악할 수 있는 프로젝트 관리가 가능하게 되었다.
- 이미 만들어진 행사 관련 맵 자료를 통해 새로운 모델을 제시함으로써 새로운 행사를 효과적으로 진행할 수 있게 되었다.

이제 ThinkWise는 우리 교회 업무의 전략적인 중심에 있습니다. ThinkWise로 모든 업무를 컨트롤하고, 복잡하고 다양한 일들을 협업으로 처리하면 어떤 프로젝트도 수행할 수 있으리라 생각됩니다.

| 사례 4 | 익명으로 자료실에 올림

혁신학교 개념을 현실화하는 최적의 방법

마인드프로세싱의 새로운 정보관리 방법을 통해 교사가 얻을 수 있는 효과를 살펴보시죠.

교사는 연간 학사일정에 따라 학생을 가르치는 것 이외의 다양한 행정업무를 병행해야 합니다. 지정된 양식에 따라 처리하도록 되어 있는 행정 업무뿐만 아니라 일 년 동안 교사가 읽고 처리해야 하는 공문 또한 수백, 수천 통입니다.

이처럼 동일한 절차와 양식에 따라 동일한 문서를 작성하는 일을 교사는 학기마다, 해마다 반복합니다. 그리고 문서를 작성할 때마다 전에 사용했던 양식 파일을 찾고, 관련 절차를 조회하기 위해 많은 시간을 투입합니다. 이와 같은 단순, 반복 작업이 누적되면서 교사들은 교사 본연의 업무, 즉 교수와 학습에 대한 연구와 준비를 할 시간이 부족합니다.

글로벌 경쟁력을 갖추기 위해 교육계에 새로운 변화가 필요하다는 점은 인정하면서도, 실제로 새로운 변화의 주역이 되어야 할 교사는 몸이 마음을 따라가지 못하는 실정입니다. 그래서 오늘날 교육현장에서는 '업무경감'이라는 단어가 화두입니다.

한번 생각해 보시죠. 교사에게 필요한 것이 단순한 업무경감일까요? 결코 아닙니다. 정말 교사에게 필요한 것은 업무 생산성을 올리기 위한 새로운 시스템과 새로운 업무처리 방법입니다. 문제를 해결하는 방법은 의외로 간단합니다.

일 년치 학사일정을 맵으로 정리하고, 학년별로 각각의 업무처리에 필요한 절차와 양식문서, 절차 정보를 하이퍼링크 시켜 두는 것입니다. 이러한 맵을 특정한 한 사람이 작성할 필요도 없습니다. 여러 교사가 협업을 통해 분담할 수도 있고, 학교나 교육청 서버를 통해 공동의 지적 자산으로 공유할 수도 있습니다.

마인드프로세싱의 시각적 맵핑과 온라인 협업 개념을 일선 학교 업무에 적용하면 우선 다양한 업무경감 효과가 발생할 뿐만 아니라, 자유학기제나 교과교실제 및 혁신학교 개념을 현실화하는 최적의 방법이 될 수도 있습니다.

다음 그림은 ThinkWise를 활용한 정보 관리의 한 예로서, 자신의 프로젝트와 관련된 문서와 참고자료를 맵으로 일목요연하게 정리한 것입니다.

| 사례 5 | 영국인 John

마인드맵으로 일상생활 관리

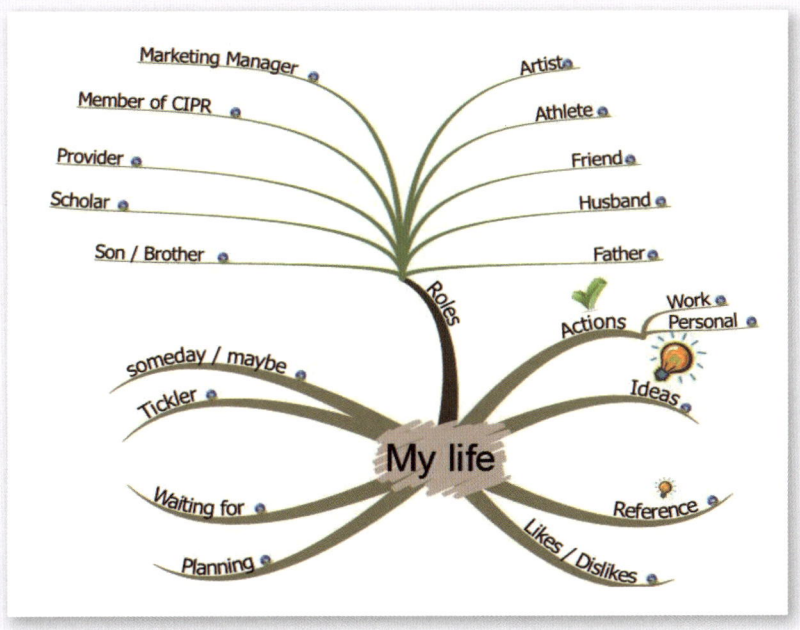

저는 일상생활을 잘 관리하기 위해 마인드맵을 사용해 왔습니다. 스티븐 코비가 쓴 〈성공하는 사람들의 7가지 습관〉과 〈Getting Things Done〉이라는 책의 내용을 맵과 더불어 활용해 온 것입니다.

제 생활의 중요한 주제들을 한 장의 마스터 맵에 정리해 두고, 각각의 주제에 대한 상세 내용은 별도의 맵으로 만들어 이를 연결해서 사용합니다. 마스터 맵은 마치 큰 나무와 같습니다. 크게 보면 뿌리와 줄기 부분으로 구성되는

데, 뿌리는 관리해야 할 정보를 영역별로 나누어 놓은 것과 같습니다. 관리해야 할 정보의 분류 역시 스티븐 코비의 〈Getting things done〉에서 권장한 내용을 따른 것입니다.

마스터 맵에 있는 줄기가지는 일상에서의 나의 주요 역할을 나타내며, 이 역시 스티븐 코비의 이론에 따라 작성한 것입니다. 각각의 줄기가지, 즉 각각의 역할에는 이와 관련하여 진행 중인 여러 가지 프로젝트들을 맵으로 정리하고 연결해 둡니다.

새로운 프로젝트를 시작하면 먼저 맵으로 계획을 수립하고 할 일을 적습니다. 그리고 시간이 지나면서 다음 실행 항목을 업데이트해 나갑니다. 주기적으로 각각의 프로젝트 맵을 리뷰하면서 앞으로 실행할 항목들을 별도의 액션 맵으로 이동합니다.

이런 과정을 거쳐 액션 맵에 옮겨진 내용들이 바로 내가 일상생활에서 날마다 신경 써서 추진해 나가야 하는 핵심업무입니다.

I use MindMapper to manage my life.

I have taken some of the aspects of Stephen Covey's 7 habits and some of the aspects of "getting things done" and created a mind map to manage my life. I have a master map with hyperlinks off to others. The master map is like a tree. At the root of the map are the core areas to log information. These areas are suggested in the "getting things done book".

The tree branches consist of my key roles as defined in Covey's book. Under each of my key roles is a master mind map that contains links to projects that are in process in each area. For each project I develop a plan and then list the next actions. These plans are regularly reviewed and next actions transferred to one of my "actions" mind maps. It is the action mind maps that drive my activities on a daily basis. If you want any more information please get in touch.

Regards

John

| 사례 6 | 익명으로 자료실에 올림

ThinkWise로 전 직원이 만족하는 공간 분할

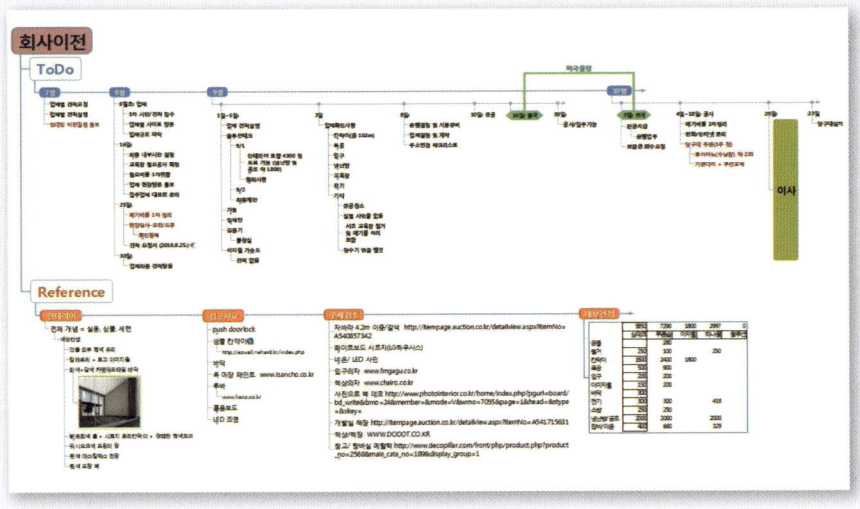

　새로 지은 건물을 분양받아 회사를 이전하게 되었습니다. 우리 업무에 맞도록 공간을 나누고 개성에 맞는 인테리어를 기획하는 것은 신나는 일이었습니다.

　이사까지 남은 시간은 불과 4개월. 물건을 옮기는 작업은 이삿짐센터에 맡기면 되지만, 여러 사람의 의견을 수렴하여 부서별로 필요한 공간과 공통으로 사용할 공간 등을 기획하고 인테리어 공사를 일정에 맞추어 완성하는 것은 간단한 일이 아니더군요. 바로 이때, 복잡한 일을 체계적으로 정리하고 관리하는 도구로 ThinkWise를 선배로부터 추천받았습니다. 그리고 선배의 코치를 받아 가면서 ThinkWise를 업무에 적용한 결과, 전 직원이 만족하는 공간 분할과 회사 이전을 할 수 있게 되었습니다.

ThinkWise와 같은 생각정리 도구가 있었기에 전 직원의 의견을 수렴하는 것은 물론 공사업체와의 조율을 효율적으로 진행할 수 있었다고 생각합니다. 전체를 보면서 동시에 세부적인 것을 빠짐없이 관리하고 조정하는 것이 가능했기 때문입니다.

이 과정에서 만들어진 맵은 마치 그림으로 그려 놓은 나만의 작전계획이자 지도인 셈이었습니다.

MindMapper as a valuable tool in any organizations quality tool-box.

MindMapper was introduced at Union Pacific Railroad in May 2001. It was originally intended to fill gaps we found in our existing process modeling software. It has succeeded in bridging those gaps, and adding value in a number of other ways.

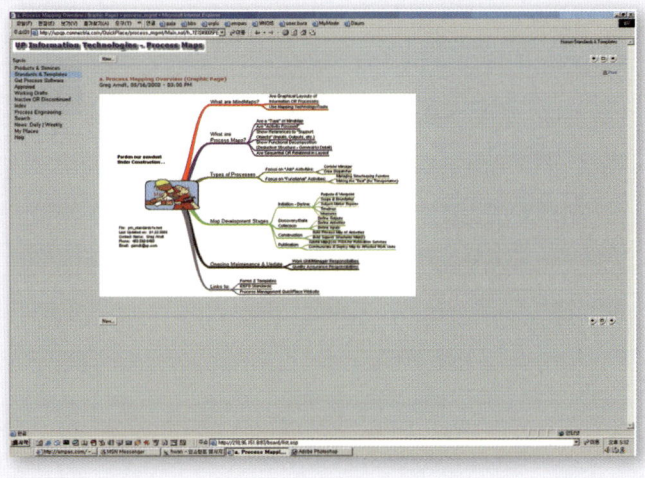

Essentially, I was searching for a tool that would enable easy creation and updating of process maps and documents. Another critical requirement is output that is readable and understandable without the need for specialized training. MindMapper meets those needs and remains a cost effective application for this type of software. The ability to use MindMapper interactively (live) is a real plus. In benchmarking similar applications, I haven't found the same high level of capability for rapid map construction and updates.

UPRR is currently using MindMapper within our Information Technologies and Network Design & Integration departments. It provides value to the business by supporting interactive "brainstorming" sessions, "requirements definition" analysis, and for live "project management" startup sessions. The capability of saving and importing mindmaps to and from MS-Office and Project saves considerable re-keying time. To date, UPRR has developed over 30 process maps, covering role based, and functional processes using the MindMapper tool.

In summary, use of MindMapper is growing at UPRR as people become more exposed to it's features and I highly recommend MindMapper as a valuable tool in any organizations quality tool-box.

Greg G. Arndt

Systems Consultant

Union Pacific Railroad

Omaha, Nebraska

| 사례 7 | 성명 미상의 미국인 사용자

신제품 출시 관리

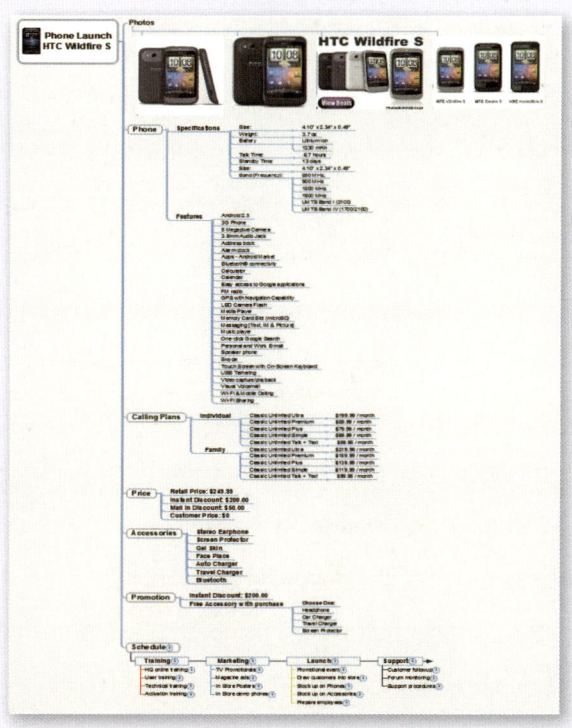

저는 T-Mobile이라는 휴대폰 매장의 매니저입니다. 우리 매장에서는 다양한 휴대폰을 판매하는데, 그러다 보니 때로는 기종별로 기능을 숙지하고 관리하는 것이 너무나 복잡하고 혼란스러운 경우가 발생합니다. 저는 그래서 새로운 기종이 출시될 때마다 모든 것을 마인드매퍼(ThinkWise의 수출용 브랜드명)로 요약해 왔습니다.

각각의 휴대폰에 대해서는 다음과 같은 내용을 맵에 가지로 요약합니다.

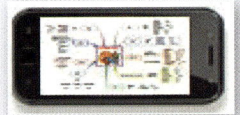

휴대폰 실물 사진, 휴대폰 주요 기능, 기기 사양, 구입 플랜, 액세서리, 출시 일정 등. 갠트 차트는 특히 유용합니다. 동료와 함께 어떤 일을 언제까지 할 것인지 정확한 일정을 공유할 수 있기 때문입니다. 전반적으로 마인드매퍼는 다양한 휴대폰 기기를 출시는 과정에서 복잡한 일을 쉽게 할 수 있도록 큰 도움이 되어 왔습니다. 이제 노트북이 아니라 탭을 들고 매장을 돌아다니면서도 맵을 활용할 수 있어 더욱 편리하게 되었습니다.

I'm a manager at a T-Mobile phone store. We sell many phones, and sometimes, it gets complicated and confusing to keep track of each phones. So I use MindMapper to organize the launch of each new phone. Attached is a sample I used for HTC Wildfire S Android phone, released this year. Due to company's confidentiality policy, I cannot send you the original file. The attached file is a simplified version of my private file.

I use MindMapper to write the down the following:

Phone images, Phone features, Phone specs, Phone plans, Phone Accessories, Phone release schedule The gantt chart is especially useful, as I can share with my employees the exact dates each task need to be completed. Overall, MindMapper has helped me stay on top of each phone release, and manage my job much easier.

With the Galaxy tab, I can now walk around the store with just a tablet, not a notebook, and work on my MindMapper documents. It will be easier and more convenient working environment for me.

| 사례 8 | 과외선생님 겸 가정주부 오경미

독서 노트에서 가계부까지, 일상생활 속 정보 관리

저는 아이들에게 공부를 가르치는 과외선생님이자 가정주부입니다. 제가 마인드맵을 활용하는 것은 주로 취미생활인 독서와 관련해서 책을 읽고 요약, 정리하는 일입니다. 이와 더불어 제가 참석하는 독서모임의 내용을 정리하고, 가계부 등에도 활용합니다.

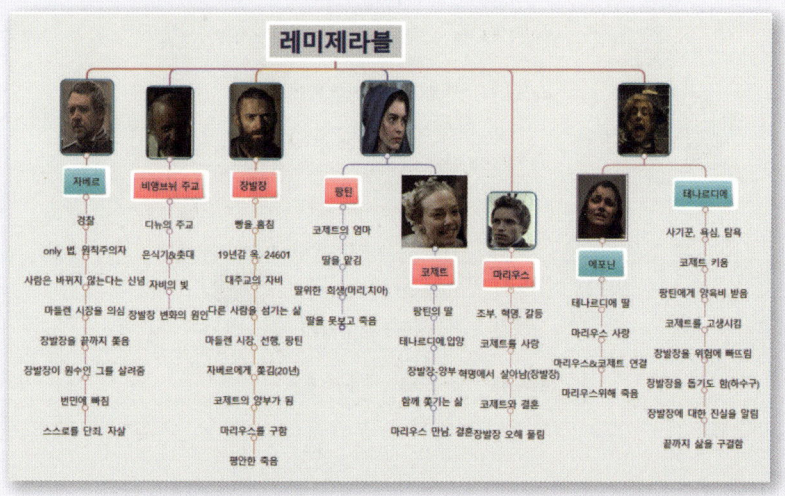

위 맵은 소설 〈레미제라블〉에 나오는 인물 및 관계 등을 정리한 것입니다. 〈레미제라블〉은 수많은 인물이 등장하는데, 인문학을 공부할 때에도 인물을 파악해야 내용을 이해하기가 쉽습니다. 저는 ThinkWise를 이용해서 각각의 인물들과 관련된 스토리 위주로 소설을 정리했습니다.

또 하나는, 영어공부를 열심히 하고 싶어서 활용했던 맵으로, ThinkWise기능 중에서 강제연결법을 활용하였습니다. 서로 다른 영어 단어들을 입력한 가지를 연결해서 학습하는 맵입니다.

인문학 공부를 잘하기 위해서 읽었던 〈인문학 공부법〉이라는 책이 있는데, 책을 읽어도 쉽게 잊어버리기 때문에 책에서 읽은 내용들을 ThinkWise로 정리했습니다. 덕분에 다시 한번 머릿속에서 그 내용이 정리가 되었습니다.

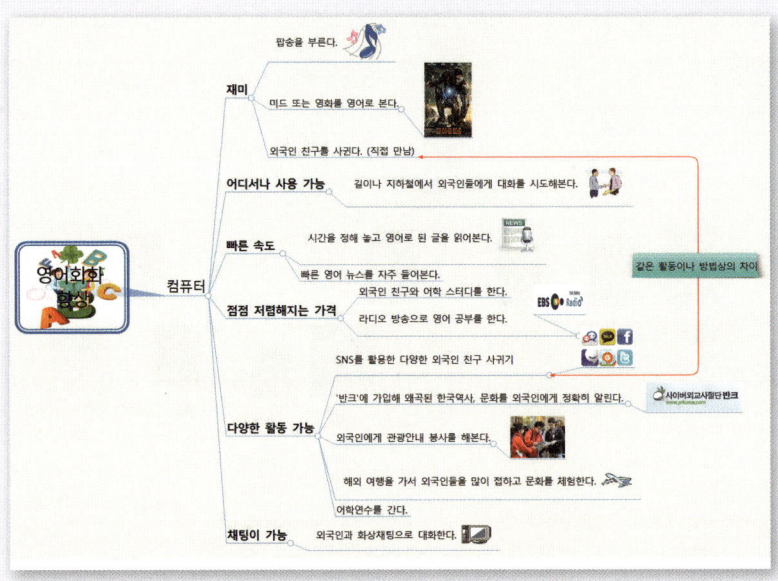

이런 내용을 손으로 정리하면 적지 않은 시간이 걸리지만, ThinkWise 덕분에 시간을 많이 절약할 수 있었습니다.

최근에는 책을 쓰는 일에 관심이 생겼는데, 유길문 선생님이 〈책 쓰는 사상〉이라는 책에서 정리하신 '책을 써야 하는 이유'가 많은 도움이 되었습니다. 저는 이 내용을 정리해서 책상 앞에 붙여 놓고 매일 보고 있습니다.

그리고 과외를 하면서 아이들의 방학 계획을 세울 때도 ThinkWise의 기본적인 맵이 큰 도움이 되었습니다. 아이와 함께 스마트폰으로 간단하게 만들어서 아이 방에 붙여 놓았더니 아이가 정말 좋아했습니다.

늘 손으로 적고 만드는 것만 해보다가 PC나 스마트폰으로 간단하게 만드니까 아이들도 많은 흥미를 가지고 참여했습니다.

또, 책을 읽기 전에 먼저 작가에 대한 지식을 공부하니까 실제로 책을 읽을 때 많은 도움이 되었습니다.

예를 들어, 헤르만 헤세의 책을 읽기 전에 미리 작가의 결혼생활이나 작품 및 사상 등을 정리해 두었더니 한눈에 책의 내용을 파악할 수 있었습니다.

아래 첫 번째 맵은 오늘 읽은 책을 정리한 것이고, 그다음 맵은 〈오만과 편견〉을 인물 위주로 정리해본 것입니다.

또 저는 가계부도 ThinkWise로 정리하고 있습니다.

그동안 노트에도 정리해 보고, '네이버 가계부'를 활용하는 등 여러 가지 방법을 써봤습니다. 하지만 어차피 생활 속에서 ThinkWise를 많이 사용하니까 기왕이면 가계부까지 ThinkWise로 만들어 보자 했던 것입니다.

이렇게 만든 가계부는 스마트폰으로 물건을 산 뒤에도 바로 입력 및 편집을 할 수 있어서 매우 편리합니다.

예를 들어 택시비를 입력할 때에는 택시 그림을 삽입하고, 스마일 표시는 수입을 나타냅니다. 음식을 사는 데 들어간 비용에는 또 적절한 관련 그림을 삽입하니까 어떤 종류의 지출이 많았구나 하는 것을 한눈에 알아볼 수 있게 되었습니다.

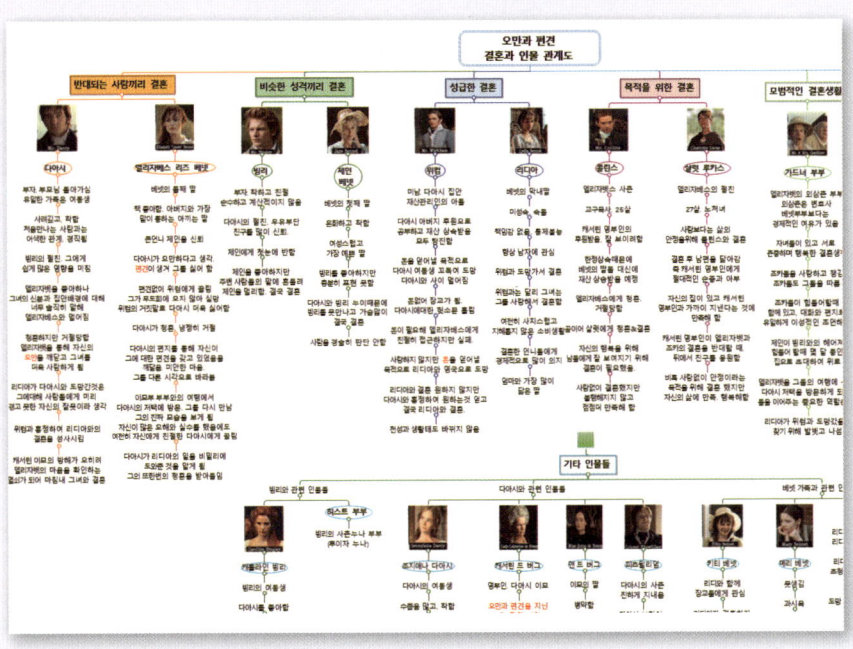